21世纪营销学精品教材

现代市场营销学

（第五版）

MODERN MARKETING

吕一林　冯　蛟

主　编

清华大学出版社

北　京

内 容 简 介

本书按照教育部市场营销教学要求编写,第五版更加突出"系统、简洁和适用"的原则,努力吸收、融合最新的营销研究成果,努力把握现代经济环境的新变化和新趋势,在保持原版教材基本框架和体例相对稳定的基础上,重点关注中国企业的营销实践。

本书适合普通高等院校工商管理类学生作为教材选用,也可供对市场营销感兴趣的读者参阅。

图书在版编目(CIP)数据

现代市场营销学/吕一林,冯蛟主编. —5 版. —北京:清华大学出版社,2012.5(2021.7重印)
(21 世纪营销学精品教材)
ISBN 978-7-302-28668-4

Ⅰ.①现… Ⅱ.①吕… ②冯… Ⅲ.①市场营销学—高等学校—教材 Ⅳ.①F713.50

中国版本图书馆 CIP 数据核字(2012)第 077393 号

责任编辑:刘志彬
封面设计:王新征
责任校对:宋玉莲
责任印制:宋 林

出版发行:清华大学出版社
　　网　　址:http://www.tup.com.cn,http://www.wqbook.com
　　地　　址:北京清华大学学研大厦 A 座　　　邮　编:100084
　　社 总 机:010-62770175　　　　　　　　　　邮　购:010-62786544
　　投稿与读者服务:010-62776969,c-service@tup.tsinghua.edu.cn
　　质量反馈:010-62772015,zhiliang@tup.tsinghua.edu.cn
印 装 者:三河市铭诚印务有限公司
经　　销:全国新华书店
开　　本:185mm×260mm　　印　张:16.25　　插页:1　　字　数:382 千字
版　　次:1995 年 8 月第 1 版　　2012 年 6 月第 5 版　　印　次:2021 年 7 月第 14 次印刷
定　　价:45.00 元

产品编号:047439-02

第五版序

近年来,知识经济的出现,信息技术的发展,新媒体的涌现,消费群体的特征演变和竞争手段的推陈出新等,使企业所处的市场环境正在发生深刻变革。作为源自实践并最终要回归实践、指导实践的营销教材必须密切关注这一变化的本质特征,并适时地加以提炼和归纳总结。

现代市场营销学第五版的修订以"系统、简洁和适用"为原则,努力吸收、融合最新的营销研究成果,努力把握现代经济环境的新变化和新趋势,在保持原版教材基本框架和体例相对稳定的基础上,重点关注中国企业的营销实践,具体调整如下。

(1)更换了全部的营销案例。为引导学生运用经典营销理论密切关注实践,着力展示中国本土企业在营销实践领域所取得的全新成就,本次修订对各章节的案例全部加以更新,精心挑选了近年来我国不同行业涌现的代表性企业进行个案研究,力求通过对现实案例的深入剖析和相关营销知识的有效链接引发读者的思考与共鸣。

(2)调整了部分章节的结构安排。考虑到当前中国企业所面临市场竞争形势的日益复杂和营销发展中遇到的新问题与新发展,本次修订中删除了"市场营销计划、组织与控制"一章,将其部分内容归纳提炼并融入重新撰写的独立一章——"面向未来的营销趋势",分别从营销模式、营销组织、营销责任三个视角来反映未来营销发展所面临的新趋势,以着重体现适应环境变化的营销动态化原则。

(3)补充了最新的理论研究成果。结合营销理论的新发展和企业实践的新动向,在相关章中增加了"营销观念的新发展"、"环境分析与营销对策"、"品牌传播"、"供应链管理"、"交叉销售"、"网络营销时代的新媒体"等节,同时针对新增加的内容补充设计了相配套的课后思考题,以体现本教材"关注实践、关注理论"的编写初衷。

本版修订由吕一林设计并负责审核、统稿。编著者增加了来自宁夏大学的冯蛟副教授,增加的新章节和更新的案例由冯蛟副教授独立完成。博士生宋卓昭也帮助做了一些文字工作。

我们希望这本书能伴随中国企业成长的步伐不断丰富和完善,同时也感谢为本书出版付出了大量心血的清华大学出版社的魏荣桥和刘志彬编辑。

吕一林

2012 年元月于中国人民大学

目录

第1章

市场与市场营销

市场营销是企业的基本职能之一。研究市场营销学,首先要了解什么是市场,什么是市场营销。在明确了市场、市场营销和市场营销观念的基础上,再进一步探讨市场营销学的其他基本范畴和方法。

第一节　市场的概念

市场是属于商品经济的范畴,是商品经济的产物。随着社会分工和商品生产、商品交换的产生和发展,就有与之相适应的市场。也就是说,哪里有商品生产和商品交换,哪里就有市场。市场是联系生产和消费的纽带。

市场的概念随着商品经济的不断发展,其内容也不断丰富和充实。它有多种表述,概述如下。

① 市场是商品交换的场所。它是指买卖双方购买和出售商品,进行交易活动的地点或地区。作为商品交换场所的市场,对每个企业来说都很重要。每个企业都必须了解自己的产品都销往哪里,哪里是本企业产品的市场。

但是,如果有人说:"中国的汽车市场很大。"这显然不是指中国汽车交易的场所很大,而是指中国的汽车市场需求量很大,买主很多。所以用商品交换的场所来界定"市场"显然不够全面,它只是最古老意义上的市场。

② 市场是对某种商品或服务具有需求、有支付能力并且希望进行某种交易的人或组织。这里所说的市场是指有购买欲望,有购买能力,希望通过交易达到商品交换、使商品或服务发生转移的人或组织,而不是场所。这里所指的不是单个的人,而是消费者群及组织购买者。

从市场营销学的观点来看,这样的定义对卖主来说非常重要。一个有效的市场是有现实需求的市场,它具备了人口、购买力和购买欲望三个要素。要成为现实有效的市场,这三个要素缺一不可。所以有营销学者把市场用简单的公式概括为

$$市场＝人口＋购买力＋购买欲望$$

人口是构成市场的基本因素,哪里有人,有消费者群,哪里就有市场。一个国家或地区的人口多少,是决定市场大小的基本前提。购买力是指人们支付货币购买商品或服务的能力。购买力的高低由购买者收入多少决定。一般来说,人们收入越高,购买力越强,市场和市场需求也越大;反之,市场也越小。购买欲望是指消费者购买商品的动机、愿望和要求。它是消费者把潜在的购买愿望变为现实购买行为的重要条件,因而也是构成市场的基本要素。

如果有人口,有购买力,而无购买欲望;或是有人口和购买欲望,而无购买力,对卖主来说,仍然形成不了现实的有效市场,只能称为潜在市场。

③ 市场是某项商品或服务的所有现实和潜在的购买者。这样的市场除了包括有购买力和购买欲望的现实购买者外,还包括暂时没有购买力,或是暂时没有购买欲望的潜在购买者。这些潜在购买者,一旦条件发生变化,或收入提高有购买力了,或是受宣传介绍的影响由无购买欲望转变为有购买欲望时,其潜在需求就会转变成现实需求。故有潜在需求的购买者是卖主的潜在市场。

④ 市场是商品交换关系的总和。主要是指买卖双方、卖方与卖方、买方与买方、买卖双方各自与中间商、中间商与中间商之间,商品在流通领域中进行交换时发生的关系。它还包括商品在流通过程中促进或发挥辅助作用的一切机构、部门(如银行、保险公司、运输部门、海关等)与商品的买卖双方之间的关系。这个概念是从商品交换过程中人与人之间经济关系的角度定义的。

从市场营销学的观点来看,以上市场的概念是从各个不同的角度阐述的,只是各自强调的角度不同,相互之间并不矛盾。例如,当企业将商品销到国际市场,并不仅仅是到国际市场这一商品交换的场所去进行销售,企业还要了解该国际市场中现实的与潜在的购买者,包括以下几方面。

① 他们是谁(who)? 是青年人还是老年人? 是哪个行业的用户?

② 他们购买或喜爱什么商品(what)?

③ 他们为什么要购买这些商品,购买的目的是什么(why)?

④ 他们在什么时间购买这些商品(when)?

⑤ 他们在什么场所购买这些商品(where)?

⑥ 他们怎样购买商品,其购买行为如何(how)等。

所以,企业要全面理解市场的含义和概念,这对企业的生产、经营、市场营销具有重要的意义。也就是说,企业面向市场,是指企业要面向某一国家、某一地区的顾客,面向目标顾客的需求,研究其购买行为和购买心理,以顾客需求为导向,结合企业实际情况,研究产品销售地区的供求状况、商品交换中的买卖、协作、竞争等关系,确定企业的经营方向和经营服务对象,制定生产、经营决策和市场营销策略,以达到企业的经营目标,提高经济效益。

第二节　市场营销职能

一、市场营销的概念

1960 年美国市场营销协会给市场营销下的定义是:"市场营销是引导商品和服务从生产者到达消费者或用户所实施的企业活动。"这个概念认为,市场营销活动是从生产企业的生产活动完毕,产出产品开始,直至产品到达消费者手中为止。也就是产品生产出来后,开始通过推销、广告、定价、分销等活动,把产品销售出去,到达消费者或用户手中,市场营销活动就算完成一个周期。就这个定义而言,首先必须假设消费者对生产企业的产品有需求,通过一系列活动,产品能销售出去。待产品销售出去后一次市场营销活动就结束了,不考虑消费者是否满意。但事实上,如果产品不符合市场需求,产品已经生产出来,即使进行大力推销也是无济于事。这一传统定义,实质是把市场作为企业生产和销售的终点而不是起点,把市场营销看成是销售、推销或销售促进。见图 1-1。

图 1-1　传统的市场营销定义示意图

然而,市场不仅是企业生产和销售的终点,而且应是企业生产和销售的出发点,企业的一切生产经营活动都应围绕市场展开。为了满足顾客需求,企业必须在生产前就有产前营销活动:调查市场需求,对顾客经济上和心理上的需要进行分析研究,根据市场需求,结合企业的优势和实际情况,确定产品方向和企业经营对象,以此为依据组织产品开发、研制、设计并生产产品。在产品产出的前后,则要确定产品的商标、品牌、包装,组织试销,制定价格,研究通过什么销售渠道和通过何种沟通方式(包括售前、售中服务),把产品(或服务)提供给顾客。产品销售出去以后,营销活动并未结束,尚须开展售后活动,为顾客提供服务,满足他们的需求,帮助他们从产品中获得最大效用,并且收集和听取顾客使用产品后的反应和意见,将这些信息反馈给企业内部的相关部门,作为下一步市场调查、改进和开发产品的参考。市场营销活动就是如此不断循环,向前发展的,见图 1-2。

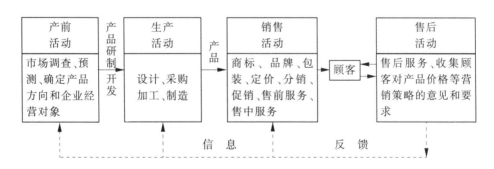

图 1-2　广义的市场营销活动示意图

因此,广义的市场营销活动可定义为:"市场营销是从卖方的立场出发,以买主为对象,在不断变化的市场环境中,以顾客需求为中心,通过交易程序,提供和引导商品或服务到达顾客手中,满足顾客需求与利益,从而获取利润的企业经营活动。"

二、市场营销的基本职能

根据以上定义,市场营销(marketing)不只是销售、推销(selling),其内容要广泛得多。

市场营销的基本职能可以归纳如下：

① 与市场紧密联系，收集有关市场营销的各种信息、资料，开展市场营销研究，分析营销环境、竞争对手和顾客需求、购买行为等，为市场营销决策提供依据。

② 根据企业的经营目标和企业内外环境分析，结合企业的有利和不利因素，确定企业的市场营销战略和目标，细分市场，选择目标市场，提出市场定位。

③ 制定市场营销组合决策。第一，制定产品决策。包括：调整和计划合理的产品数量、适应各个市场的现实和潜在需要；调整或改进老产品的式样、品质、功能、包装；开发新产品；优化产品组合，确定产品的品牌和商标、包装策略。第二，制定价格决策。确定企业的定价目标、定价方法、定价策略，制定产品的价格，进行价格调整。第三，制定销售渠道决策。确定销售渠道策略，选择适当的渠道中间商，管理和调整销售渠道，以及组织好产品的实体分配。第四，制定促销决策。确定适当的促销方式和策略，包括人员推销、广告、宣传、公共关系、营业推广等，促使现实的和潜在的顾客购买本企业的产品。第五，组织市场营销组合策略的实施。

④ 市场营销计划的编制、执行和控制。

⑤ 销售事务与管理。建立与调整营销组织，制定销售及一般交易的程序和手续，销售合同管理，营销人员的培训、激励、分配等管理。

由以上基本职能可知，营销不仅是企业的经营活动，也是管理过程，是组织和指导企业满足顾客和社会的目前及未来的需要，从而实现企业预期的利润和目标的管理过程。因此，企业市场营销部门及生产、研究开发、财务、采购、人力资源等各个部门，都应以顾客为核心，分工合作，相互配合，协调一致，形成合力，共同为有效地满足顾客需求，实现企业的市场营销目标而努力。

第三节 营销观念的演变

营销观念是企业从事营销活动的指导思想，其核心是企业如何正确处理社会、顾客和企业三者关系，并以此指导和开展营销活动。

市场营销观念随着生产力和科学技术的不断发展，市场供求关系变化，市场竞争的进化和市场营销管理由低级向高级发展的需要，相应地发生演变，见表1-1。

表 1-1　新旧营销观念对照比较表

| 营销观念 | 市场背景 | | | | | 重点（中心） | 口号与态度 | 市场在生产周期中的地位 | 规划顺序 | 手段（方法） | 目的 |
	生产力	科技	供求	市场	竞争						
传统观念 — 生产观念	低下	缓慢发展	供<求	卖方市场	买方间进行	产品	"以生产为中心" "我能生产什么，就卖什么"	终点	产品到市场	提高劳动生产率，增加产量	增加产量获取利润
传统观念 — 产品观念	进一步发展	加快发展	供≤求	卖方市场	买方间进行	产品	"以生产为中心" "只要产品好，不愁没销路"	终点	产品到市场	改进与提高产品质量，提高劳动生产率	增加产量获取利润
传统观念 — 推销观念	较大发展	加快发展	供≥求	卖方市场到买方市场	卖方间进行	产品	"以生产为中心" "我卖什么，你就买什么"	终点	产品到市场	推销术、广告术	增加销量获取利润

营销 观念		市场背景					重点 (中心)	口号与 态　度	市场在生 产周期中 的地位	规划 顺序	手段 (方法)	目　的
		生产力	科技	供求	市场	竞争						
现代市场营销观念	市场 营销 观念	高度 发展	迅速 发展	供>求	买方 市场	买方间 竞争 激烈	顾客	"以需定产" "顾客是上帝" "用户第一"	起点	市场到 产品	整体市场 营销手段	满足顾客 获取利润
	社会 市场 营销 观念	高度 发展	迅速 发展	供>求	买方 市场	卖方间 竞争 激烈	顾客、 社会 利润	"以需定产" "满足需求, 增进社会 公共利益"	起点	市场到 产品	整体市场 营销手段	满足顾客需 求,增进社 会利益,企 业获取利润
	客户 观念	高度 发展	迅速 发展	供>求	买方 市场	卖方间 竞争 激烈	顾客的 特殊 需求	满足每一个 顾客的特殊 需求	起点	市场到 产品	整体市场 营销手段	提高客户忠 诚度,增加 购买量,确 保利润增长

　　传统观念阶段包括:生产观念、产品观念、推销观念。

　　现代市场营销观念阶段包括:市场营销观念、社会市场营销观念、客户观念。

一、传统观念阶段

1. 生产观念

　　这种观念是从企业出发,企业生产什么就卖什么,故称为生产观念或生产导向。

　　生产观念是在生产力和科学技术还比较落后、发展比较缓慢时产生的。在整个社会生产力水平较低,市场上产品供应不足的条件下,企业一般只生产单一品种的产品;市场需求是被动的,没有多大选择余地;企业生产的产品不论数量多少,品质优劣,都能销售出去并获得利润;竞争不是在卖方之间展开,而是在买主之间进行,企业生产出产品后根本不愁没有销路。因此,企业的一切经济活动都以生产为中心,"我能生产什么,就卖什么",其经营管理的主要任务是在企业内部加强管理,提高劳动生产效率,增加产品数量,降低成本,达到获取超额利润的目的。

　　在 20 世纪 20 年代前,西方国家的企业普遍奉行生产观念。如美国福特汽车公司的口号是"本公司旨在生产汽车","不管顾客需要什么颜色的,我们的汽车就是黑色的"。当时汽车供不应求,清一色的黑色汽车也都能卖得出去。我国在经济体制改革前企业界普遍奉行的也是生产观念,就是改革后很长一段时期,由于一些企业仍习惯于计划经济体制的思维方式,仍然遵循生产导向的经营观念。

2. 产品观念

　　这种观念认为顾客最喜欢高质量、性能好、有特色的产品,并愿意花较多的钱买质量上乘的产品。为此,企业应致力于不断改进产品,生产出优质产品,则顾客必然会主动上门自愿购买企业的产品。

　　对于以重视企业内部管理忽视外部环境变化的企业来说,往往容易滋生产品观念。特别是当企业发明一项新产品时,企业会迷恋上自己的产品,把注意力全部集中在产品本身的性能上,忽视市场需求动态,以至于没有意识到市场需求的变化,致使企业产品的销售量下降而陷入困境。这种情况被形象地称为"营销近视症"。例如,美国爱尔琴手表公司自 1864

年创建以来,一直生产优质高档名贵手表,并通过珠宝店和百货公司销售,受到消费者的欢迎,享有美国最佳手表制造商的美誉。但在 1958 年以后,消费者对手表的需求已由走时准确、耐用的高贵名牌手表,转向外观造型优美、走时准确、自动、防水、防震、价格适中的手表,且愿意到大众化的零售商店中去购买。爱尔琴手表公司不重视市场需求的变化,仍以产品观念指导生产经营,坚持生产优质名贵的高档手表,致使手表销售量和市场占有率持续下降,公司受到很大损失。我国也有不少企业奉行产品观念,不注意市场需求的变化,迷恋着曾经为企业作出过贡献的老产品,舍不得改变或放弃原有产品,导致产品销量下降,企业经济效益受损失。

3. 推销观念

推销观念也称销售观念、销售导向。随着生产力进一步发展,一方面市场上商品的花色品种增多,供应量不断增加,出现供大于求的状况,企业间竞争加剧;另一方面大众的生活水平不断提高,需求向多样化发展,顾客购买的选择性增强。环境的变化迫使企业不得不考虑产品的销售问题。

推销观念认为:顾客只有在销售活动的刺激下才会购买。企业要大力开展推销活动,千方百计使顾客对企业已经生产出的产品产生兴趣进而购买产品。大力推销是企业扩大销售、提高利润的必由之路。

在推销观念指导下,企业设立专门的销售部门,注重产品推销和广告投入,重视运用推销术或广告术,刺激或诱导顾客购买,其口号是"我卖什么,你就买什么",努力将已生产出的产品销售出去,通过增加销量达到获取利润的目的,至于顾客是否满意,则不是企业需要考虑的问题。

由于推销观念的立足点是对已经生产出的产品进行强力推销,它与生产观念的特点相同,都是先有产品,后有顾客,都是"我能生产什么,就卖什么,你就买什么",所以推销观念是属于生产观念的范畴。只是从生产观念发展到推销观念,提高了销售工作在企业经营管理中的地位,并使企业更多地了解市场情况,为企业转变为市场营销观念创造了条件。

在 20 世纪 20 年代至 50 年代间,发达国家(或西方国家)的企业大多奉行推销观念,强化推销,促进销售,为企业争得了更多利润。尤其是社会生产力大大提高,市场已开始由卖方市场转向买方市场之时,市场中产品过剩,很多企业为争夺顾客,甚至不顾顾客利益,强行兜售,促成交易,以致最终丧失企业声誉。

实践证明,奉行推销观念,着力推销与广告,对企业的销售工作有积极的促进作用。但是如果生产出的产品或市场需求已饱和,或质次价高,或不适销对路,即使大力推销也是无济于事。这就促使企业必须从旧式商业观念转向现代市场营销观念。

二、现代市场营销观念阶段

1. 市场营销观念

随着生产力与科学技术的迅速发展,产品更新换代的周期缩短了,产品日新月异,供应量大大增加;人民生活水平提高,市场需求变化频率加快;产品供大于求,市场由卖方市场变成为买方市场;企业的产品由以往的地区性销售发展到全国,甚至国际性行销,国内外企业的市场竞争更加激烈,不少企业的产品虽然大力推销,销量仍持续下降,逐渐丧失市场份额,影响企业的生存和发展。因此,很多企业在形势逼迫下逐渐领悟到企业的生产必须适应环境的变化,满足顾客需求,增强企业在市场上的竞争力,求得企业的生存和发展。先进的企业改变过去的营销观念,转而接受市场营销观念。

市场营销观念也称市场导向,它是以顾客为中心,采取整体营销活动,在满足顾客需求和利益的基础上,获取企业利润。

这种观念是近几十年才形成的新的先进观念,它引起了企业组织、管理方法和程序上的一系列变革。在市场营销观念指导下的企业应该:

① 不是以生产为中心,而是以满足顾客需要为中心,确定企业的经营方向。

② 企业的宗旨是:满足目标顾客的需求和欲望。口号是:"以需定产","顾客至上","顾客第一"。

③ 企业中各部门与营销(或销售)部门的管理活动协调一致,开展整体营销活动——生产适销对路的产品,制定适宜的价格,采用适当的沟通方式和手段,利用合适的分销渠道,达到在满足顾客需求和利益的基础上获取企业的合理利润的目的。

④ 企业营销部门已不是单纯地在产品制成后从事销售性事务,而是参与到企业经营管理活动的全过程,是企业经营管理的重要组成部分。

在现代市场营销观念的指导下,企业把主要精力集中在向顾客提供高价值的产品,追求高顾客满意度。而要实现顾客满意,需要从顾客的立场出发设计和生产产品。消费者在购买商品和服务时考虑的是顾客让渡价值,他们会购买能提供最高顾客让渡价值的产品。

顾客让渡价值是指总顾客价值与总顾客成本之间的差额。总顾客价值是顾客购买某一特定产品与服务所获得的一系列的利益,包括产品价值、服务价值、人员价值、形象价值等。总顾客成本是顾客在评估、获得和使用某一特定产品所花费的成本,包括货币成本、时间成本、体力成本和精力成本等。

顾客让渡价值=总顾客价值-总顾客成本

总顾客价值=产品价值+服务价值+人员价值+形象价值

总顾客成本=货币成本+时间成本+体力成本+精力成本

企业要提高产品的顾客让渡价值可以从两方面着手:一是通过改善产品、增加服务、培训员工和提升品牌形象等工作提高产品的总顾客价值;二是通过降低售价、方便顾客购买、减少顾客体力和精力的耗费等工作降低产品的总顾客成本。

2. 社会市场营销观念

营销观念摆正了企业与顾客的关系,但在实际执行过程中,企业往往自觉不自觉地在满足顾客需求时,与社会公众利益发生矛盾,导致企业行为损害社会利益。例如,氟利昂的生产,虽然满足了家电行业的需要,但它破坏臭氧层,危害人类健康。又如饮料行业使用一次性罐式包装代替瓶式包装,满足了顾客对饮料卫生、便于携带和开启需要,却造成了社会不可再生资源的浪费等。因此,有的企业修正了市场营销观念,提出重视社会公共利益的社会市场营销观念。

社会市场营销观念是以顾客需求和社会利益为重点,采取整体营销活动,在满足顾客需要的同时,考虑到社会公众的长远利益,达到谋求企业可持续发展的目的。所以,社会市场营销观念的实质是在市场营销观念的基础上,综合考虑顾客、企业、社会三者利益的协调统一。

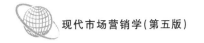

3. 客户观念

随着现代企业竞争强度的提高,企业能否高效并且准确地满足客户需求、提高顾客满意度逐渐成为市场营销活动成功的关键所在。各个行业的企业都试图通过卓有成效的方式及时准确地了解和满足客户需求,进而实现企业目标。同时,客户的需求日益呈现出多样化的特点,即使是同一个细分市场中的客户也可能有不同的需求。为了适应多样化的市场需求,越来越多的企业开始奉行客户观念。

客户观念是指企业注重收集每一个客户以往的交易信息、人口统计信息、心理活动信息、媒体习惯信息以及分销偏好信息等,根据由此确认的不同客户终生价值,分别为每一个客户提供各自不同的产品或服务,传播不同的信息,通过提高客户忠诚度,增加每一个客户的购买量,从而确保企业的利润增长。客户观念同传统的市场营销观念不同,传统的市场营销观念强调的是满足每一个子市场的需求,而客户观念则强调满足每一个客户的特殊需求。

需要注意的是,客户观念并不适用于所有企业。一对一营销需要以工厂定制化、运营电脑化、沟通网络化为前提条件。客户观念适用于那些善于收集单个客户信息的企业,这些企业所经营的产品能够借助客户数据库的运用实现交叉销售,或产品需要周期性地重购或升级,或产品价值很高。客户观念往往会给这类企业带来比同行业其他企业高得多的利润。

以上六种观念的形成和发展,都是与社会经济发展水平、市场供求和竞争等情况相适应的,是在商品经济不断发展和市场营销实践经验不断积累的基础上逐步发展、完善起来的。企业应本着本国经济发展的具体情况适当应用。

分析以上六种营销观念可以看出,前三种观念属于生产观念范畴,都是以产品为中心,企业首先考虑的是产品,不是顾客,然后通过推销,出售已经生产出来的产品,要求顾客的需求符合企业的供给特点,把市场作为生产和销售过程的终点。后三种观念则是以顾客为中心,企业首先考虑的是顾客需求,不是产品,根据顾客需要,设计并生产符合市场需要的产品,并对市场营销因素进行合理有效的组合,制定出既满足需求又有利于企业长期发展的营销策略。所以旧式商业观念和现代营销观念的营销活动的程序、手段都不相同。现代营销观念创造利润的过程是建立在满足顾客需求、兼顾顾客和社会的长远利益基础上,使顾客、企业、社会三者利益协调一致,相互都得到利益,这就标志着营销观念从"唯我"到"兼顾你我他",从"局部"到"整体"的转变,故两类观念有质的区别。

随着商品经济和科学技术的进一步发展,市场营销观念不能停留在片面地、被动地去满足顾客需求的认识上,而应该有所发展。

① 不能片面强调满足顾客需求而忽视企业本身的资源和能力。企业要以有限的资源去满足顾客无限的需求是不可能的。企业要充分利用自己的优势,扬长避短,生产既满足顾客需要的又为企业所擅长的产品,以提高企业的经营效益。

② 不能被动地去满足顾客需求,而应主动地善于创造需求,引导消费。一方面是由于企业为适应需要,始终跟着市场跑,不利于发挥企业优势与专长;另一方面顾客的需求往往是很模糊的、不明朗的,这就要求企业去创新,开发新需求,引导新消费,创造新市场。例如,传真机、电视机、汽车电话、录像机、静电复印机、洗衣机等的出现,在市场中创造出新的天地,将消费引导到一个新的层次。

我国企业的经营指导思想也经历了从生产观念到现代营销观念、客户观念,甚至社会营销观念的转变过程。如今,应说是几种观念同时存在。经济体制改革走到今天,政府已进一步转变职能,把企业推向市场。但政府并不是把一个现成的市场交给企业,而是让企业的一切经营活动,如确定经营方向、原材料采购、技术改造、技术更新、资金筹措、制定产品价格、产品销售和规划未来的发展等,都从找"市长"转向找市场,在市场竞争中求得生存和发展。所以,企业为适应社会主义市场经济发展的需要,必须及时转换经营机制,成为真正的商品生产者和经营者;必须转变传统计划经济时期的思想观念和管理方式,树立正确的营销观念,学习运用国内外先进企业的管理经验,指导企业搞好经营管理。

三、营销观念的新发展

消费需求的多元性、多变性和求异性特征的出现,使得企业单纯适应消费者的需求的难度越来越大。以往完全强调按消费者购买欲望与需要组织生产的营销观念在一定程度上也会压抑企业的产品创新。为此,有学者提出了营销活动不应该只是单纯强调适应并刺激消费者的需求,还应考虑其他因素和变量的影响,从而开始尝试探讨并形成了一些全新的营销观念。

1. 关系营销概念

20 世纪 80 年代后期,以北欧学派为代表的一批学者提出了"关系营销"的全新观念。他们以系统论为基本思想,把企业的营销活动纳入整个社会经济大系统中来考察,继而认为营销活动的实质是与周围各种因素包括顾客、供应商、分销商、竞争者、媒体、金融机构、政府机构等相互作用的过程。

关系营销强调企业必须在提供优质的产品、良好的服务和公平的价格的同时,与利益相关方加强经济、技术及社会等各方面的联系和交往。关系营销是现代营销观念发展的又一次重大突破,与以往的交易营销观念相比,在营销的范围、重心、主体及内容等方面都存在着很大的差异。

营销范围的扩大。传统营销仅仅从交易的角度,把营销的视野局限在由现实或潜在购买者组成的目标市场上,主要研究购买者市场的特征、行为及其销售对策。而以关系为导向的营销不仅要从交易的角度研究购买者市场,还要从关系的角度研究与企业营销密切相关的各类利益攸关者,此外,企业内部市场也被纳入关系营销研究的范畴。

营销重心的转移。关系营销将营销视为企业建立市场关系的活动,认为企业与顾客、供应商、分销商等建立起牢固的互相依赖的关系是营销的重点,并通过关系的建立形成一个营销网络。在这个网络中,企业的营销目标不是追求每次交易的利润最大化,而是追求网络成员利益关系的长远利益最大化,最后形成网络成员互惠互利、共同发展的局面。

营销主体的变化。交易营销将营销看做是营销部门的职能,营销的主体仅仅是从事营销工作的营销部门,研究营销就是研究营销部门如何搞好营销工作;而关系营销认为营销既是一种经营职能又是一种经营哲学。从经营职能的角度,要研究营销者从事营销管理的全过程(包括通过交换达成交易的过程和建立、巩固关系的过程);从经营哲学的角度,要使以关系为导向的营销观成为企业各个层面、各个部门的指导思想,成为企业处理一切工作的根本宗旨。

营销内容的扩展。交易营销着重围绕"交换"的实现来开展营销活动,比较关注产品的销售和市场份额;而关系营销强调通过与利益攸关者的相互交换和承诺履行来建立长期良

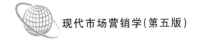

好的关系,其实质在于建立一个连续的、系统的、相互融合的过程,更强调服务的价值。

从某种意义上而言,关系营销将建立与发展同相关个人及组织的关系作为企业市场营销的关键变量,把握住了现代企业竞争的新特点,在一定程度上也反映了市场变化的新趋势,因而被西方舆论界视为是"对传统营销理论的一次革命"。

2. 整合营销观念

20世纪末的数字革命引起了商业环境的巨大变化,直接引发了营销学技术导向的革命。面对媒介高科技化和商业信息多样化的形势,有些学者提出了基于系统化思想的整合营销传播(integrated marketing communications,IMC)理念,其中代表性人物是美国西北大学教授唐·舒尔茨。整合营销观念强调以消费者为核心,重组企业行为和市场行为,综合协调地使用各种形式的传播方式,以统一的目标和传播形象,传播一致的产品信息,实现与消费者的双向沟通,迅速树立产品品牌在消费者心目中的地位,建立品牌与消费者长期密切的关系,更有效地达到产品传播和产品行销的目的。

与传统的交易营销相比,整合营销观念的特点体现在以下几个方面。

以资源整合为中心。整合营销重在整合,涉及企业的内部整合、外部整合以及企业内外部的统一整合等,既包括营销过程、营销方式以及营销管理等方面的整合,也包括企业内外部的商流、物流及信息流的整合。这种整合打破了以往仅仅以消费者为中心或以竞争为中心的营销模式,追求企业资源的综合利用和一体化营销。

注重协调与统一。竞争环境的复杂多变,使得整合营销时代的企业更强调企业中各层次、各部门和各岗位及相关合作伙伴的协调行动,注重一致性、统一性的行动方式,追求整体性、集约性的行动效果。

讲究规模化与现代化。整合营销是以当代及未来社会经济为背景的企业营销新模式,因而十分注重通过规模化经营获得规模经济效益,而且还依赖于现代科学技术、现代化的管理手段为企业实施整合营销提供效益保障。

在新经济时代,整合营销观念要求企业主动地迎接来自各个方面的市场挑战,更加清楚地认识市场与企业间的多维互动关系,不仅要分析现有的市场,研究如何扩大市场份额的策略,更应从多个视角来研究消费者的新需求,挖掘其各项资源优势,发现潜在的市场机会,从而开创全新的市场。

3. 体验营销观念

随着商品经济的发展和消费者需求水平的提高,企业逐渐认识到单纯地提高产品质量、改善产品功能已远远不够,而如何满足顾客更高层次的"特色和利益需求",强化顾客的内在感受,便成了企业营销所面临的一个新问题。20世纪90年代后期诞生于体验经济,以"升级版的顾客导向"为中心的体验营销观念便反映了这种现代市场经济发展的必然要求。

体验营销观念突破了传统意义上"理性消费者"的假设,认为消费者的消费过程兼具理性与感性的双重属性,消费前、消费中和消费后的内在体验才是购买行为与品牌经营的关键。体验营销观念以客户需求和体验为导向,强调从生活与情景出发,以服务为重心,以商品为素材,意在为消费者创造出值得回忆的感受,尝试在塑造消费者感官体验及思维认同的基础上吸引其注意力,改变其消费行为。

与注重产品特色、功效的传统营销观念相比,体验营销更注重用户的体验,这些体验产生于客户先前经历对其感觉、内心和思想的触动。具体来讲,可以从以下几个方面做比较。

强调的重心不同。传统营销在把握消费者需求时,主要强调其功能和利益需求,而体验营销则认为,不仅要为顾客提供产品和服务,还要为他们创造和提供有价值的体验,所以企业营销必须切中消费者心脉,注重消费者情感和个性化需求,必须按照消费者的心理特征、生活方式及行为模式去完成产品的开发设计和销售推广。

诉求的方式不同。传统营销在广告传播中,往往从产品功能或利益诉求的角度挖掘产品的独特卖点,而体验营销则认为,广告要真正创造美好和令人回味的体验,必须注意产品和服务的卖点设计与目标群的情感与个性化需求相一致,因此,如何将产品的功能或利益诉求与情感诉求巧妙结合,是体验营销时代传播策略重视的重要课题之一。

使用的策略不同。传统营销在终端促销上,往往比较注重精美陈列、优惠价格、优质服务等。而体验营销则认为,要给顾客以美好的感受,留下值得回味的印象,必须注重体验设计,终端卖场不只是销售商品的场所,而且是企业与消费者加强沟通和分享快乐的舞台,现代消费者所追求的"购物"乐趣,其本质就在于他消费时能真正运用与生俱来的"五种感官"进行全情参与。

当前,体验营销已经成为产品营销、服务营销、品牌营销之后的一种新的营销理念和方式。它注重在与消费者互动沟通的基础上通过体验设计牢牢占据消费者的心智空间,被誉为 21 世纪营销最有力的秘密战斗武器!

第四节　营销要素与市场营销组合

营销要素是企业为了满足顾客需求、促进市场交易而运用的市场营销手段。这些要素多种多样,且在促进交易和满足顾客需求中发挥着不同的作用。

为了便于分析和运用市场营销要素,美国市场营销学家麦卡锡教授(E. J. McCarthy)把各种市场营销要素归纳为四大类:产品(product)、价格(price)、渠道(place)、促销(promotion)。这几个词的英文字头都是 P,故简称 4P。市场营销学主要以 4P 理论为核心,许多基本原理和内容都是围绕着这四个营销要素展开的。其中,促销要素又被营销学者扩展到"沟通"(communication),即运用整合的沟通手段将企业和产品信息有效地传递到顾客那里,通过信息沟通实现促进销售的目标。所以,市场营销组合中的 4P 要素被调整为:产品、价格、渠道、沟通。本书将在以后章节中分别详细叙述。由于这四个营销要素是企业能自主决定的营销手段,故称可控制因素。

在市场营销活动的实践中,企业为了要满足顾客需求,促成市场交易,在市场上获得成功,达到预期的经营目标,仅仅运用一种营销手段而无其他营销手段相配合,是难以获得成功的。必须综合利用产品、价格、渠道、沟通等可控制因素,将这些因素进行整体组合,使其互相配合,整合地发挥最佳作用,企业营销活动才可能获得成功。市场营销组合(marketing mix)就是指企业为追求预期的营销目标,综合运用企业可以控制的各种要素,并对之进行最佳组合,简称 4P 组合。

在以上产品、价格、渠道、沟通四个营销要素中,每个要素还包含若干特定的子因素(或称变量),从而在 4P 组合下,又形成每个要素的次组合。

① 产品。包括产品的外观、式样、规格、体积、花色、品牌、质量、包装、商标、服务、保证等子因素。这些子因素的组合,构成了产品组合要素(product mix)。

② 价格。包括基本价格、折扣、津贴、付款时间、信贷条件等,构成了价格组合要素(price mix)。

③ 渠道。包括销售渠道、储存设备、运输、存货控制等,构成了渠道组合要素(place mix)。

④ 促销。包括人员推销、广告、公共关系、营业推广、售后服务等,构成了促销组合要素(promotion mix)。

以上这些子因素中,某些子因素还可以进一步细分。例如,质量可分为高、中、低三档;价格也可分为高、中、低三种价格;广告按其所使用媒体的不同,可分为报刊、电视、广播、橱窗广告等多种。所以市场营销组合有许多种组合形式,其组合数目相当可观。仅以质量和价格两个因素进行组合,就可构成九种组合(见图1-3)。而且只要其中某一个因素发生变化,就会出现一个新的组合。因此,在选择市场营销组合因素时,营销因素不能选择太多,否则随着市场营销因素的增多,经过排列组合,市场营销组合的数量会大大增加,不仅浪费时间、精力和资金,也使企业无所适从,这是不现实的,也是毫无意义的。

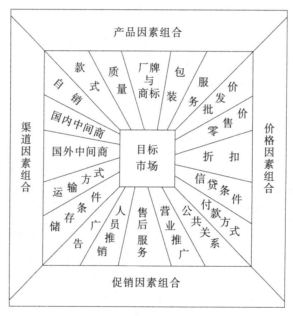

图 1-3 市场营销组合结构示意图

此外,必须指出的是,市场营销组合不是固定不变的静态组合,而是经常变化的动态组合。企业应善于动态地利用可以控制的市场营销因素,制定市场营销组合策略,以适应外部环境不可控因素的变化,在市场上争取主动,从而提高市场竞争能力,使企业能更好地生存和发展。

20世纪80年代以来,世界经济发展处于剧烈的变动之中,国际市场上竞争日益激烈,发达国家间贸易摩擦加剧,许多国家的政府干预加强,贸易保护主义抬头,公众利益团体的力量增强,因此,企业要开拓新的市场,往往会遇到重重阻碍。针对以上情况,当代著名市场营销学家菲利普·科特勒提出:"在出现贸易保护主义回潮和政府干预加强的条件下,即使4P安排适当……这种产品也未必卖得出去,企业的生产经营也可能会失败。"为此,他于1984年提出了"大市场营销"的新概念。

所谓大市场营销,菲利普·科特勒将其定义为:"企业为了成功地进入特定市场,并在那里从事业务经营,在策略上就必须综合地、协调地施用经济的、心理的、政治的和公共关系等手段,以博得外国和地方的各有关方面的合作与支持。"也就是在实行贸易保护主义的条件下企业的市场营销策略,除了4P以外,还必须加上两个P,即政治力量(political power)和公共关系(public relations)。政治力量(或权力)是指依靠国内政府的力量对外开展活动,便于企业"闯进"国外或地区市场的大门;公共关系是指企业通过外部活动、谈判、宣传、战略性合作经营等,在公众心目中树立起良好的形象,在一定程度上改善市场环境,使企业能较顺利地在国外市场从事营销。

"大市场营销"这一新概念的提出,是对现代市场营销核心理论的新发展,大大开阔了营销人员的视野。

20世纪90年代,以美国西北大学舒尔茨教授为首的一批营销学者从消费者需求的角度出发研究市场营销理论,提出了现代市场营销的4C要素组合,即消费者的需求和欲望(consumer)、消费者愿意支付的成本(cost)、消费者购买的便利性(convenience)和与消费者的沟通(communication)。他们提出,企业的市场营销活动应该以消费者为中心,发现消费者的需求,以最低的成本、最高的便利性提供产品以满足消费者的需求,同时保持同消费者的充分沟通,通过沟通达到传递信息、刺激销售的目的。

4C要素组合同4P要素组合并没有本质的差异,只是更加突出了企业必须从消费者出发,活动的中心必须从企业转向消费者。4C要素组合体现了对企业市场营销活动的要求,而4P要素组合则更具备实践中的操作性。

市场营销实践中最引人注目的不是多数公司采用相似的营销组合,而是恰恰相反,每个企业运用的市场营销要素的具体内容千差万别。不但不同产业中企业的营销组合策略及其侧重点有很大不同,即使经营同类产品的竞争性企业也往往采用不同的营销组合。为什么会有这些差异呢? 怎样理解这些差异呢?

首先,营销组合要适合企业特定的目标顾客群。例如,对价格敏感但对品牌不敏感的消费者,较好的组合策略可能是价格促销而不是代价高昂的广告或包装。

其次,组合方案要适合公司自身特点,即企业组织的人力资源、文化、资金实力和生产能力等。例如,一个具有大量广告经验和专门人才的公司比那些在这方面较弱的公司更有能力实施一项更倚重广告的营销方案。又如,市场占有率高的大公司,可采用全国性广告、设立自有分销机构和大量研究开发投入的营销组合,因其销售量大,能将固定成本分摊到众多的单位成本上;而一家市场占有率低的小公司则需突出可变成本的组合方案,如价格促销、付佣金的推销队伍和独立的分销商。

最后,组合方案还应视竞争对手的特点而不同,即要考虑到对手可能的应对方案。比如,如果竞争对手对价格变化非常敏感,对其他公司的降价行为一定会立即做出反应,跟随降价,那么企业就不应该采取低价格的营销组合。因为,一旦竞争对手也降价,很容易引起价格战,不但不能扩大销售,还会降低行业平均的利润率。当一家企业能通过自己的组合策略引导竞争对手的反应,使之不但不会对本公司造成负面影响,还会有帮助时,该公司即可称为在营销组合方案设计上已达到了极致,如同一位超一流棋手在运筹帷幄。

像大多数营销原理一样,营销组合也只是一种抽象的概括。现实中的企业营销组合方案并不总是能恰好地分为产品、价格、渠道、促销几部分,有时它们是相互交叉的。如价格促销的诸多形式:优惠券、买一送一、价格折让就兼具了价格和促销两要素;而通常被看做是产品策略一部分的品牌,显然也是促销要素的重要组成部分。

对企业来说,营销活动成败的关键之一是要使营销组合的各要素之间形成相互协调一致的整合关系。例如,高档次的产品形象需要以高端的销售渠道相配合,而廉价商品需要选择杂货店一类的销售渠道。有效的营销组合策略的每一个要素应该能支持和配合整个组合需要达到并影响的目标市场,从而实现"1+1>2"的效果。

1. 什么是市场,怎样理解市场的概念。
2. 比较和评述传统与现代营销观念。
3. 简述营销观念的新发展。
4. 什么是顾客让渡价值,企业如何提高产品的顾客让渡价值?
5. 叙述营销组合的构成及其内在关系。

王老吉:营销魔方的力量

王老吉凉茶发明于清朝道光年间,至今已有175年,被公认为凉茶始祖,有"药茶王"之称。20世纪50年代初由于政治原因,王老吉凉茶铺分成两支:一支完成公有化改造,发展为今天的王老吉药业股份有限公司,生产王老吉凉茶颗粒(国药准字);另一支由王氏家族的后人带到中国香港。在中国内地,王老吉的品牌归王老吉药业股份有限公司所有;在中国内地以外的国家或地区,王老吉品牌为王氏后人所注册。加多宝是位于东莞的一家港资公司,经王老吉药业特许,由中国香港王氏后人提供配方,在中国内地地区独家生产、经营王老吉牌罐装凉茶(食字号)。

2002年以前,从表面看,王老吉在广东、浙南地区销量稳定,赢利状况良好,有比较固定的消费群,红罐王老吉饮料的销售业绩连续几年维持在1亿多元,无法实现规模的进一步扩大。于是,加多宝找到成美营销顾问公司(以下简称"成美"),初衷是想为红罐王老吉拍一条以赞助奥运会为主题的广告片,要以"体育、健康"的口号来进行宣传,以期推动销售。成美经初步研究后发现,红罐王老吉的真正问题在于其缺乏系统的营销规划定位。这个根本问题不解决,拍什么样的"有创意"的广告片都无济于事。经过一轮深入沟通后,加多宝公司最后接受了建议,决定暂停拍广告片,委托成美先对红罐王老吉进行系统的营销诊断及品牌重塑。

没有人想到,作为岭南养生文化的一种独特符号的"凉茶",在两广的大街小巷里沉淀百年后,在专业的营销系统设计及完整的品牌推广战略的助推下突然飙红全国。销售额逐年攀升:2003年6亿元,2004年14.3亿元,2005年的30亿元,以后逐年攀升,2009年突破170亿元大关。短短几年,王老吉以大热之势成为中国营销界最具"黑马"本色和盘点价值的名字,把一直囿于两广地区的凉茶卖遍全国,引爆凉茶市场,创造了中国本土企业的营销奇迹。

那么,奇迹背后的力量在哪里?王老吉的营销魔方究竟是什么?

成功关键词1:功效诉求

凉茶是以中草药为原料的保健饮品,有"预防上火"和"降火"的作用,这种实实在在的功效是凉茶与其他饮料相比的核心优势。"上火"是人们可以真实感知的一种亚健康状态,通过中医和现代媒体的传播,消费者对"上火"的认知相对清晰,而随着人们健康意识的提高,"预防上火"和"降火"的市场需求日益庞大。作为凉茶市场的执牛耳者,王老吉的功效诉求正好满足了这个未被切割的饮料市场,这为王老吉的"井喷"提供了机会。

王老吉的配料是蛋花、布渣叶、菊花、金银花、甘草、仙草、夏枯草。用中医的观点来看王老吉的配方,其"预防上火"和"降火"的功效是经得起考验的。当消费者感觉到要上火或者已经上火时,一般情况下喝两罐王老吉便能够感觉到效果,这种真实存在的功效足以支撑王老吉在饮料市场中闯出一条阳关大道。

成功关键词 2:口感调试

广东人保健观念强,这是广东凉茶铺遍布大街小巷的基础,但传统的"降火"凉茶实际上是中草药熬煮的药汤,效果虽好,但味道苦,即使在广东,年轻人也很难接受,这也是广东凉茶偏安广东一隅,难以走出广东的主要原因。

原来的王老吉口感甘中微苦,经过反复的口感测试后,罐装王老吉选择的是偏甜的配方,现在的王老吉口感像山楂水一样,更接近饮料的味道,满足了全国各地不同消费者的口感要求,在口感上得到了大众的喜爱。事实上,除了部分把王老吉当成时尚饮料的消费者认为王老吉的口感不够酷外,大多数消费者都觉得王老吉的口感很好。

从营销角度分析,通过口感的改变取悦消费者是王老吉营销全国极其关键的一步棋,重新调配后的口感有效地扩大了王老吉的消费者群,使其市场潜量得到了巨大的提升。没有这步棋,王老吉"预防上火"效果再好,核心诉求再独特,也不可能在全国卖得如此红火。

成功关键词 3:定位突破

最早作为"清热解毒去暑湿"的中草药饮料,"凉茶"属于典型性的地域概念,除了两广,其他地区的消费者对于"凉茶"的这一概念认知度不高,在上火的时候也从没有想到过喝凉茶,都是通过牛黄解毒片之类的清热解毒类药品来解决问题,这成了王老吉打入全国市场难以逾越的认知障碍。显然,如果以"凉茶"的概念切入全国市场,不但市场培育过程缓慢,而且建立"凉茶"概念的费用也是一个无底洞。

王老吉在市场洞察和消费者研究方面可谓下了苦功,在定位上摆脱了传统"凉茶"概念的纠缠,跳入海量的"饮料"市场中竞争,并在"饮料"市场中区隔出一个新品类——"预防上火的饮料"。"怕上火,喝王老吉"成为核心诉求,把凉茶的功能删繁就简归纳为"怕上火",使其通俗化和时尚化。同样的产品,同样的功能,同样的包装,仅仅因为"概念"不同,不仅破解了"凉茶"概念的地域困局,更开创了一个"饮料市场"的蓝海。

成功关键词 4:品牌命名

好的品牌名称是品牌成功的第一步。"王老吉"看似土里土气,但从品牌传播角度考量,这个名称有独特性,而且好念、好写、好记,易传播。凉茶作为中国传统中医药文化及岭南养生文化的衍生品,被当做清热止渴解暑湿的保健养生饮品流传了千百年,具有悠久的历史和地道的本土文化特征。"王老吉"颇具返璞归真意味的品牌名称与"凉茶"的产品属性具备了内在的匹配性。也许是无心插柳柳成荫,虽然"王老吉"这一品牌名称已经沿用一百多年,当时的命名谈不上营销战略意图,但以现在的营销眼光审视,"王老吉"的品牌名称却在几方面体现出策略性。

第一,区隔竞争对手。凉茶品牌众多,王老吉因其品牌名称独特而与其他品牌形成鲜明

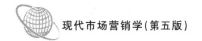

的区隔,在消费者的记忆中抢先占位。不以"凉茶"两字作品牌名的后缀,在两广以外的市场推广中节省了"凉茶是什么"的传播成本。

第二,品牌名称也是产品创始人名称,创始人品称与品牌名称的无缝对接赋予品牌历史感和文化感,尤其是王老吉不遗余力地把创始人"王老吉"塑造成凉茶始祖,更是使王老吉成为"凉茶"的代名词,这种品牌印记的形成成为其他品牌难以跨越的壁垒。

第三,"王老吉"三个字无论拆开还是合在一起,都非常吉祥,迎合了中国人讲意头的嗜好,从这点上看也就不难解释王老吉为什么在浙江地区能够与中华烟、茅台酒一道,成为婚宴筵席上的"三小件"。

成功关键词 5:巧妙借势

解构今日王老吉的成功,2003 年那场让人惊魂不定,如临末日的"非典"当记一功。在与"非典"抗战,人们的神经异常紧绷时,医学权威专家钟南山在接受电视采访时的一句话为凉茶做了一次无意的但对王老吉而言价值不可估量的广告——"广东人自古以来就有喝凉茶的习惯,喝凉茶对抵抗 SARS 病毒有良好效果"。当年全国防治"非典"的用药目录也是由广东制定,一些清热解毒类的药品名列其中,王老吉的"广东凉茶颗粒"也被列入,这为凉茶在全国的普及提供了一个契机。而经过"非典"的洗礼,人们的保健意识空前增强,同时也让人们对中药有了全新的认识。

反应迅速的王老吉抓住这一千载难逢的天赐良机,快速启动全国市场的按钮,主动采取一系列的营销推广策略,顺势而为,迅速切入罐装凉茶市场,在特定的市场环境下,抓住了广大消费者心理层面的内在需求,借势而动,一路高歌猛进,将全国 90% 以上的凉茶市场收归囊中。

成功关键词 6:渠道为王

在销售模式上,王老吉采取总经销制,一个总经销商负责一个区域,经销商下面可发展多家邮差商(分销商),如批发邮差、餐饮邮差、士多邮差、夜场邮差、特通邮差、商超邮差、综合邮差等。这种营销模式能很好地控制整个价格体系,也保证了各个分销环节的高利润,提高了销售商的积极性。

在销售渠道上,王老吉大胆创新,敢于开辟蓝海,在借助传统的商场、超市、士多店等渠道的同时,还主动进入餐饮店、酒吧、网吧等场所。同时,王老吉还专门选择火锅店、湘菜馆、川菜馆作为"王老吉诚意合作店",提供尝品,搞公关营销。2004 年起,王老吉凉茶正式打入洋快餐店肯德基,进一步拓展了自己的销售市场空间。

在终端建设上,王老吉精耕细作,快速抢占终端。在全国一、二线城市的大多数商场、超市、士多店都能感受到王老吉的红色风暴,很多大中型卖场都配有冰柜实物陈列、旺点空罐陈列、挂式小货架陈列、POP 张贴等,细致而且无孔不入的终端宣传使王老吉曝光频率极高,短时间内吸引了众多顾客的眼球。

成功关键词 7:强势推广

任何一个进入中低端市场的饮料产品,要想成为全国性品牌,全国性强势媒体的宣传助推必不可少。红罐王老吉的电视媒体选择主要锁定覆盖全国的中央电视台,并结合原有销售区域(广东、浙南)的强势地方媒体。2003 年,王老吉的宣传推广投入 4 000 多万元,2004 年则增加到 1 亿元,2005 年 1 亿多元,2006 年世界杯期间广告投入更是激增,全年的广告投入将近 2 亿多元,2007 年,王老吉又以 4.2 亿元成为当年央视广告的标王。正是这种疾风暴雨式的投放方式保证了红罐王老吉在短期内迅速进入人们的头脑,给人们一个深刻的印象,并迅速红遍全国大江南北。

此外,王老吉在报纸广告、车身广告、市中心路牌广告、终端广告以及公关促销等方面也有不凡的手笔。全方位的品牌推广使"怕上火,喝王老吉"迅速成为老少皆知的口头禅。一个默默无闻的区域性品牌短短几年里攻城略地、遍地开花,迅速飙红大江南北,成为全国性的主流饮料。

在某种程度上而言,这就是营销的力量。

(改编自樊荣. 王老吉营销风暴. 深圳:海天出版社,2009)

案例思考

1. 王老吉由一个区域性品牌发展为全国性知名品牌的根本性推动力量在哪里?

2. 通过审视王老吉的营销魔方,你如何理解市场、市场营销、市场营销观念的完整内涵?

3. 通过此案例的分析思考,你能否为中国饮料企业的未来营销战略规划提出合理的建议?

第2章

市场营销管理与战略规划

企业要在不断变化的环境中谋求生存和发展,必须以长远和系统的眼光看待生产经营活动,必须在企业的内部能力和外部机会二者间找到最佳的匹配方式,赢得有利的市场地位。20世纪70年代以后,随着市场竞争的加剧,人们越来越清楚地认识到战略对企业经营活动的重要意义,战略规划的概念和方法应运而生。市场营销战略作为企业战略的重要组成部分成为了企业营销工作的起点,也是企业整个营销活动的核心和灵魂。

这一章中首先讨论企业经营战略;然后讨论市场营销战略;最后概括说明市场营销管理过程,为以后各章内容展开提供线索和框架。

第一节 企业经营战略

一、企业经营战略的定义

"战略"一词源于军事用语,本意是"将军的艺术",后来引申为有关全局的重大决策或方案。早期的企业管理中并没有战略的概念,随着企业外部环境范围逐步扩大,变化频繁,各因素之间的关系越来越复杂,战略思想在管理中的重要性凸显出来。战略管理在20世纪50年代最早产生于美国,后来传到德国、日本,现在战略管理的观念已经在全世界范围内取得了共识,并日益受到管理人员的重视。

准确地说,企业经营战略是指企业面对激烈变化的外部环境,为求得长期生存和不断发展而进行的有关企业发展的总体性谋划。战略是企业制定目标、部署和配置资源的基本形式,也是企业对市场、竞争者及其他环境因素的变动所做的反应。

企业经营战略的特征概括起来有以下四个方面。

① 全局性。经营战略是以企业的全局为对象,根据企业总体发展的需要而制定的。它所规定的是企业的总体行动,追求总体效果。虽然它必然包括局部活动,但这些局部活动是作为总体活动的有机组成部分出现的,要服务和服从于总体目标。

② 长期性。经营战略是企业在一个较长时期的发展方向和目标,是企业谋取长远发展要求的反映。

③ 方向性。经营战略规定企业的目标、发展方向和行动方案,具有行动纲领的意义,为企业下一步发展指明方向。

④ 外部性。经营战略是企业对外部条件变化所做的反应,阐述企业与市场环境相互作用的方针,同时结合企业内部资源条件制定企业经营战略。

二、经营战略的层次

正如企业目标可以有不同的层次一样,企业经营战略也可以分解为不同的层次。一般来说,企业战略大体可以划分为三个层次:企业总体战略、经营单位战略和职能部门战略。

1. 企业总体战略

又称公司战略,是企业战略中最高层次的战略。它是公司整体意义上的战略,主要回答企业应该在哪些领域从事经营活动的问题。目标是协调企业下属的各个业务单位的关系,合理配置企业资源,实现企业总体最优的目标。

2. 经营单位战略

现代大型企业中包括若干个拥有相对独立的产品和市场的部门,这些部门称为事业部或战略经营单位。各经营单位的战略可以称为一种局部战略。经营单位战略是在企业总体战略的制约下,具体指导和管理经营单位的决策与行动方案。经营单位战略着眼于企业中某一具体业务单位的市场和竞争状况,相对于总体战略有一定的独立性;同时又是总体战略的一个环节和组成部分。

3. 职能部门战略

是企业内主要职能部门的战略计划,包括研究和开发战略、营销战略、生产战略、财务战略、人力资源开发战略等。它属于第三层次的战略。

三个层次战略的相互之间的关系可以用图 2-1 表示。

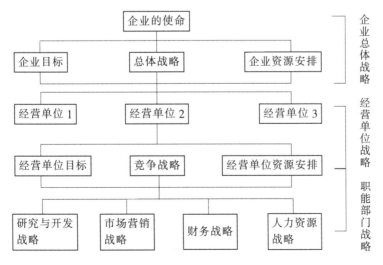

图 2-1　三个层次战略的相互关系示意图

从企业经营战略的层次划分上可以很清楚地看出,市场营销战略是企业战略的组成部分,是一种职能战略,服务于公司的总体战略目标,是实现企业战略目标的重要手段之一。

过去在市场供不应求的条件下,企业经营的首要问题是如何合理组织生产,增加产品数量,降低生产成本。当市场处于供过于求的条件时,经营的核心不再是生产,而是企业和市场如何结合的问题。消费者有了更大的选择权,企业必须有足够的理由说服消费者购买自己的产品,以至于在企业的所有职能中营销成为核心(见图 2-2),其他职能须根据营销工作的要求和状况加以调整。随着市场竞争的加剧,市场营销战略在现代企业经营战略中的地位越来越突出,最终成为经营战略的中心环节和核心部分。营销战略成为企业战略最重要的部分,成为制定企业经营战略的起点和终点。

图 2-2　市场营销与其他职能部门的关系

三、企业战略规划

企业战略计划的制订是一个连续的过程,包括一系列重大步骤,我们称为企业战略规划。企业拥有的资源总是有限的,战略规划工作必须明确,在可供选择的战略方案中,哪一种方案能使企业获得最大的收益,战略规划将使企业在相当长的一段时间内同特定的产品、市场、资源和技术相联系。企业的战略决定了企业的长期竞争优势,战略规划则对企业产生持久性的影响,决定了企业主要经营活动的成败。

1. 定义企业使命

使命是对企业存在理由的宣言,是企业区别于其他企业的持久性目的的陈述。企业通过使命揭示自身是一个什么样的企业,说明自身是做什么事业的,宣告自身在社会生活中的价值所在。一个企业不是由它的名字、章程或公司条例来定义,而是由它的使命来定义的。企业只有具备了明确的使命和目的,才可能制定明确和现实的企业目标。规定企业的使命可以看成是阐释企业存在的理由,使命就像一只无形的手,让广大而又分散的员工目标一致地朝着同一方向努力。定义企业使命必须回答一些有关企业的根本性问题:"企业是什么?""企业将会是什么?""企业应该是什么?""顾客是谁?""顾客追求的价值是什么?""企业的业务有哪些?"等等。

绝大多数的战略管理学者认为,有效的企业使命通常应包括九种要素。

① 顾客:企业的顾客是谁,企业为谁提供价值和服务?

② 产品或服务:企业的主要产品或服务项目是什么?

③ 市场:企业在哪些领域同竞争对手展开竞争?

④ 技术:企业的技术是否是最新的? 在技术方面的政策是什么?

⑤ 对生存、成长和赢利的态度:企业是否努力实现业务的增长和良好的财务状况? 三者之间的优先顺序是怎样的?

⑥ 经营哲学:企业的基本信念、价值观和道德倾向是什么?

⑦ 自我认识:企业最独特的能力或主要的竞争优势是什么?

⑧ 公众形象:企业是否对社会、社区和环境负责?

⑨ 对员工的态度:企业是否视员工为宝贵的资产?

有效的企业使命能够唤起人们对企业的好感和热情,能促使员工采取积极的行动予以响应。有效的企业使命还能使外部公众感觉到企业有明确的发展方向,有助于企业吸引外部投资。有效的企业使命还能为经营战略决策提供评价标准。

几家企业的使命陈述

苹果计算机公司　苹果公司的使命在于,通过提供卓越的个人计算机产品和不断创新的用户服务,协助改变用户的工作、学习和交流方式。我们将确立新的方向,创造新的方法,寻求新的途径以便用计算机技术扩展人类潜能的边界。苹果公司将与众不同:我们的产品、服务和见识将帮助世界各地的人们在 21 世纪以新的方式从事商务与教育。

美国电话电报公司　我们所致力的事业是将人们联系在一起,使他们更容易地相互交流和更容易地得到信息。我们要满足人们在任何时间、任何地点的需求。我们要在全世界做得最好。

英国航空公司　英国航空公司努力通过如下努力成为世界上最受欢迎的航空公司:致力于顾客的需要、期望和安全;不断努力提高服务质量;寻求节约成本、把节约的成本转移到低价上——但这不能威胁到我们的安全和质量;下放权力并奖励员工,以保证我们能够提供这样的服务。

美国石油公司　美国石油公司是一家在全球范围经营的、综合性的石油化学公司。我们发现、开发石油资源并向用户提供高质量的产品与服务。我们高度负责地从事经营活动,以得到一流的资金回报,同时兼顾长期增长、股东收益和履行对社区与环境的责任。

用友公司　发展民族软件产业,推进中国管理现代化。

---

2. 确定经营单位

确定经营单位这一步骤包含两项工作:一是确定企业经营单位的数量;二是定义每一个具体的经营业务单位的范围。企业可以拥有一个或者多个经营单位。如果只拥有一个经营单位,这个企业是一个单一业务的企业;如果拥有两个以上的经营单位,企业就是一个多样化的企业。确定经营单位的数量多少,主要由三个方面的因素决定:①企业拥有的资源多少。一般来说,资源越丰富的企业越有可能从事多元化。②企业所处的生命周期。一般来说,在创业期的企业往往从事单一业务,随着企业进入成熟期,则开始涉足更多的业务领域,实施多元化。③企业家的战略意图。企业是否从事多种经营单位,在很大程度上还受到企业家个人意愿的影响,有的企业家愿意从事单一业务,把"老本行"做精、做细,有的企业家愿意开展多个业务,在新的业务领域中大展拳脚。

定义业务范围是指对企业从事的业务进行描述的过程。不同的业务范围定义将影响企业的营销活动。设想一下,洗衣机生产厂应该如何定义自己的业务范围?传统的定义为:洗衣机是一种机器,这种机器可以替代人们的洗衣劳动。在这种定义下,洗衣机必须和水、洗衣粉配合使用,这是多年来洗衣机生产厂的惯性思维。但是,青岛海尔集团提出了自己的业务范围定义:生产一种产品,这种产品可以给人们提供干净的衣服。只要能得到干净的衣服就可以,不一定需要洗衣粉和其他洗涤剂。在这种定义的指导下,海尔开发出不用洗衣粉的洗衣机,这种洗衣机的售价是普通洗衣机的3倍,消费者仍然趋之若鹜。

因此,营销学者莱维特提出,定义业务范围时市场定义比产品定义更为重要。一个业务必须被看成是一个满足顾客需求的过程,而不是一个产品的生产过程。产品的生命周期是短暂的,但是人类的基本需求及其满足过程则是永恒的。举个例子,肯德基应如何定义自己的业务范围?肯德基没有把业务定义成"销售美式炸鸡汉堡包",而是定义为"家庭晚餐的替代",即提供完整的正餐给无时间在家烹饪或不愿烹饪的家庭。肯德基的创始人山德士上校称为"一周七天的星期日晚餐"。这样的业务定义保证了肯德基成立60多年来,始终拥有稳定的顾客群,使得肯德基不仅可以出售汉堡包,还出售墨西哥肉卷、中式米粥。

业务单位的范围可以从三个方面加以确定:①谁是我们的顾客?②顾客的需要是什么?③业务涉及的核心技术是什么?

3. 评估目前的业务组合

在确定了企业使命和业务单位的基础上,拥有多个经营业务单位的企业必须对现有各业务单位的状况进行评估,确定哪些该发展,哪些该维持,哪些应当缩减。目的是最大程度地有效利用现有资源,实现企业整体利益最大化。

在分析和评估现有业务组合方面,有两种方法应用最为普遍:波士顿咨询集团法和通用电气公司法。

(1) 波士顿咨询集团法

波士顿咨询集团(Boston Cousulting Group)是美国一流的管理咨询公司。其方法是使用"市场增长率—市场占有率"区域图,对企业的各个战略业务单位(strategic business unit)加以分类和评估,如图2-3所示。图中,纵向表示市场增长率,即产品销售额的年增长速度,以10%(也可以设为其他临界值,视具体情况而定)为临界线分为高低两个部分;横向表示业务单位的市场占有率与最大竞争对手市场占有率之比,称为相对市场占有率,以1.0为分界线分高低两个部分。如果相对市场占有率为0.1,则表示该业务单位的市场份额为最大竞争对手市场份额的10%;相对市场占有率为10,则表示其市场份额为最大竞争对手市场份额的10倍。市场增长率反映产品的成长机会和发展前途;相对市场占有率则表明企业的竞争实力大小。区域图中的圆圈代表企业的各个业务单位,圆圈的位置表示该业务单位市场增长率和相对市场占有率的现状,圆圈的面积表示该业务单位的销售额大小。

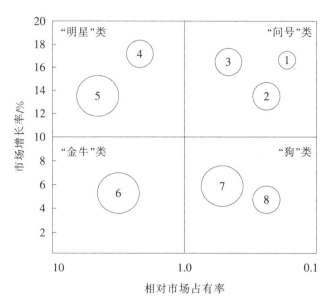

图 2-3　市场增长率与占有率区域图

区域图中的四个象限分别代表四类不同的业务单位。

① "问号"类(question mark)。市场增长率高但相对市场占有率低的业务单位。大多数业务单位最初都处于这一象限,这一类业务单位需要较多的投入,以赶上最大竞争对手和适应迅速增长的市场需求,但是它们又都前途未卜,难以确定远景。企业必须慎重考虑,是对它们继续增加投入,还是维持现状,或进行精简乃至断然淘汰。

② "明星"类(star)。问号类业务单位如果经营成功,就会成为明星类。该业务单位的市场增长率和相对市场占有率都较高,因其销售增长迅速,企业必须大量投入资源以支持其快速发展,需要大量的现金投入,是企业业务群中的"现金使用者"。待其市场增长率降低时,这类业务单位就由"现金使用者"变为"现金提供者",即变为"金牛"类业务单位。

③ "金牛"类(cash cow)。市场增长率低,相对市场占有率高的单位。由于市场增长率降低,不再需要大量资源投入;又由于相对市场占有率较高,这些业务单位可以产生较高的收益,支援其他业务的生存与发展。"金牛"业务是企业的财源,这类业务单位愈多,企业的实力愈强。

④ "狗"类(dog)。市场增长率和相对市场占有率都较低的业务单位。它们或许能提供一些收益,但赢利甚少甚至亏损,一般难以再度成为"财源",因而不应再追加资源投入。

图 2-3 中共有 8 个业务单位,其中"问号"类 3 个、"明星"类 2 个、"金牛"类 1 个、"狗"类 2 个。这表明该企业的经营状况不容乐观,因为"问号"类与"狗"类业务偏多,企业发展后劲不足。在对各业务单位进行分析之后,企业应着手制订业务组合计划,确定对各个业务单位的投资战略。可供选择的战略有以下四种。

① 发展战略。目标是提高业务的市场占有率,必要时可放弃短期目标。适用于"问号"类业务,通过发展有潜力的"问号"类业务,可使之尽快转化为"明星"类业务。

② 保持战略。目标是保持业务的市场占有率,适用于"金牛"类业务,该类业务单位大

多处于成熟期,采取有效的营销策略延长其赢利期是完全可能的。

③ 缩减战略。目标是尽可能多地在有关业务上获取短期收益,而不过多地考虑长期效果。该战略适用于前景暗淡的"金牛"类业务,对于"问号"类业务和"狗"类业务也适用。

④ 放弃战略。通过变卖或处理某些业务单位,把有限的资源用于其他效益较高的业务。该战略主要适用于"狗"类业务或无发展前途、消耗赢利的"问号"类业务。

（2）通用电气公司法

通用电气公司的方法,较波士顿咨询公司法有所发展。这种方法运用"战略业务规划网络"(strategic business planning grid)对各业务单位加以分类和评估。

根据这种方法,对每个战略业务单位都从市场吸引力和竞争能力两个方面进行评估。市场吸引力取决于市场规模、销售增长率、利润率、竞争者强弱等因素;竞争能力则由该业务单位的市场占有率、产品质量、分销能力、推销效率等因素决定。企业对以上两类因素进行评估,逐一评出分数,再按其重要性分别加权合计,就可计算出各业务单位的市场吸引力和竞争能力数据,然后运用图2-4加以分析。

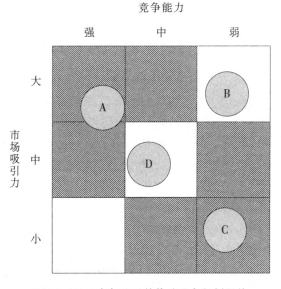

图 2-4　通用电气公司的战略业务规划网络

在图2-4中,市场吸引力分为大、中、小三类,企业的竞争能力分为强、中、弱三档,共9个方格,可分为三大区域。

第一区:左上方3个方格,即"大强"、"大中"和"中强"三档。这个区域的市场吸引力和业务单位的竞争能力都最为有利,如假设的业务单位A(圆圈的大小表示所在行业的规模的大小,圆圈中阴影部分表示该业务单位在本行业中所占的市场份额)。对于该区域的业务单位,企业应采取"发展"战略,即增加资源投入,促进其发展。

第二区:对角线上的3个方格,即"小强"、"中中"和"大弱"三格。这个区域的市场吸引力和业务单位的竞争能力总的来说都是中等水平。如业务单位B和D。对该区域的业务单位应采取"保持"战略,即保持原投入水平和市场占有率。

第三区:右下方3个方格,即"小中"、"小弱"和"中弱"三格。这是市场吸引力和业务竞争能力都弱的区域,如业务单位 C。对该区域的业务单位应采取"缩减"或"放弃"战略,不再追加投资或断然收回投资。

以上是西方企业常用的评估和分析业务组合状况的两种方法。不论采用哪种方法,企业的营销管理者都要根据评估结果为各个业务单位确定经营目标和投资战略,然后再据以分配企业的资源。

4. 制订新业务的发展计划

对现有投资业务重新组合后,公司必须开发新的业务领域来弥补撤出部分的差额,并求得公司业务的新扩展。怎样选择新的投资方向,也就是公司制定发展战略的过程。

公司的发展战略(也称增长战略)有三大类,每一类又各含三种形式,如表 2-1 所示。

表 2-1　公司发展战略

密集式发展	一体化发展	多角化发展
● 市场渗透	● 后向一体化	● 同心多角化
● 市场开发	● 前向一体化	● 横向多角化
● 产品开发	● 水平一体化	● 混合多角化

(1)密集式发展

当公司现经营领域还存在发展潜力时,一般应取密集式发展战略。其三种形式是:

第一,市场渗透。即设法在现有市场上扩大销售,提高市场占有率。如刺激现有顾客更多地使用、购买本企业现有产品;吸引竞争对手的顾客购买本企业的产品;或是劝说原来不使用、购买该种产品的顾客产生购买欲望,并成为现实的购买者。

第二,市场开发。主要指公司通过将现有产品销往新的地区市场或开辟新的分销渠道,扩大产品销售量。

第三,产品开发。公司考虑对现有产品做某些改进,如增加花色品种、规格档次,改进包装和服务等,进而扩大在现有市场上的销售量。

(2)一体化发展

如公司某一战略业务单位通过把自己的经营范围向前、向后,或横向延伸、扩展,能够减少摩擦、提高效率、获得规模效益的话,公司即可采取一体化发展战略。一体化发展也有三种形式:

第一,后向一体化。制造业公司通过控制或合并原材料、零部件供应企业实现产供一体化。如一家钢铁公司向采矿业延伸经营范围;一家服装商店自办服装加工厂;一家餐馆连锁集团合并从事养殖业的农场。

第二,前向一体化。制造业公司通过向前控制分销系统(如批发商、零售商)实现产销结合,或"上游"企业合并"下游"企业达到一体化。如石油开采业公司办炼油厂,奶牛养殖场合并奶粉厂并生产冰激凌。

第三,水平一体化。即通过控制或兼并经营同类产品的企业扩大经营规模。如一家大零售商合并若干小零售店开办连锁商店;一家成功的化妆品生产企业兼并若干其他化妆品企业。

(3)多角化发展

如果公司所在行业的发展潜力已有限,而其他领域存在极好的发展机会;或者公司所在领域虽仍有潜力可挖,但公司还有足够的资源进入新领域,而本行业之外又确实不乏发展的机会时,企业可选择多角化发展战略。一般来说,现代大型公司多采取多角化发展战略。多角化发展也有三种形式:

第一,同心多角化。即公司开发那些能充分利用现有技术和生产设备的产品。如一家公司以生产电视机的技术为基础,开发生产计算机显示器。这时,公司已进入一个新行业,面对着不同的顾客群,但所用技术或设备却相近。

第二,横向多角化。即公司开发一些与现有产品在技术上不同,但同样能吸引现有顾客群的产品。如生产胶卷的公司开发照相机,经营百货的零售商同时开办快餐厅、酒吧、美容店等。

第三,混合多角化。如果公司开发与现有技术、产品和顾客群均无关系的产品,我们称为混合多角化。如钢铁公司开发计算机、快餐盒饭或房地产一类新业务,就是混合多角化。混合多角化发展的风险最大,一般只有财力、技术和管理力量雄厚的大企业方可采用。混合多角化发展也可细分为两种情况:一种是以原传统行业为主,兼营别样,如柯达公司、可口可乐公司;另一种是主业已不太明显,如美国电话电报公司和日本的一些大公司。

上述三类发展战略中,一般来说,公司应先从密集式发展战略入手,再尝试一体化发展,最后才是选择多角化发展战略。因为后者的风险更大,所需投入及对企业管理能力要求更高。

第二节　市场营销战略

市场营销战略是企业职能战略中的一个重要组成部分,是指在企业整体战略及其战略目标的要求下,对企业的营销活动,特别是如何进入、占领和扩大市场所做出的长远性谋划和方略。市场营销战略是企业发现有吸引力的市场机会进而开发市场机会并获得利润的过程。在营销战略中包括两个重要的部分:一是目标市场,即企业希望吸引住的同质(相似)顾客群;二是企业的营销组合,即企业通过哪些手段或工具满足目标市场的需求。

企业的营销战略主要包括三个方面的内容,即目标市场战略、差异化战略和顾客满意战略。

一、目标市场战略

目标市场战略是指企业的营销活动是为了迎合特定的目标顾客而设定的。也就是说,企业并不期望满足某一整体市场中所有顾客的需求,而只是针对其中一部分顾客开展活动。目标市场战略的出现是顾客需求多样化趋势日益显著的必然要求。从现代市场营销发展史考察,企业在20世纪初实行的是无差异的大量市场营销,其中最典型的例子是美国福特汽车公司的创始人亨利·福特说过的名言:"无论世界如何变化,福特T型车永远是黑色的。"第二次世界大战结束后,随着市场供求态势从供不应求的卖方市场向供过于求的买方市场的转变,消费者有了更多、更大的选择余地,顾客需求多样化越来越显著了。到了20世纪50年代,西方企业纷纷开始接受目标市场战略,即企业识别各个不同的购买者,选择其中一个或几个作为目标市场,运用适当的市场营销组合来满足目标市场的需求。目标市场战略由三部分组成:一是市场细分;二是目标市场选择;三是市场定位。

二、差异化战略

差异化战略是指企业在安排营销组合时要同竞争对手相区别,比竞争对手更好、更优秀地满足顾客的需求。

在满足顾客需求的过程中,企业可以动用的手段和工具很多,在第一章中我们已经了解到市场营销学中将这些因素概括为 4P,即产品(product)、价格(price)、渠道(place)和促销(promotion)。差异化战略的重点在于企业如何在 4P 因素及其组合中寻找到自己的特色,将自己的产品和服务同竞争对手的区别开。大量企业的实践表明,经过周密的战略规划,每一个营销要素都可以成为差异化战略的成功关键要素。

1. 产品

企业至少可以通过三种途径在产品要素中创造差异化:①开发出全新的产品,并申请专利。海尔集团不用洗衣粉的洗衣机、带防电墙的热水器、抽屉式的冰柜等一系列产品都是通过创新并申请专利赢得竞争优势的。②增加产品附带的服务内容,以实现差异化。今天的顾客不仅需要产品本身,也需要产品附带的服务,服务的好坏直接影响着顾客的购买决策。北京有一家“海底捞”火锅店,多年来一直是顾客盈门,生意十分红火,很多时候顾客需要等候一个小时以上才能有座位。“海底捞”成功的秘诀就是服务,顾客们说在这家餐厅等候座位是一种享受:有免费的水果、饮料,还提供免费的美甲、擦鞋,如果三两个朋友一起等候还可以用餐厅提供的棋牌对弈两局,最重要的是这里的服务员人人都是满面笑容,劲头十足。③塑造品牌形成差异化。通过品牌实现差异化是最持久的,因为顾客一旦对品牌形成忠诚,就很难改变。可口可乐曾经做出决定,改变传统的配方,用新的口感更好的配方制造产品。没想到改变配方的决定一宣布,就接到来自四面八方的顾客的抗议,反对更改配方,因为可口可乐已经成为人们生活中的一部分了。

2. 价格

价格是一个非常灵敏的差异化工具。大多数企业在上面三个要素很难找到差异化卖点的时候,往往采取降价行动,用价格优势来形成差异化。但是在使用价格形成差异化的时候必须注意三个方面的问题:①必须有实力做保证。降价行为是一柄双刃剑,在快速扩大销售量的同时,也在快速侵蚀利润率。所以,企业要降价必须有实力,拥有成本优势的企业才能够在降价行为中获胜。战略管理学家迈克尔·波特说企业有三种通用的竞争战略,其中第一种就是成本领先。他不说是价格优势,而说是成本领先,原因就在于价格优势的背后是成本优势,没有成本优势就没有价格优势。②价格差异化很难持久。前面讲过价格是一个非常灵敏的差异化工具,但它不是一个持久的差异化工具。原因很简单,因为竞争对手很容易模仿降价行动。一旦竞争对手也加入降价行动,企业原有的价格优势就会被削弱。③提高价格也可以形成差异化。对于很多高端产品来说,高价格本身就是差异化的一部分。北京有一家海鲜酒楼生意一直很好,有一段时间业务量突然下滑,原因竟然是它已经不是北京最贵的酒楼了。

3. 渠道

渠道本身就具有很强的排他性,企业一旦建立起了良好的渠道,竞争对手很难快速模仿或者复制。企业在"渠道"这一要素上实现差异化,最重要的是通过各种手段将竞争对手排除在外。中国最大的户外视频广告商分众传媒公司就是很好的例子。分众传媒的业务说起来很简单:在写字楼里电梯间旁边的墙壁上安装液晶显示器播放广告。这家公司从2002年创立,只用了不到30个月的时间就实现了在美国纳斯达克上市,市场达到30亿美元。分众的快速成长归功于它找到了一个全新的媒体,电梯间旁的液晶显示器,并且和几百座写字楼签订了合作协议。这些写字楼一旦安装了分众的设备,是不可能再接受其他公司的设备的。这样,通过占领渠道分众成功地阻止了竞争对手的模仿行为。

4. 促销

促销是向顾客介绍和推荐产品的过程,在现代市场营销中"促销"活动的外延被大大扩大了,变成企业和顾客间的信息沟通过程,所以有人又把这一要素叫做沟通要素。在促销要素中形成差异化的最有力的工具是广告。广告在使消费者形成对企业产品和服务的差异化的认识方面非常有力。通过广告不断强化产品的卖点,可以使顾客在头脑中形成对产品的固化认知,从而同竞争对手的产品相区别。宝洁公司有一个洗发水品牌叫"海飞丝",这个品牌在刚进入中国市场时打出了一个非常响亮的广告语"头屑去无踪,秀发更出众",经过广告的反复强化,中国消费者形成了固化的认知:有头屑就用海飞丝。其实,几乎所有的洗发水都有去头屑的功能,而且从实际使用上看其他洗发水在去头屑这方面并不弱于海飞丝,但是由于海飞丝的广告播出早,深入人心,其他品牌很难改变消费者已经形成的认知和态度了。

三、顾客满意战略

所谓顾客满意战略就是企业的一切经营活动都要紧紧围绕顾客的需求,以顾客满意为核心,不断提高顾客的满意度。在生产经营活动之前,企业对于市场需求的分析和预测要始终站在顾客的角度;在经营活动的过程中要充分尊重顾客,维护顾客的利益,使顾客忠诚于本企业,从而不断地推动企业的发展。顾客满意战略有两个要点:

① 通过提高顾客让渡价值让顾客满意。顾客让渡价值是一个综合的概念,企业要提高顾客让渡价值,就要提高产品价值、服务价值、人员价值、时间价值,同时减少顾客的货币成本、时间成本、体力成本、精力成本。

② 通过巩固客户关系让顾客忠诚。企业通过积极深化与客户之间的关系,以掌握客户的信息,同时利用这些客户信息,量身订制不同的商业模式及策略方式,以满足个别客户的需求。通过有效的顾客关系管理,企业可以与顾客建立起更长久的双向关系,并获取客户忠诚,因为长期忠诚顾客的交易成本更低,交易量更大,愿意买更高价位的商品,还有可能为企业带来新的顾客。

第三节　市场营销管理过程

制定有效的市场营销战略是在竞争激烈的市场环境中管理现代企业的重要手段。市场营销部门制定、执行并控制营销战略的活动被称为市场营销管理过程。市场营销管理过程是企业营销工作的内容,是企业识别、分析、研究、选择和发掘市场营销机会,以实现企业任务和目标的管理过程,它包括以下四个步骤。

① 分析市场机会。

② 研究和选择目标市场。

③ 确定市场营销组合。

④ 实施和控制市场营销活动。

这四个部分构成了营销管理全过程,也是本书的总纲。以下各章的论述将沿着这条线索展开,概要了解各部分基本内容将为以后的学习打下基础。

一、分析市场机会

市场营销是通过满足顾客需求进而达到企业目标的经营活动。研究和分析外部环境是营销工作的出发点。市场营销环境的变化给企业市场营销活动或者带来机会或者带来威胁,因此,企业必须密切监视营销环境的发展变化,敏锐地发现市场机会并且及时规避潜在的环境威胁。

二、研究和选择目标市场

消费者对同一类产品的需求总是存在差异的。比如,同样是对服装的需求,有的顾客追求的是时髦、漂亮;有的顾客注重面料的质量、服装的做工;有的顾客则看重实用、价格低廉。一般来说,即使是大企业也很难满足所有顾客的不同需要。为了提高产品对顾客需求的适应能力,企业要把总体市场划分为几个主要的细分市场,对这些细分市场分别做出评价,结合企业自身的特点和优势,选择一个或者几个细分子市场作为本企业目标市场,为特定的目标市场提供专门的产品和服务。企业还要对产品进行市场定位。通过市场定位帮助目标顾客将本企业的产品和其他竞争对手区别开来,树立与众不同的形象,营造竞争优势。

三、确定市场营销组合

在选定目标市场后,就要确定市场营销组合策略,综合运用企业可控的营销手段(即4P),达到营销战略规划的目标。产品策略是对生产什么产品进行决策,包括新产品开发决策、产品组合决策、产品生命周期阶段决策、品牌决策、包装决策等。价格策略包括新产品定价决策、一般价格决策、价格调整决策等。渠道策略是对企业如何把产品传送到顾客手中的决策,包括渠道模式决策、经销商选择决策、渠道管理决策、物流决策等。沟通策略是对促进和影响人们购买行为的各种手段的决策,包括人员推销决策、广告决策、营业推广决策、公共关系决策等。

四、实施和控制市场营销活动

市场营销管理过程的最后步骤是对营销活动的具体管理,它包括营销计划的组织、实施和控制。市场营销计划的制订只是营销工作的开始,而非终结。更重要的工作是计划的实施与控制。实施过程包括建立营销组织、调动人力资源和制定激励制度。对计划执行中可能出现的意外情况,营销部门必须行使控制职能加以调整和修正,确保营销目标的实现。

图 2-5 表示企业营销管理过程的各个步骤。

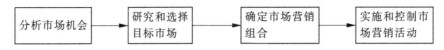

图 2-5　企业营销管理过程的步骤

1. 什么是企业经营战略?它可以划分为哪几个层次?
2. 市场营销战略在企业战略中居于什么位置?
3. 简述企业规划中分析现有业务组合的方法。
4. 企业的增长战略有哪些选择?
5. 请说明企业营销管理过程。

吉利:战略构筑梦想

2007 年 5 月,吉利公开宣布进入战略转型期,从"低价战略"向"技术领先、质量可靠、服务满意、全面领先"战略转型,并确立了"总体跟随,局部超越,重点突破,招贤纳士,合纵连横,后来居上"的企业发展战略和"造最安全、最节能、最环保的好车,让吉利汽车走遍全世界"的企业使命,以及"到 2015 年实现产销 200 万辆,其中 1/2 外销"的战略目标。

为实现上述目标,吉利对其营销、运营和管理三大模块九个方面进行了系统的梳理,全面启动了产品战略、质量战略、营销战略、品牌战略、人才战略、信息化战略的转型,完成了"技术体系、采购体系和营销体系"三大体系整合,重点打造了"营销链、研发链、供应链"三位一体的核心价值链,并以质量、财务、人力资源、投融资业务为支持流程,以全面的信息化和优秀的企业文化为基础保障,重构了面对流程管理的企业组织架构,形成了"以用户为中心、以订单为主线、以产品线为基础"的三链协同的新局面。

技术突破、品质保证

面对激烈的市场竞争,吉利加快产品结构调整。2008 年,以吉利自由舰、吉利金刚、远景为代表的新三样成功上市推广,使高安全性能、高技术含量、高附加值的新品比重从 2007 年的 60%增至 90%以上,市场竞争力明显增强。

2008 年 8 月,吉利战略转型后的第一款全新车型——全球鹰品牌成功上市。

2009 年,吉利帝豪品牌旗下的首款 B 级车 EC718 车系、吉利英伦品牌旗下的首款车型海景依次下线,上市推广以来,市场销量飙升,供不应求。

2010 年,帝豪 EC7 CVT 车型和首款 C 级轿车——帝豪 EC8 分别于 9 月、10 月上市,有力促进了新市场领域的拓展和品牌提升。

在整体发展战略的指导下,吉利坚持"自主研发、广泛合作、掌控核心技术"的研发理念,贯彻"产品平台化、能源多样化、安全第一"的研发战略,加快团队建设,提升软、硬件实力,取得了丰硕成果。目前,吉利不仅掌握了整车设计和制造技术,还在汽车发动机、变速箱等核心技术及安全技术方面实现了重大突破。

自主研发并产业化的 4G18 CVVT 发动机,其升功率达到 57.2KW,处于"世界先进、中国领先"水平;自主研发并产业化的 Z 系列自动变速器填补了国内空白,被评为中国汽车行业科技进步一等奖。

全球独创的主动技术——汽车爆胎监测与安全控制系统(blow-out monitoring and brake system,BMBS)被列入 2010 年第一批国家标准修订计划并已通过国标委认证审核;吉利熊猫、帝豪 EC7 C-NCAP 碰撞相继获得五星级成绩。

2010 年,吉利研发队伍进驻杭州临江工业园区,吉利汽车技术中心正式形成了"两临并举"的全新格局,进一步凝聚了研发合力,为吉利后续的可持续发展奠定了百年基业。在杭州临江、台州临海两地陆续建成并投入使用的有发动机试验室、NVH 试验设备建设、底盘测试试验室建设、动力总成试制车间、基础电工试验室、扩建的测量中心等;高性能计算中心项目建设显著提升了 CAE 分析速度;同时,高度细化的研发流程已在 G-PLM 系统内全面实现电子化,对提升开发效率和质量发挥了重要作用。

为提升吉利品质,吉利一直将质量改善作为头等工作来抓。引入质量网、零缺陷等先进质量理念和"3824 法",严格实施新品达产审核制度,进行科学的质量改善活动;通过推行质量管理信息化和标准化,推进了以用户满意为关注焦点的 GES 质量星级评价体系和用户体验工程,吉利新车质量进步显著。J.D.POWER 满意度调查结果,吉利汽车总体 IQS PP100 提升速度居自主品牌首位。

狠抓整车下线直通率,帝豪 EC718 等车型 FTT 值已超过汽车行业平均水平,有效提高了生产效率、减少了库存及返修,产生了显著的经济效益。全员改善活动推进到班组,"3824 法"培训到班组长。在 2010 年全国机械行业 QC 成果发布活动中取得了六项一等奖、两项二等奖的佳绩。

服务先行,品牌制胜

通过参与市场竞争的实践,吉利认识到要使产品走遍全国、走向世界,营销服务体系的现代化必须紧紧跟上。为此,吉利提出"超越自我,做最好的自主品牌"的营销服务思想,坚持"打品牌战、服务战、品质战、价值战、道德战,坚决不打价格战",实施"全球鹰"、"帝豪"、"英伦"三大子品牌的分品牌营销体系建设。截至 2010 年 12 月,吉利已形成 800 多家 4S 店和近千家服务站。

通过创新服务模式,实施"移动服务站"上门服务,开展"服务下乡活动",建立"道路施救管理系统",升级"维修问诊系统",快速提升了服务水平和反应能力,切实提升了用户满意度。

吉利荣获"中国最佳服务管理奖";扩容呼叫中心并获得国家"客户联络中心运营绩效标准(CCCS-OP)"五星级认证,与上海大众并列行业第一。根据 J.D.POWER 报告显示,吉利汽车售后服务满意度(cutomer satisfaction index,CSI)前进迅速,在同级车型中增长率处前列。

全球视野,跨国并购

2008 年国际金融危机以来,全球汽车格局发生了重大变化。这为吉利提供了不可多得的历史机遇。

2009 年 3 月,吉利闪电般收购了全球第二大自动变速箱公司——澳大利亚 DSI,吉利

100%控股,被业界喻为金融危机中汽车行业最成功的收购案。吉利全资收购 DSI 后,彻底改变了 DSI 的商业模式,它不再是个游离于主机厂之外的变速箱厂,吉利将成为它永远的伙伴,吉利产品至少可以占到它 60% 的销量。DSI 被收购后的第 5 个月,就扭亏为盈。由于它的产品既有前驱,又有后驱,既有四速,又有六速,所以国内很多企业对它都很感兴趣,它在中国市场的前景将非常乐观。

2010 年 8 月 2 日,吉利与福特正式交割世界豪华汽车品牌之一的沃尔沃轿车,吉利100% 控股,创造了中国汽车工业并购史上的又一个奇迹。收购沃尔沃对于吉利乃至中国汽车工业历史具有里程碑的意义。吉利收购沃尔沃轿车 100% 的股权,得到了非常宝贵的资产,包括沃尔沃商标的全球所有权和使用权、10 个可持续发展的产品及产品平台、4 个整车厂、1 家发动机公司、3 家零部件公司、3 800 名高素质研发人才的研发体系、分布于一百多个国家两千多个网点的销售、服务体系及一万多项专利和专用知识产权等。

同时,吉利建立了国际战略导向的营销体系,制定了未来五年的国际商圈战略规划,吉利俄罗斯、印尼 CKD 组装生产顺利下线,为吉利海外战略目标的实现积累了经验,奠定了基础。在 2011 年还将建立起 3~4 家 KD 工厂。

据统计,吉利 2007 年到 2010 年的出口量超过 10 万辆,位居国内车企出口量前列。目前,吉利在海外已拥有 400 多家的销售服务网点,其中包括数十家 4S 店,分布在俄罗斯、乌克兰、古巴、土耳其、叙利亚、埃及等国外 50 多个国家或地区。

(选编自广州汽车网:http://guangzhou.edeng.cn/,2010)

案例思考

1. 你认为吉利战略转型的重点是什么?这种转型成功的关键是什么?
2. 通过审视吉利的战略设计体系,你如何认识战略转型的完整内涵?
3. 通过此案例的分析思考,你如何评价吉利的全球化并购战略?

第3章
市场营销环境

随着市场经济的不断发展和对外开放的逐步深入,企业的外部环境发生了巨大变化,市场竞争日益激烈。企业为了更好地生存和发展,必须顺应市场环境的变化,分析研究市场环境变化的趋势,善于捕捉市场机遇,发现和规避环境的威胁,及时调整营销策略,确保企业在激烈的市场竞争中立于不败之地。

第一节 分析市场营销环境的目的

企业的市场营销活动是在特定的营销环境中进行的。所谓营销环境是指对企业的营销活动产生影响和冲击的不可控制的行动者与社会力量。营销环境中的各种外部力量,既可以给企业带来机会,也可能形成威胁。全面、准确地认识市场营销环境的现状和未来趋势,对于企业趋利避害地开展营销活动具有重要的意义。

一、两类营销环境

根据营销环境中各种力量对企业市场营销的影响性质的不同,可把市场营销环境分为宏观环境和微观环境两大类。

1. 宏观环境

宏观环境是指企业的营销环境中间接影响企业营销活动的不可控制的较大社会力量,包括人口、政治法律、经济、社会文化、技术等。在某些情况下,它也能对企业营销活动产生直接影响。

2. 微观环境

微观环境是指环境中直接影响企业营销活动的各种不可控制的行动者,包括顾客、供应商、竞争者和社会公众等。

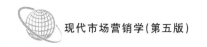

二、分析市场营销环境的目的

企业面临的营销环境并不是固定不变的,而是处于经常性的变化过程中。

① 通过对市场环境的分析研究,了解和把握市场环境变化发展的趋势。21世纪唯一不变的是变化,外部环境的变化速度比以往任何时候都要大。消费者的需求在变化,消费者的购买行为在变化,行业的竞争状况在变化,宏观经济、政治、人文和技术条件也在变化。这些变化都将给企业的市场营销活动带来不同程度的影响。企业对环境的反应能力有三种不同的情况:第一,惊讶于已经发生的事。这种反应是后知后觉的反应,营销行为落后于环境变化,适应环境的能力低。第二,观望正在发生的事。这种反应能做到和环境变化同步,对环境的适应能力提高了。第三,预测将要发生的事。这种反应是先知先觉的反应,企业可以更有效地调整企业行为来适应环境变化。

② 从市场环境的变化中发掘新的市场机会,抓住市场机遇,把握时机,更好地发展企业。环境变化中对企业有影响的第一类因素就是机遇因素。所谓的机遇就是环境中能够给企业发展带来正面影响的因素。机遇具有偶然性和时效性,不是随时都有的,如果不能即时把握,机遇会稍纵即逝。同时,机遇具有意识性,必须经过人的主观认识后才能真正转化成现实中的有利因素。

③ 及时发现环境给企业带来的威胁,采取积极措施,避免或减轻环境威胁可能给企业造成的损失。环境变化中对企业有影响的第二类因素就是威胁因素。环境威胁将对企业的营销活动带来很大的负面影响,必须予以重视,通过有针对性的市场营销行为来化解环境威胁。比如,2004年中国手机市场上很多企业都开始推出带照相功能的手机产品,这种环境变化很快被数码相机的企业监测到,它们发现这是一种环境威胁,因为一旦手机企业推出高分辨率的照相手机,将诱使消费者放弃购买数码相机。这些企业迅速调整了营销策略,大幅度降低数码相机产品的售价,吸引更多的消费者购买。这就是用营销行为应对环境威胁的很好的例子。

第二节　宏观环境分析

一、政治和法律环境

政治与法律环境的变化显著地影响企业的营销活动和利益。政治和法律环境首先表现为一个国家的政治体制、政府政策。其次表现为国家的各项与企业活动相关的立法。在中国,与企业相关的立法主要有四类:一是规范企业经营行为的法律,如2006年1月1日起正式施行的新《中华人民共和国公司法》,2007年6月1日起正式施行的新《中华人民共和国企业破产法》,2008年1月1日起正式施行的新《中华人民共和国企业所得税法》等;二是保护竞争,防止不正当竞争行为的相关政策法律,如1993年通过的《中华人民共和国反不正当竞争法》,2007年颁布的《中华人民共和国反垄断法》等,2008年修正的《中华人民共和国专利法》;三是保护消费者利益不受侵害的法律,如1993年通过的《中华人民共和国消费者权益保护法》,2008年1月1日起施行的《中华人民共和国劳动合同法》;四是保护社会公众长远利益不受损害的法律,如2009年2月通过的《中华人民共和国食品安全法》和即将进行重大修订的《中华人民共和国环境保护法》等。企业是社会的细胞,生存在一定的社会环境中,它的行为必须受国家政策和法规的约束。营销人员应密切关注与本企业有关的法律、政策,使企业经营在合法的轨道上运行,同时能运用法律武器保护企业的正当合法权益。

二、人口环境

人口是营销人员最感兴趣的环境因素之一。市场是由具有购买欲望和购买能力的人构成的,因而人口规模、人口密度、家庭规模、年龄构成等人口环境因素对企业营销活动都有直接影响。

1.人口规模和增长率

人口规模即人口总数,是影响基本生活资料需求的一个决定性因素。人口多、增速快,是我国人口环境的两个重要特点。据 2010 年 11 月 1 日零时我国第六次全国人口普查数据显示,2010 年年末全国总人口为 1 370 536 875 人,同第五次全国人口普查(2000 年 11 月 1 日零时)的 1 265 825 048 人相比,10 年共增加 73 899 804 人,增长 5.84%,年平均增长率为 0.57%,人口自然增长率已降至 5‰。中国的人口数量约占世界总人口的 21%。虽然中国已经进入了低生育率国家行列,但由于人口增长的惯性作用,当前和今后十几年,中国人口仍将以年均 800 万~1 000 万人的速度增长。按照目前总和生育率 1.8 预测,2020 年,中国人口总量将达到 14.6 亿人;人口总量高峰将出现在 2033 年前后,达 15 亿人左右。作为世界上人口最多的国家,我国市场发展的潜力巨大,企业的营销机会很多,这是有利的一方面;但是,人口多导致人均资源占有量低,不利于企业的发展壮大。现有的人口规模对企业既是压力也是发展的机遇。

2.人口的地理分布

市场消费需求与人口的地理分布密切相关。一方面,人口密度不同,不同地区市场需求量存在差异。大城市、人口密集地区的市场需求量大,也是企业的主要目标市场。美国快餐店麦当劳规划开设新的连锁店时第一个考虑的因素就是新店址能够辐射到的商圈内有多少居民,有多少流动人口。另一方面,不同地区居民的购买习惯和购买行为也存在差异。在天气炎热的南方对空调设备的需求量大,而在寒冷的北方则需要暖气设备和御寒服装;在青岛、大连等沿海城市人们冬季喜欢穿着呢大衣,而在内蒙古、宁夏,人们则需要兽皮衣物抵御风沙和寒冷。

此外,城乡居民的消费偏好也有很大差异。从城乡分布来看,2010 年年末全国城镇人口为 665 575 306 人,占总人口的 49.68%;乡村人口为 674 149 546 人,占 50.32%。同 2000 年第五次全国人口普查相比,城镇人口增加 207 137 093 人,乡村人口减少 133 237 289 人,城镇人口比重上升 13.46 个百分点。中国的农村人口一直在总人口中占很大比重,农村市场是一个潜在的巨大市场,企业应针对这一市场制订营销计划,满足农村市场的需求。而且我国的人口地理分布的流动性趋势明显:人口迁移、人口流动速度加快,规模不断扩大,人口从农村流向城市、从内地流向沿海、从欠发达地区流向发达地区。人口流动创造了一系列新的市场机会。以交通为例,现在每年春节都是公路客运、铁路客运的黄金时节;近两年民航方面还新开发了从广州、深圳等地返乡的包机业务。

3.人口构成

人口构成包括自然构成和社会构成。自然构成包括性别比例、年龄结构等;社会构成包括民族构成、教育程度、职业构成等。与世界各国一样,我国在人口构成方面的显著特点是人口的老龄化。据 2010 年统计数据显示,60 岁及以上人口为 177 648 705 人,占全国总人口的 13.26%,其中 65 岁及以上人口为 118 831 709 人,占全国总人口的 8.87%。同 2000 年第五次全国人口普查相比,60 岁及以上人口的比重上升 2.93 个百分点,65 岁及以上人口的比重上升 1.91 个百分点。我国人口老龄化的突出特点是老龄人口基数大,发展速度快,地区不平衡,社会负担重,属于典型的"未富先老"国家。由于经济发展不平衡,我国东部经济发达地区的老年人口比已经达到了 14%,西部贫困地区还不到 9%。老龄人口数量的增加,使得市场需求结构出现新的变化:老年人的市场容量扩大,老年人用品的需求不断增加。随着人民生活水平的提高,老年人的需求不仅仅停留在衣食住行等基本生活需求上,对保健用品、营养食品、医疗服务、旅游、文化娱乐的需求也增长很快。未来,帮助老年人活得健康、积极、有意义的产品和服务将会有很大的发展空间。

4. 家庭规模和结构

家庭是社会的细胞,也是消费品的主要采购单位。一个国家或地区的家庭规模和结构直接影响着消费品市场的需求。例如,新建立的家庭可能需要添置家具、厨房用具、家用电器和卫生设备等,而无孩子的年轻夫妇或单身户将有更多的时间和金钱去旅游和从事娱乐活动。

我国家庭规模变化的趋势是家庭的小型化。传统的中国家庭受文化习俗的影响以及经济水平的制约往往规模比较大,三代同堂、兄弟姐妹成家后继续生活在一起的情况很常见。但是现在情况发生了很大的变化:计划生育政策的实施使家庭人口减少,同时年轻人更愿意拥有自己独立的生活空间,大部分选择成年后和父母分开居住。目前,中国家庭中两口和三口之家在总家庭户中占绝大部分。根据国家统计局的调查数据显示,2010 年我国平均每个家庭户的人口为 3.10 人,比 2000 年第五次全国人口普查的 3.44 人减少 0.34 人。

三、经济环境

一个有效的市场包括人口及购买力两个因素。形成市场不仅需要人口,还需要购买力。

1. 人均国内生产总值

用数字来衡量一个国家经济生产与收入的整体状况称为国民收入核算。在国民收入核算中,最重要的概念是国内生产总值(GDP)。它是指一个国家在一定时期内(一般是一年)所生产的最终产品的市场价值的总和。GDP 反映了一个国家整体经济的规模和状况。人均国内生产总值(人均 GDP)是按人口平均一定时期内所生产的最终产品的价值。它反映出一个国家的富裕程度。世界银行在比较各国的总体经济状况与规模时用 GDP 作为评价指标排序,在比较各国的富裕程度时用人均 GDP 排序。

2005 年,我们的 GDP 超过了英国;2008 年,我们超过了德国;2010 年,我们超过了日本,成为全球第二大经济体。2010 年,中国国内生产总值(gross domestic product,GDP)为 397 983 亿元,比上年增长 10.3%。中国已经连续七年保持 GDP 7% 以上的增长。根据国际货币基金组织(IMF)的定义,GDP 年增长率高于 3% 就被视为经济高速增长的国家。我国的 GDP 增长率 20 多年来一直属于高增长型。同时也要看到,尽管有很高的增长率,但是中国人均 GDP 的实际水平还很低。2010 年中国人均 GDP 为 29 524 元(合 4 361 美元),大约排名世界第 92 位,尽管经济规模超过了日本,但由于中国人口规模是日本的 10 倍,若以人均计算,中国人均 GDP 仅为日本的 1/10。根据世界银行对国家富裕程度的划分标准,高收入组国家的人均 GDP 为 27 770 美元,上中收入组国家的人均 GDP 为 9 210 美元,下中收入组国家的人均 GDP 为 4 600 美元,低收入组国家人均 GDP 为 1 980 美元。中国还属于低收入的国家,富裕程度还很低。

2. 个人收入

个人收入从宏观的角度看,是从国民收入中减去公司未分配给股东的利润,加上政府向居民支付的利息。从微观的角度是居民从各种来源所获得的总收入,包括个人的工资、奖金、其他劳动收入、退休金、助学金、红利、馈赠和财产出租收入等。

3. 个人可支配收入

个人可支配收入是指个人收入中减去直接缴纳的各项税款和非税性负担的余额。个人可支配性收入可以用来储蓄和消费支出,是衡量购买力水平的重要指标。国家统计局《2010 年国民经济和社会发展统计公报》显示,全年农村居民人均纯收入 5 919 元,剔除价格因素,比上年实际增长 10.9%;城镇居民人均可支配收入 19 109 元,实际增长 7.8%。

4. 储蓄

消费者的消费水平和结构除受以上因素影响外,还受储蓄状况的影响。中国居民的储蓄倾向一直比较高,改革开放以来城乡居民的储蓄存款余额已从 1979 年的 281.0 亿元增加到 2010 年的 30 万亿元。

5. 消费者的支出结构

改革开放三十多年来,我国消费者支出结构发生了很大变化,具体表现为:随着家庭收入的增加,用于食品的开支占收入的百分率下降,用于家庭日常开支的费用占收入的百分率保持不变,用于住房、教育等方面的开支占收入的百分率上升。新的消费热点包括住房、私人轿车、教育投资、旅游等。营销管理人员必须注意到这一倾向及其对消费需求的影响。

四、自然环境

任何企业的生产经营活动都与自然环境息息相关,因为无论制造哪种产品都需要原材料、能源和水资源等。随着工业生产活动范围的扩大,同时也由于前些年我们对环境保护的忽视,我国的自然环境在几十年中已遭受了不可弥补的破坏。今后,各种资源的短缺将对企业的生产和经营活动造成很大的制约,有关环境保护的立法也对企业提出了很多新的要求。市场营销人员必须注意到自然环境的变化以及相关法律政策对企业营销活动的影响。具体来说,我国的自然环境主要面临以下几个问题。

1. 土地超载和耕地锐减

新中国成立初期我国的水土流失面积约为 120 万平方公里,目前约为 130 万～150 万平方公里,流失面积仍在不断扩大。同时,我国土壤的侵蚀度,即单位面积表土流失的速度也相当高。黄河流域 75 万平方公里土地侵蚀度达到"严重侵蚀"指标值的两倍多;长江流域 180 万平方公里土地的侵蚀度也超过了正常值,属于中度侵蚀。表土流失会导致农作物产量降低,化肥使用量增加,最终引起农产品成本上升。

另外,我国极为宝贵的耕地越来越少。根据国家土地管理局和国家统计局的资料计算,

1978—1997 年全国累计增加耕地 1 140 万公顷,累计减少 1 605 万公顷,两者相抵,净减少 465 万公顷,占耕地总面积的 3.5%,相当于整个江苏省的耕地面积。这段时间平均每年净减少耕地 25 万公顷,而在此前的 10 年(1968—1978)间,平均每年净减少 16 万公顷,说明近 20 年来耕地减少的速度明显加快。土地超载和耕地面积减少不仅对我国的国计民生形成了严重的威胁,而且直接影响某些行业的生产经营活动,如表土流失可能增大对化肥的需求量,而避免耕地减少的有关法律和政策将对建筑行业提出新的标准和要求。

2. 森林赤字

我国近 30 年来森林面积正在不断减少,每年新生木材仅 2 亿立方米,而消耗的木材却达 3 亿立方米,年木材蓄积量"赤字"为 1 亿立方米。森林面积的锐减一方面容易造成大规模水土流失和江河污染,影响国家经济的长远发展;另一方面也直接关系到一些企业的生产和销售,如建筑木材的减少将导致某些替代品的出现或引发建筑业成本的上升。

3. 淡水资源紧缺

我国的淡水资源人均占有量不及世界平均水平的 1/4,且在空间和时间上分布不均衡。目前全国有 1/3 的耕地和 2/3 的牧区严重缺水,每天缺水 800 万立方米以上的城市已从 150 个增加到 200 多个,占我国城市总数的 54%。不少城市在枯水季节不得不减少对工厂的供水量。每年全国工业生产因缺水造成的损失达 200 亿元。无疑,水资源短缺对以淡水为原料或动力的企业造成很大的制约。

4. 不可再生的有限资源的短缺

我国的能源蕴藏量虽然很丰富,但由于人口数量大和增长快,能源短缺现象仍十分严重。如我国已标明的石油储量居世界第二位,但人均储量却排在 12 个主要产油国的最后一位;煤储量位于世界第 3 位,但人均水平也只占第 6 位;我国 45 种主要矿产资源中,有 23 种在世界上均占有优势,而人均储量却都低于世界平均水平。能源短缺的严峻形势要求企业最大限度和尽可能地研究与开发各种节能型产品,以降低成本。

5. 污染严重

我国是世界上环境污染最严重的国家之一,目前工业污染的状况已达到 20 世纪五六十年代西方发达国家最严重的水平。我国 40 多万家工业企业每年排出废气 8.84 亿立方米,废水 364.8 亿吨,固体废弃物 3.43 亿吨,造成了对大气与水资源的严重污染,已引起学术界、政府和公众的关注。环境污染从两方面影响企业的营销活动:第一,为从事污染控制技术开发和绿色产品生产的企业提供了极大的发展空间;第二,政府对环境保护的立法将迫使很多企业进行技术改造以适应法律和公众对环境保护所提出的要求。

五、技术环境

像经济环境一样,技术环境变化对企业的生产和销售活动有直接而重大的影响,尤其是在面临原材料、能源严重短缺的今天,技术往往成为决定人类命运和社会进步的关键所在。与经济环境不同的是,技术是一种创造性—破坏因素,或者说,当一项新技术给某一行业或企业带来增长机会的同时,可能对另一行业形成巨大的威胁。例如,晶体管的发明和生产严重危害了真空管行业;电视的出现使电影业受到沉重的打击;高性能塑料和陶瓷材料的研制与开发严重削弱了钢铁业的获利能力。

技术的发明和进步不仅影响行业的生存和发展,而且也影响一些企业的生产和销售活动。世界上一些成功的企业无一不对新技术的研发和应用予以极大的重视。目前,技术环境的变化有以下几个趋向。

1. 新技术和发明的范围不断扩大

自第二次世界大战以来,技术和科学取得了巨大进步。科学发现、发明以及将它们转化为产品的速度都大大加快了。近几十年来,以下几个领域的科技进步尤为迅速。

① 信息技术。在微电子技术领域,从 1906 年发明电子管并出现无线电通信、雷达和电视到 1978 年研制成超大规模集成电路,电子技术已进入微电子时代。在计算机领域,自 1946 年第一台电子计算机问世到目前,电子计算机已换了 5 代,性能提高了 100 万倍,而价格降低为原来的万分之一,现正在向智能化方向发展。

② 生物技术。自 20 世纪 40 年代青霉素发明以后,已有 100 多种抗菌素投入生产,1973 年美国学者博耶等创立了 DNA 重组技术,打破了不同生物物种间的杂交障碍。有人预言,21 世纪将是一个生物学时代。

③ 新型材料。据 1976 年统计,全世界经过注册的材料有 25 万种,而目前则有 50 万～60 万种。新型材料,尤其是有机高分子合成材料的发展迅速,每年的产量以 14% 的速度增长。

④ 空间技术。空间技术是最为引人入胜的领域,自 1957 年 10 月 4 日苏联发射第一颗人造地球卫星以来,到目前为止,世界各国已发射了几千个航天器。空间技术的发展扩大了人类的物质资源和知识宝库,推动了现代科学技术和现代工农业生产的发展。托夫勒在他的《第三次浪潮》一书中曾预言:"航天工业是下一代技术革命的策源地。"

2. 理论成果转化为产品和产品更新的周期大大缩短

由于技术本身的巨大进步,理论成果转化为可应用产品的时间间隔已大大缩短。例如,英国在 1714 年批准了第一项打字机专利权,但是拖了一个半世纪,打字机才开始大量生产。斯坦福研究所的罗伯特 B. 杨发现:在 1920 年以前,美国销售的日用设备,包括吸尘器、电炉和冰箱,从投产到高峰生产所需时间平均是 34 年,而在 1939—1959 年出现的另一批设备,包括电烤箱、电视机和洗衣机的相应时间仅为 8 年,缩短了 76% 以上。个人计算机从诞生到被广泛使用大概花了 20 年左右的时间,而互联网在全球的普及仅仅用了几年的时间。与此同时,同类产品更新换代的周期也大大缩短了。

3. 研究和开发费用急剧增加

为了在市场竞争中以新产品和新工艺获胜,世界各国和企业普遍加大了对研究与开发的经费投入。例如,美国每年用于研究和开发的费用高达 1 000 亿美元,约有 10 000 种新产品投放市场。美国一些企业的研究开发费用占销售额的 5%～7%,而它们的毛利润率大约为 15% 左右。与发达国家相比,我国的研究和开发费用比率要低得多。在产品研究开发方面我国面临的另一问题是很多科研成果难以转化为现实的产品,这一方面是由于将理论成果转化为产品的巨额费用无法解决;另一方面则与传统体制下科研部门没有转向经济主战场有关,以致很多科技成果离市场要求太远,只能束之高阁。近几年来,随着科研体制改革的深入和企业间竞争的加剧,这方面的情况已有所改善。

营销管理人员了解技术环境变化的目的在于同研究开发人员建立起密切的联系,帮助他们发现市场对新技术和产品的需求,并采取积极措施限制技术发明所带来的副作用。总

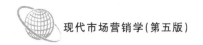

之,要使企业和消费者从技术发明与新产品中获益。

六、文化环境

文化,作为一个社会历史范畴,一般指人们在社会历史发展过程中所创造的物质财富和精神财富的总和。市场营销环境中的文化因素主要包括:价值观念、宗教信仰、道德准则、审美观念及风俗习惯等。这些因素无时不在深刻地影响着人们的购买行为和消费方式。同一件商品在不同人看来代表不同的含义,满足不同的需求。例如,美国人将汽车看做必不可少的代步工具,而在很多的发展中国家人们则将其视为身份的象征。同一件商品有的顾客很喜欢,而另一些顾客却唯恐避之不及。这些令人费解的现象背后其实都是因为有不同的文化因素在起作用。营销人员必须仔细地分析不同群体的文化,了解他们的喜好和禁忌,才能从中发现营销机会,更好地满足顾客需求。

文化虽然具有相当的稳定性,但并不是一成不变的,它总是随着时间的推移或快或慢地发生着变化。比如,10 年前中国人中知道"情人节"的并不多,但是现在很多人都过起了"情人节",玫瑰和巧克力都成了 2 月份商店里的热销品。营销人员要不间断地追踪文化的变化趋势,适应这种变化,对企业的营销组合做出适时的调整,才能使企业立于长盛不衰之地。

第三节 微观环境分析

企业营销管理人员所采取的各种策略和措施的最终目的是满足目标市场的需要进而获取利润。在这一过程中,企业要同各种组织和个人打交道,首先需要向供应商购买各种原材料或其他物料,然后经过企业内部各职能部门和车间的协作生产制造出产品,接着这些产品要经过各级中间商的分销,最终才能到达对产品性能和质量都有一定要求的消费者手中。由于向某一目标市场提供产品或服务的企业不止一个,所以,企业必须在很多竞争者的包围和进攻下开展营销活动。同时,社会公众对某些产品和营销活动的态度也深刻地制约着企业的行为。所有这些个人、群体和组织构成了企业营销的微观环境。

一、供应商

供应商是向企业及其竞争对手供应各种所需资源的工商企业和个人。供应商供应的原材料价格的高低和交货是否及时、数量是否充足等,都会影响产品的成本、售价、利润和交货期。因此,营销管理人员必须对供应商的情况有比较全面的了解和透彻的分析。一般来说,按照与供应商的对抗程度,可以把供应商分为两类:一类是作为竞争对手的供应商(寄生关系);另一类是作为合作伙伴的供应商(共生关系)。

对供应商管理的目的就是确定在哪些条件下对哪些原料可以通过自行生产来解决,而哪些原料需要通过外购来解决。

1. 作为竞争对手的供应商

一般来说,对供应商的管理意味着实现采购成本的最优化。也就是说,企业主要关心原料的价格和数量,并设法维持一种强有力的与供应商讨价还价的能力。

例如,当一个企业决定是自行生产还是在开放的原料市场上购买所需原材料和其他物料时,它实际上关心的是以哪种形式能获得更大的收益。

因此,把供应商作为竞争对手的观念实际上是倡导这样一种原则:尽可能地减弱他们的讨价还价能力,以获得更大的收益。在这种情况下,下列一些做法有利于企业维持与供应商的关系并能保证原材料的有效供应。

① 寻找和开发其他备选的供应来源。降低单一原料在产品总成本中所占的比例,以尽量减少对某种原料及其供应商的过分依赖。

② 如果企业仅有一两个供应商,可以通过积极地寻找替代品供应商而减弱他们与企业讨价还价的能力(如用塑料容器代替玻璃容器)。

③ 向供应商表明企业有能力实现后向一体化。也就是说,企业有潜力成为供应商的竞争者而不仅仅是一般的顾客。另外,如果企业有自我生产原料的经验,那么就能充分掌握有关供应商的制造过程和原材料成本方面的信息,减少买卖双方在信息占有上的不对称性,使企业在讨价还价中处于有利地位。

④ 选择一些规模相对较小的供应商。企业的购买量在其总产量中占较大比重,增加供应商对企业的依赖性。

2. 作为合作伙伴的供应商

企业把供应商作为竞争对手来考虑,往往引起一些消极的后果,如采购价格的大幅波动、供应量无法保证、供应时间可能被推延、原料质量无法监控等。为了获得原材料或者其他物料的稳定供应,维持质量的一致性,企业最好的选择是把供应商作为自己的伙伴,保持与供应商长期而灵活的关系,并在此基础上考虑自己的营销活动。这种合作模式首先产生于日本,这种模式的主要特点是企业在管理供应商过程中更多地采用谈判,而不是讨价还价,力图维持与供应商长期和互利的关系。为实现上述目标,可以考虑以下几种方案。

① 与供应商签订长期合同而不是采用间断式的购买方式从供应商那里获得原料。这对于稳定供应关系有很大的作用。如果签订包销合同,竞争者就无法从供应商那里获得原材料。在许多情况下,供应商也喜欢签订长期合同。长期合同并不一定像人们抱怨的那样会使企业丧失灵活性。事实上,一个经过充分准备的长期合同需要考虑将来发生的偶然事件(如需求变化、产品线扩张等),以及在这些偶然事件中合同双方各自的利益。此外,签订长期合同也有助于企业更好地对库存、运输、供货的数量、组合以及供应商的地位进行规划,而这些正是战略营销思维必须考虑的问题。

② 说服供应商积极地接近顾客,尤其是当企业处于下游生产过程,也就是更接近于终端用户时。帮助供应商了解顾客可能是有益的,它有助于供应商更有效地为企业提供服务。

③ 分担供应商的风险。例如,企业可以与供应商密切协作以改进原料制造工艺和质量,这样做有可能降低供应商的成本。在特殊情况下,企业甚至应向供应商投资以促进其对新技术的采用和生产能力的扩大。在必要的情况下,企业也可以与供应商联合或组成合资企业,并通过共同研究和开发来进入新的市场。

作为全球最大的家居商品零售商,宜家公司的基本思想就是低价位,使设计精良、实用性强的家居产品能够为人人所有。宜家必须从供应商那里采购到低成本、高质量、符合顾客要求而且环保的产品。为了实现这一目标,同供应商的关系就变得非常重要。目前,宜家的供应商有 1 800 家,分布在世界上 55 个国家。宜家认为同供应商的密切接触是理性和长期合作的关键。它在 33 个国家设立了 42 个贸易公司来专门负责采购以及发展同供应商的合作关系。这些贸易公司的员工经常造访供应商,从而监督生产、测试新方案、商谈价格和进行质量审查,负责向供应商传授知识,如在效率、质量和环保工作的问题上对他们进行培训。他们还负责制定并检查供应商的工作条件、社会保障和环保工作等重要任务。

虽然分析上述两种模式对于帮助我们认识不同的供应商是有益的,但在现实中,可能并没有哪一家供应商的行为完全与其中某一种模式相吻合,而更可能是两种模式的混合体。但无论对于哪种类型的供应商,营销管理人员都应该培养一种对他们进行理性分析的能力。应该指出,目前营销人员在顾客和市场研究方面已变得相当成熟,同时关于竞争者和竞争态势的分析也已逐步深入,相比较起来,对供应商的分析仍处于起步阶段。

在对供应商进行分析时,主要应该了解以下信息。

① 备选供应品的来源、组合、适用性以及确定可接受替代品供应商的可能性。

② 了解企业所购物品在供应商收入中所占的百分比,它是企业对供应商是否重要的一个重要指标。

③ 供应商对前向一体化的兴趣和能力,是否可能成为企业未来的竞争对手。

④ 供应商与竞争对手协议的项目及条件。

无疑,只有在全面了解和深入分析供应商的基础上,企业才能作出适当的购买决策。

二、营销中介单位

在多数情况下,企业的产品要经过营销中介单位才能到达目标顾客。所谓营销中介单位是协助企业推广、销售和分配产品给最终消费者的企业和个人,它们包括中间商、实体分配公司、营销服务机构和金融机构。

中间商在企业的营销活动中起着十分重要的作用,它帮助企业寻找顾客并直接与顾客进行交易,从而完成产品从生产者向顾客的转移。关于中间商的类型、作用和如何选择中间商,我们将在营销渠道中详细讨论。

实体分配公司,主要包括将专门储存和保管商品的仓储公司与负责把货物从一地运往另一地的运输公司。在我国,中间商往往同时承担实体分配公司的功能。也就是,中间商除分配产品外,还同时负责储存和运输。近年来,独立的物流公司也有很大的发展。无论采用哪种方式销售商品,企业都要考虑储存成本、运输费用、安全性和交货期等因素。

市场营销服务机构是指调研公司、营销咨询公司、广告公司以及各种广告媒体,这些机构协助企业选择目标市场,并帮助推广产品。目前我国专门的市场调研和营销咨询公司发展迅速,已经出现了一批专业素质强、信誉好的营销调研和咨询公司,能够为企业提供全面的高质量的咨询服务。

金融机构包括银行、信贷公司、保险公司等。它们负责为企业和顾客之间的交易融通资金并对企业的营销活动施加影响。企业应该与金融机构建立良好的合作关系,保证营销活动的资金供应。

三、顾客

顾客是企业产品或劳务的购买者,是企业服务的对象。顾客可以是个人、家庭,也可以是组织机构(包括其他企业和转售商)和政府部门。它们可能与企业同在一个国家,也可能在其他国家或地区。

对于一个企业来说,顾客永远是最重要的微观环境因素。如果顾客采取了不利于企业的行动,如许多顾客突然开始购买竞争者的产品,对企业的产品和服务提出更高要求等,企业的营销活动就会受到很大的压力。这时,企业应做出怎样的反应以避免失去顾客呢?答案自然应该是作一个妥善的计划以赢回失去的顾客和满足他们的要求。

顾客分析的目的在于了解顾客为什么选择企业的产品或服务?是因为价格低、质量高、快速送货、可靠的服务、有趣的广告还是能干的推销人员?如果企业不能准确地知道哪些东西吸引顾客以及他们的选择将来可能如何变化,那么,企业最终将失去市场上的优势地位。有效的顾客分析应包括下列几个步骤。

第一,收集有关顾客的全面信息,并仔细地加以研究。

① 企业的顾客是个人、家庭还是组织。

② 购买本企业产品的目的。

③ 选择本企业产品的原因。

④ 产品对用户的最终适用性(如技术上的要求是否适合顾客的产品或工艺)。

⑤ 要求特性(服务、质量和功能)。

⑥ 顾客的统计学特点。

⑦ 顾客的购买方法。

⑧ 地理位置。

第二,明确企业需要在哪些方面深化对顾客的了解。一旦初步选定了所要服务的顾客群体,下一步就是仔细地考察企业在对顾客的认识上仍存在着哪些空白,它们往往成为下一步数据收集和分析的焦点。

① 现有产品满足了顾客的哪些需求。

② 顾客还有哪些要求未得到满足。

③ 顾客对企业产品和技术的熟悉程度如何。

④ 谁是购买决定者和参与者。

⑤ 顾客的购买标准是什么。

⑥ 顾客群体的范围和增长程度。

第三,决定由谁以及如何来分析、利用收集到的信息。在这一过程中,至关重要的是将收集到的信息在企业各部门内广泛交流,同时要求市场、销售和研究开发部门的管理人员明确顾客分析的特殊意义,以及他们各自应采取哪些新的行动来应对顾客的需求。企业高层管理人员应该判断企业的计划是否真正符合顾客的需要,研发部门要考虑对产品进行哪些改进,营销部门要考虑设计哪些推广活动以更好地同顾客进行沟通。总之,顾客分析的目的在于帮助企业作一些实际的决策,而不是将一大堆数据和报告束之高阁。

四、竞争者

一般来说,为某一顾客群体服务的企业不止一个,企业的营销系统是在一群竞争对手的包围和制约下工作的。这些竞争对手不仅来自本国市场,也来自其他国家或地区;竞争不仅发生在行业内,行业外的一些企业可能通过替代品的生产而参与竞争。所以,对竞争者进行

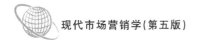

分析是成功地开展营销活动的一个重要方面。

竞争者分析的内容相当广泛,大体包括以下几个方面,对这些问题的了解有助于认识竞争者并制定相应的对策。

1. 产品研究与开发

了解竞争者的产品研究和开发策略是否与其产品生命周期阶段相适应。在产品生命周期的初期,产品研究和开发具有较高的投资风险,竞争对手对顾客需求的认识还是模糊的、表面化的。这时要着重分析竞争对手的实验、制造和把握技术发展趋势的判断能力。

随着行业进入成长阶段,产量开始缓慢增加,这时应特别注意竞争对手研究与开发的规模,并与本企业作对比。显然,对实力不同的企业,即使用于研究和开发的费用同样多,但对公司的影响是大不相同的。比如,IBM 公司和苹果公司花同样多的钱来开发新型个人计算机,这笔投入对 IBM 整个公司的赢利水平的影响可以说是微不足道的,而对苹果公司的销售和利润却有很大的影响。

在产品生命周期的后期,产品研究与开发对企业的影响更为复杂,所以应特别注意竞争对手是否正在重新设计产品以减少成本,是否正在扩大技术并服务于新的市场,以及是否正在对产品采取一定的修补以维持其竞争地位。

2. 产品制造过程

可以根据成本、质量、灵活性和可靠性等变量来评价竞争对手所设计的制造过程的有效性。一般来说,在产品生命周期的早期,消费者选择的主要依据是质量和灵活性,而在成熟期则主要考虑产品的成本和可靠性。

3. 采购

外购货物在总成本中占有很大比例的行业或者当供应商力量非常强大时,分析竞争者的购买方式就非常重要了。分析采购情况时,所需了解的关键问题取决于所购买货物的性质。如果是原材料,研究的关键问题是竞争者是否利用了长期合同、数量折扣以及在地理位置上接近供应商,从而降低采购成本。如果是劳动力,研究的关键问题是竞争者如何组织人力资源开发,是否利用了国际市场上的劳动力,为了获得有技能的和非技术性的劳动力,是否采用了不同的策略。除此之外,还应了解竞争者在哪里购买了何种产品以及购买条件(合同、价格)是什么。

4. 市场

企业营销人员应该分析和评价竞争者如何选择目标市场以及产品的市场定位。同时要了解它们在目标市场的销售量、产品组合、广告费用和促销项目等,尤其需要明确竞争者市场计划中的要素是什么,以及它们之间是否互相适应。最后还要了解竞争者为了保持竞争优势,为目前和潜在的消费者做了些什么。

5. 销售渠道

在技术比较稳定和适用性较好的成熟行业,销售渠道往往成为企业能否成功地进行市场开发的关键。在这些行业必须细致地估价竞争者的销售渠道的成本、规模和质量。在一些特殊行业,不仅要评价竞争者销售渠道对顾客需要的敏感性,而且要评价其经销商和销售人员的专业知识水平。

6. 服务

应该细心地评价竞争对手在修理能力、服务、培训、零配件的适用性等方面为顾客提供优质服务的能力和意向,其中包括服务人员的数量和背景、服务项目的数量、服务人员和销售人员之间的关系以及服务在竞争战略中的作用。

7. 财务管理

对某些竞争者来说,良好的财务系统往往是执行其总体战略的关键,因此,营销人员应该分析竞争对手的现有资产、债券、债务和红利的管理方式,并与本企业加以比较。

8. 个性和文化

在竞争对手分析中,往往强调收集和分析有关竞争对手的财务、制造、市场方面的定量数据,尽管这些信息对揭示竞争对手的能力是重要的,但它们并不能说明竞争对手将如何利用这些能力。因此,企业营销人员应该重视对竞争对手个性和文化的分析,这不仅有助于了解它的思维方式,而且有助于更好地预测其将来的动向和对企业所坚持的不同战略将做出怎样的反应。例如,通过对竞争对手目标的分析,可以了解其个性和可能坚持的战略。一个承诺不解雇人员的企业在需求下降的市场上将难以实现低成本战略;一个追求高增长目标的企业在价格上很可能比强调利润的企业更富有进攻性。分析竞争对手的投资历史可以帮助企业了解其基本原则和习惯。通过对竞争对手在其他行业的战略的研究,可以估计它在新进入的行业将采取的战略。例如,它是一贯倾向于高价还是低价;它经常以怎样的方式扩张;在研究和开发上,它是领先者还是追随者。此外,通过对竞争对手在过去一段时期内一些行为的分析也可以在很大程度上揭示其思维方式是坚强的还是懦弱的。例如,它是否很快地放弃不获利的业务,或者虽然遭受失败却仍然继续向这种业务追加投资;它的主要财力资源是用于现有业务,还是致力于新的发展。

对竞争者个性和文化的分析还包括对其组织结构与管理人员的分析,如它的所有权、董事会的组成和主要管理者的个人情况等。一般来说,个人持股的竞争者常常有较低的利润目标,这往往使企业难以和它们竞争。董事会的组成有时能够说明其管理方式,例如,以内部董事(在企业中有管理职位)为主的董事会倾向于注意生产,而外部董事则可能更多地强调财务收益。主要管理者个人的经历对竞争对手的行为也有重要的影响,他们往往倾向于采用自己在其他企业和业务活动中所采用过的成功的战略与方法。

概括来说,对竞争对手的分析包括两个方面:一是它的行为;二是它的个性和文化。有关前者的事实和数据告诉企业竞争对手是否能够开展竞争,而后者则说明竞争者喜欢如何竞争。

第四节　环境分析与营销对策

企业是一个开放系统,它与周围环境之间不断进行能量、信息、物质等方面的交换。企业所面临的宏微观环境又是由众多因素组成的,且每个因素都有其自身的运动方式和轨迹,呈现出不规则的动态变化。因此,企业要不断关注和预测周围环境的发展变化,准确把握营销环境变化所带来的机会与威胁,审时度势,扬长避短,保证企业的健康发展。

一、市场机会与环境威胁

宏微观环境的变化可能为企业提供市场机会或构成环境威胁,进而影响其营销活动。

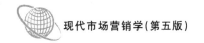

市场机会是指对企业营销活动富有吸引力的领域,在这些领域,企业拥有竞争优势。环境机会对不同企业有不同的影响力,企业在每一特定的市场机会中成功的概率,取决于其业务实力是否与该行业所需要的成功条件相符合。

环境威胁是指环境中不利于企业营销活动的因素及其发展趋势给企业的市场地位所带来的挑战。这种挑战可能来自于微观环境的变化,也可能来自于宏观环境的变化。

二、机会与威胁的分析评价

处于动态竞争中的企业,面对营销环境的千变万化,需要通过环境分析来评估环境机会与环境威胁。企业最高管理层可采用"威胁分析矩阵图"和"机会分析矩阵图"来分析、评价营销环境。

1. 机会分析

机会分析主要考虑其潜在的吸引力(营利性)和成功的可能性(企业优势)的大小。其分析矩阵如图 3-1 所示。

	成功概率	
	高	低
潜在吸引力 高	Ⅰ	Ⅱ
潜在吸引力 低	Ⅲ	Ⅳ

图 3-1　机会分析矩阵图

由图 3-1 可见,处于第Ⅰ象限的机会,潜在的吸引力和威胁的可能性都大,极有可能为企业带来巨额利润,企业应把握战机,全力发展;而处于第Ⅳ象限位置的机会,不仅潜在利益小,成功的概率也小,企业应改善自身条件,注意机会的发展变化,审慎而适时地开展营销活动。第Ⅱ象限、第Ⅲ象限情况介于二者之间。

2. 威胁分析

对环境威胁的分析,一般着眼于两个方面:一是分析威胁的潜在严重性,即影响程度;二是分析威胁出现的可能性,即出现概率。其分析矩阵如图 3-2 所示。

	出现概率	
	大	小
影响程度 高	Ⅰ	Ⅱ
影响程度 低	Ⅲ	Ⅳ

图 3-2　环境威胁分析矩阵

由图 3-2 可见,对于第Ⅰ象限所面临的情况,威胁出现的概率和影响程度都大,必须特别重视,提前制定因应对策;第Ⅳ象限所面临的情况,威胁出现的概率和影响程度均小,企业不必过于担心;第Ⅱ象限所面临的威胁出现概率虽小,但影响程度较大,必须密切注意监视发展势头；而第Ⅲ象限的威胁影响程度较小，但出现的概率大，要未雨绸缪，杜绝其出现。

3. 营销对策

通过环境事件的重要性和机会威胁的分析后，企业需要对所处的环境有一个综合的估计，即综合考虑面临的机会和威胁程度。

这种综合估计可用"机会—威胁组合矩阵"来表示，即以机会的强弱程度为纵坐标，以威胁的强弱程度为横坐标，并各分为高低两档，这样就把企业的处境分为四种类型：理想业务，即具有重大机会而无重大威胁的业务；成熟业务，即面临的机会及威胁均低的业务；风险业务，即面临的机会及威胁均高的业务；困难业务，即机会小而威胁大的业务。不同的业务类型采取不同的营销对策，这是营销环境分析评价中比较重要的一种分析方法，如图 3-3 所示。

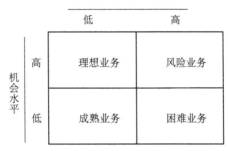

图 3-3　机会—威胁分析矩阵

在环境分析与评价的基础上，企业对威胁与机会水平不等的各种营销业务，要分别采取不同的对策。

对理想业务，应看到机会难得，甚至转瞬即逝，必须抓住机遇，迅速行动；否则，丧失战机，将后悔莫及。

对风险业务，面对高利润与高风险，既不宜盲目冒进，也不应迟疑不决，坐失良机，应全面分析自身的优势与劣势，扬长避短，创造条件，争取突破性的发展。

对成熟业务，机会与威胁处于较低水平，可作为企业的常规业务，用于维持企业的正常运转，并为开展理想业务和冒险业务准备必要的条件。

对困难业务，要么努力改变环境，走出困境或减轻威胁，要么立即转移，摆脱无法扭转的困境。

思考题

1. 如何分析企业的营销宏观环境？它由哪些要素组成？
2. 什么是人口环境，它的主要内容是什么？
3. 如何分析经济环境？
4. 技术环境发展的新特点对企业营销活动有何影响？
5. 供应商可以分为哪两类？你认为合作模式与竞争模式哪个更具优越性？
6. 竞争者分析的内容有哪些？
7. 企业针对环境的变化如何进行相应的分析和策略应对？

 **案例**

阿里巴巴:商业帝国的生态圈

21世纪的中国,风云变幻。在这场大国复兴的鸿篇巨著中,商业兴国的理念正逐步深入人心,并有越来越多的企业用其自身行动诠释这一理念。在众多的商业生态圈中,以阿里巴巴为代表的创新型商业生态圈,更是以其内生的创造力不断推进商业生态圈的延伸和丰富。

战略愿景与战略定位:提供生态圈构建原始动力

正确的战略是成功的开始。任何一个成功的企业都需要适合其自身发展的战略愿景和战略定位。而对于阿里巴巴和马云来说,其宏大的战略愿景为其构建创新型商业生态圈提供了原始动力。阿里巴巴的战略愿景有三:第一,要持续发展102年,打造跨越三个世纪的世界名企;第二,要成为全球十大网站之一;第三,让天下没有难做的生意,只要是商人,就使用阿里巴巴。正是在这一宏大而具有指导意义的战略愿景下,阿里巴巴上路了。

纵观阿里巴巴的发展历程,脉络清晰,如同经过测算般精准,短短几年时间已经完成了战略布局。1999年公司成立;2000年,获取2 500万元风险基金投资;2003年5月投资1亿元推出个人网上交易平台淘宝网;2003年10月创建支付宝,进军电子商务领域;2005年8月,兼并雅虎在中国的所有资产,成为中国最大的互联网公司,进军搜索领域;2007年1月成立阿里软件,进军管理软件领域;2007年11月,阿里巴巴在香港上市,融资15亿元,创下中国互联网公司融资规模之最;2008年,借助阿里妈妈进军网络广告服务。

创新文化与顾客视角:构建商业生态圈基础

阿里巴巴将品牌核心理念内化为企业内部创新机制和文化,为企业打造商业生态圈提供源源不断的能量,同时以顾客视角为中心,充分把握顾客价值和外部市场,两者结合起来,内外兼修,推动企业打造创新型商业生态圈,夯实基础。

阿里巴巴坚持"服务第一,顾客第一"的品牌核心理念,并将这一理念和其独特的品牌文化和内涵渗透到公司日常工作的每个环节,使整个组织的操作流程更具统一性、标准性和可识别性,并通过实际工作将内化效果自发地传递出来。品牌内化策略使阿里巴巴形成了不断探索的创新机制和文化,也形成了踏实肯干的工作作风,并最终为阿里巴巴打造创新型商业生态圈,为后来的战略布局奠定了坚实的基础。

正是以顾客视角为中心,以顾客价值和需求为标准,以为顾客提供最大化价值为目标,才促使阿里巴巴不断地推陈出新:从最初的为企业设计架构网站,到建设汇聚大量供求信息的交流平台,从向国外买家介绍中国供应商到为中国供应商引进国际买家,从创立网络诚信评价体系到网络安全支付平台,所有这些创新无疑不是在最大化地满足顾客需求,提供顾客价值最大化。阿里巴巴在不断围绕顾客需求构建自己商业生态圈的同时,已经在无声无息中完成了战略布局,并将竞争对手远远甩在了身后。

精准切入与定位清晰:构筑产业发展的强大动力

成立之初的阿里巴巴在认真分析和准确把握当时市场环境的基础上,清晰界定目标市场,并按照市场需求制定相应策略,以中小企业而不是大企业为切入点,进军电子商务,是其后来所有成功的开始。阿里巴巴充分研究当时的中国网联网市场现状,从信息流做起,并实施全部免费服务,为广大中小企业提供免费供求信息,即使2001年网络泡沫破裂以后,依然坚持免费政策,正是这一政策使阿里巴巴在短时间内聚集了大量供求信息和人气。在知名度迅速扩大的基础上,阿里巴巴更进一步,把握住国际贸易的整体趋势,推出中国供应商服务,汇集全球信息,一方面向全球买家展示中国企业;另一方面向中国企业提供国际买家,并向中国供应商会员收取一定会员费用,在找到自己赢利模式的基础上,获取了发展的强大动力。

在获得初步发展的基础上,阿里巴巴准确把握住电子商务发展的关键环节——诚信问题,它们坚定地认为B2B领域胜负的关键不是资金或技术,而是诚信问题。为了降低诚信问题所带来的交易风险和交易成本,阿里巴巴创造性地推出诚信通服务,迅速得到市场认可。

总体而言,阿里巴巴以中小企业为目标群体,准确把握住内外在市场环境特征,并创造性地开发诚信通服务解决诚信问题,为阿里巴巴在未来的市场远航和战略谋变储备并提供了动力十足的原始能量。

双向战略与内外兼修:实现生态圈的产业链协同

阿里巴巴集团在充分的自我认知基础上,深度挖掘其自身的资源价值,以资源整合为工具,通过横向和纵向一体化战略实现了其电子商务生态圈的迅速扩大。

首先,在B2B业务做大、做强的基础上,阿里巴巴顺势而为,果断进入C2C领域,在与ebay的竞争中,依靠免费策略和横向一体化战略,迅速获得了巨大的市场份额。2007年年初阿里巴巴对外发布了自己的软件服务业务——阿里软件,这种向内的延伸战略,依托其已有的巨大用户群和信息把握能力,向用户提供后台业务管理软件。同时,阿里巴巴集团借助阿里妈妈进军广告服务业,颠覆了传统的广告模式,以新型的第三方平台形式聚合了数量庞大的广告需求双方,阿里巴巴上的中小企业主、淘宝的中小店铺、支付宝商铺、口碑网的个人及企业用户等成为其进行深度挖掘的资源库。在充分吸收了阿里巴巴集团B2B和C2C电子商务交易平台的成功运营经验后,阿里妈妈很巧妙地将阿里巴巴集团购并中国雅虎所获得的搜索运营能力与阿里巴巴自主创新的诚信体系、信任评价和安全支付等平台相结合,成就了中国互联网基于本土环境特征基础上的模式创新。

其次,阿里巴巴通过纵向一体化战略来扩展至支付宝和搜索领域。为了能够解决网络支付安全的问题,2003年10月,阿里巴巴推出独立的第三方支付平台——"支付宝",正式进军电子支付领域。阿里巴巴依靠"全额赔付"的制度迅速扩大,不仅用于阿里巴巴和淘宝网自身,而且还独立应用于其他各种领域。目前支持使用支付宝交易服务的商家已经超过30万家,涵盖虚拟游戏、商业服务、机票等多种领域,可谓是将其产品和服务价值最大化发挥到极致。阿里巴巴并购中国雅虎,是最直接体现出其纵向一体化战略的举措。通过此次并购,阿里巴巴不仅获得了世界上顶尖的搜索技术,还控制了电子商务上游产业链,对其后来的战略布局埋下了伏笔。

阿里巴巴精心打造的包括B2B、C2C、软件服务、在线支付、搜索引擎、网络广告六大业务领域在内的电子商务生态圈,全面覆盖中小企业电子商务化的各大环节。六大环节之间相互作用,相互影响,相互支撑,通过资源的整合应用最终发挥最大价值,实现了产业链的协同。我们也发现其他企业也正在采用相似手段,实现其产业链的延伸和系统,如百度、腾讯等企业高调宣布利用其搜索资源和丰富的社区资源,全力进入C2C市场,这也再次验证了阿里巴巴的战略布局的前瞻性和价值性。

毫无疑问,阿里巴巴在电子商务领域取得了很多企业难以企及的成功,但未来,面临环

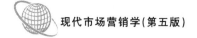

境的新变化,阿里巴巴能否不断完善,将商业生态圈这一商业新势力的价值演绎得更加完美,非常值得期待。

(改编自《企业战略》,2011 年 5 月)

案例思考

1. 阿里巴巴如何能实现其战略布局的前瞻性和价值性?

2. 简要分析马云创建阿里巴巴时所面临的互联网环境的整体特征。

3. 通过此案例的分析思考,你对阿里巴巴精心构建的商业帝国生态圈未来的发展如何评价?

第4章

消费者市场与产业市场

营销学对市场的定义和分类都有其独特性。由于营销是从企业本位出发,认为市场就是有消费需求的顾客,因此从逻辑上推,营销学便根据顾客的不同,将市场分为两大类:个人消费者市场和组织市场。其中,组织市场又由三部分组成:产业用户市场、中间商市场和非营利性组织市场。

不同的市场由于购买者的构成及购买目的不同,需求和购买行为也不同,而这些显然对企业的营销管理至关重要,是企业制定各种营销战略及营销策略的客观依据。本章将重点分析个人消费者市场和产业用户市场的购买决策过程及影响因素。

第一节　市场分类

为进一步研究市场,首先需要对市场进行科学的分类。

第一章已经指出,从企业营销的角度看,市场就是有未满足需求的现实和潜在购买者的集合。既然市场的落脚点在购买者,对市场进行分类也应以谁在市场上购买为依据,而不是我们习惯的按产品分类。例如,一台计算机,可能被个人消费者买去,也可能被一家企业买去,即同一台计算机,可以是不同市场上的购买对象,而不同市场的购买者对同一种产品或服务的需求和购买行为却很可能不同。

用这种方法,市场营销学将市场分为两大基本类型:个人消费者市场和组织市场。个人消费者市场由那些为满足自身或家庭成员的生活消费而购买的个人组成;组织市场则由为维持经营活动,对产品进行再加工或转售,或为向社会提供服务而购买商品或服务的工商企业、政府机构或其他非营利性团体组成。根据购买目的的不同,组织市场通常又被分为产业用户市场、中间商市场和非营利性组织市场三类。其中,产业用户市场由除中间商以外的各种企业组成,而非营利性组织市场则又可进一步分为政府组织和各种非营利性机构,如医院、学校等。

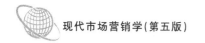

比较产业用户市场和个人消费者市场,它们在以下几方面存在显著的区别。

① 购买目的不同。前者为维持经营活动,有明确的赢利目标;后者为生活消费,不谋求赢利。

② 从社会再生产看,前者位于再生产的中间环节,是一种生产性消费;后者位于再生产一次循环的终点,属于最终消费。

③ 购买者不同。前者是有专业人员参与的有组织的购买;后者是非专业的个人购买。

由于存在上述差别,使得产业市场和消费者市场在需求和购买行为方面产生很大不同。下面将分别阐述是哪些因素在影响产业市场和消费者市场上购买者的行为,以及二者在需求和购买行为方面具体有哪些不同。

第二节　消费者市场

从传统上看,消费者市场曾是营销学研究的重点。原因之一是消费者市场上的竞争更为充分和完全。而且,消费者市场是整个社会经济活动为之服务的最终市场。

中国的 13 亿人口形成了世界上最庞大的消费者市场,中国的消费者市场还是当前世界上成长速度最快的市场之一,因此,中国拥有世界上最具吸引力的消费者市场。

消费者市场上的购买是一种个人购买,因此,它最显著的特点是:购买分散,批量小,具有多样性、易变性,容易受舆论和广告宣传的影响,感情性、冲动性的购买较多。

一、消费者市场的购买对象

消费者市场购买的商品品种、规格成千上万,一家现代大型零售商店经营的商品品种、规格可达数十万种。显然,消费者在购买不同商品时,并不遵循同一个购买模式,如买一台大屏幕彩电和买一份 5 毛钱的报纸,在购买行为方面肯定有相当大的差异。市场营销学根据消费者购买行为的差异,将他们所购的商品(包括服务)分为三类:便利品、选购品和特殊品。

① 便利品。多为消耗快、需频繁购买、价格低廉的商品;不同品种或品牌之间差别小;消费者购买时不需做太多的选择,而以方便地买到为要旨。如我们称之为日用品的诸多小商品:奶制品、牙膏、纸巾、报刊、冷饮等。

② 选购品。为单价较高,一次购买后使用时间较长,不同品种、规格、款式、品牌之间差异较大的商品。消费者购买时往往要花较多时间进行比较之后才做出购买决策。如服装、鞋帽、家具及多数耐用家电产品。

③ 特殊品。单价昂贵,能满足消费者某方面特殊偏好的商品,如钢琴、高档手表、名牌服装、家庭轿车等。消费者在购买这类商品时,往往不计较价格和寻购时花费的时间,而以获取为要。

对经营不同商品的企业来说,了解消费者购买行为的上述区别十分重要。它提醒企业:针对消费者购买行为的不同,企业应对不同产品采取不同的营销战略,并有所侧重。如经营便利品,最重要的是分销网点要密集,货源供应要充足,以保证消费者能随时随地方便地买到;经营选购品,最重要的是备齐花色品种,让消费者有充分的选择余地,并帮助他们了解各种商品的质量、性能和特色,他们才会放心地做出购买决策;传统的特殊品往往资源有限或极端昂贵,但在现代,许多一般商品一旦成为名牌,也会成为消费者心目中的特殊品,如斯沃琪手表、耐克鞋。而消费者购买特殊品时的不计代价,则激励着经营者不断地将普通产品做成名牌,如斯沃琪手表就并非高档。

二、影响消费者购买的因素

不仅消费者市场与产业市场的购买行为不同,就是消费者市场上不同购买者的需求和购买行为也有所不同。是什么原因造成了这种差异呢?

经济学家曾把消费者都看做是"经济人",认为他们在购买过程中总能进行理智而聪明的判断,做出最经济的选择。但经济学家们的理论有时很难解释现实中人们的购买选择为什么会千差万别。显然,除了经济因素以外,还有其他因素;除了理性的思考以外,还有其他非理性的情绪在影响人们的购买决策。

为研究这些影响因素,市场营销专家建立了一个"刺激—反应"模型来说明外界刺激与消费者反应之间的关系。模型的框架如图 4-1 所示。

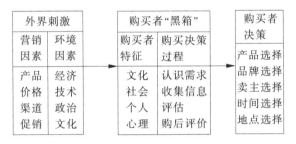

图 4-1 "刺激—反应"模式

该模型表明:同样的外界刺激,作用于具有不同特征的消费者,加上购买决策过程中所遇不同境况的影响,人们可能会做出不同的选择。我们需要了解的是:当外界刺激相同时,购买者的"黑箱"内究竟发生了什么使消费者做出了不同的购买决策?购买者在各方面的特征怎样影响他们的购买行为?

或者,我们也可以这样说,消费者购买行为取决于他们的需求和欲望,而人们的需求、欲望、消费习惯,乃至购买行为,又是在许多因素的影响下形成的。另一个模型显示了这些影响因素,详见图 4-2 所示。

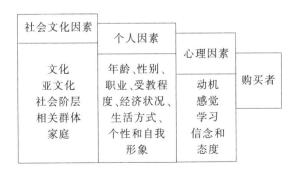

图 4-2 影响消费者购买行为的因素

下面分别说明这些因素及对消费者购买行为的影响。

1. 文化因素

每个人都生长在一定的文化氛围中,并接受这一文化所含价值观念、行为准则和风俗习惯的规范,这也影响到了他们的购买行为。以中国和西方文化对比为例。在中国的传统文化里,老年人受到尊重,适合老年人使用的保健食品、用品大量被青年人买去馈赠长辈;而西方文化推崇年轻和充满活力,标有老年人专用字眼的商品遭人忌讳。再如,中国的"吃"文化特别发达,人们花大量时间、精力在与吃有关的采购、烹饪和聚餐上;相比之下,现代美国人在吃方面就简单得多。

2. 亚文化

在每一文化群中,还存在若干更具文化同一性的群体,被称为亚文化群。在我国,至少可以分出 3 种亚文化群:民族亚文化群、地区亚文化群和宗教亚文化群。如地区亚文化群。由于地理位置、气候、历史、经济、文化发展的差异,我国可以明显地分出南方、北方,或东部沿海、中部、西南、西北内陆区等亚文化群。不同地区自然条件不同,经济发展水平和人们的生活习惯都不同,消费自然有别,甚至许多风俗习惯也不同,如中国人传统上最隆重的节日——春节,北方人习惯吃饺子,南方人却是吃元宵和糯米年糕。另外,年龄、职业等方面的差异也会形成不同的亚文化群,如现在"80 后"、"90 后"等称谓所特指的人群。

3. 社会阶层

每个社会客观上都会存在社会阶层的差异,即某些人在社会中的地位较高,更受人们的尊重和向往;另一些人在社会中的地位较低,他们及他们的子女总想改变自己的地位,进入较高的阶层。不过,在不同社会形态下,形成社会阶层的依据不同。在古代,可能身体最强壮、最勇敢的人组成了上层社会;在封建社会,世袭的血缘关系成了标志一个人所属阶层的依据;后来,金钱和财产成了一个人进入上层社会的通行证。在现代社会,一般认为所从事职业的威望、受教育水准、收入水平及财产等综合决定一个人所处的社会阶层。显然,位于不同社会阶层的人,因经济状况、价值观取向、生活背景和受教育水平不同,其生活习惯、消费内容,对传播媒体、商品品牌甚至商店的选择都可能不同。

4. 相关群体

相关群体指对个人的态度、消费偏好和行为有直接或间接影响的人群。每个人周围都有许多亲戚、朋友、同学、同事、邻居,这些人都可能对他的购买活动产生这样那样的影响,他们就是他的相关群体。在中国,顺从群体意识是文化的深层结构之一,因此人们往往有意无意地按照或跟随周围人的意向决定自己购买什么、购买多少。我国消费市场上明显的一"热"接一"热"现象,与此不无关系。如看到别的家庭买了家用轿车,自己也一定要买,却不管自己是否真的需要。近年来,随着媒体广告对人们频繁的刺激,某些名人对名牌商品及时尚的宣传极大地影响着消费者,尤其是年轻消费者的购买倾向就是一例。

5. 家庭

家庭是最重要的相关群体。一个人从出生就生活在家庭中,家庭在个人消费习惯方面给人以种种倾向性的影响,这种影响可能终其一生。而且,家庭还是一个消费和购买决策单位,家庭各成员的态度和参与决策的程度都会影响到以家庭为消费、购买单位的商品的购买。如早年一则有关洗衣机的广告所说:母亲要功率大的,奶奶要省电的,小孙女要外观漂亮的,而家庭男性成员未参与意见,这就是一种购买模式,由此可推出一个家庭的最终选择。

6. 年龄

不同年龄层消费者的购物兴趣、选购商品的品种和式样不同,这点似乎不言而喻。此外,在购买行为上,青年人多冲动性购买,容易受外界各种刺激的影响改变主意;而老年人经验丰富,多习惯性购买,不容易受广告等商业信息的影响。

7. 性别、职业、受教育程度

由于生理、心理和社会角色的差异,不同性别的消费者在购买商品的品种、审美情趣、购买习惯方面有所不同,如他们订阅不同的杂志,观看不同的电视节目。职业不同、受教育程度不同也影响到人们需求和兴趣的差异,如近两年我国大城市市场上一些最新款式的名牌时装总是标明"适合职业女性";又如热衷于网上购物的大多为年轻、受教育程度较高、从事白领工作的人。

8. 经济状况

经济状况主要取决于一个人可支配收入的水平,也要考虑是否有其他资产来源、借贷的可能及储蓄倾向。在商品经济社会,经济状况对个人的购买能力起决定性作用,消费者一般要在可支配收入的范围内考虑其开支。发达国家人均国民收入数万美元,其居民消费自然呈多样化、个性化,追求闲暇和享受。中国西部地区人均国民收入只有几百美元,消费者自然对商品价格十分敏感,不可能频繁更换款式、更新功能更强的产品,也不可能将支出的近20%用于交通和通信。过去计划经济体制下,中国居民收入最显著的特点之一是平均化;改革30年,居民收入差距明显拉大,城市和农村、东南沿海与内地,同一城市中不同行业和个人之间,收入差距小则一倍两倍,多则十几倍、几十倍,故个人消费出现层次差异的倾向已十分明显,这一点近年在大城市的住房、汽车消费上显而易见。

9. 生活方式

生活方式是人们根据自己的价值观念安排生活的模式。有些人虽然处于同一社会阶层,有相同的职业和相近的收入,但由于生活方式不同,其日常活动内容、兴趣、见解也大相径庭。因此,了解目标顾客的生活方式,以及产品、服务与生活方式之间的关系,显然也是营销人员的任务之一。

10. 个性和自我形象

个性是个人的性格特征,如自信或自卑、内向或外向、活泼或沉稳、急性或慢性、倔犟或顺从等。显然,自信或急躁的人,购买时很快就能拿定主意;缺乏自信或慢性子的人购买决策过程就较长,或是反复比较,拿不定主意。外向型的人容易受周围人意见的影响,也容易影响他人;内向型的人则相反。也有学者认为,根据个性不同可将购买者分为六种类型:习惯型、理智型、冲动型、经济型、感情型和不定型。

11. 自我形象

自我形象即人们怎样看待自己。现实中又呈现一个十分复杂的图像,有实际的自我形象、理想的自我形象和社会自我形象(别人怎样看自己)之分。人们希望保持或增强自我形象,购买有助于改善或加强自我形象的商品和服务就是一条途径。中国有句俗话:"人靠衣装马靠鞍",就是这个道理。现在,随着生活水平的提高,越来越多的中国人开始通过消费为自己树立积极进取、时尚、完美的形象,但也滋生出一些靠大把花钱、讲排场抬高自己的奢靡浪费之风。

12. 动机

心理学认为,人的行为由动机引起。购买行为也不例外。关于动机对人的消费需求的影响,用得最多的是马斯洛的需要层次理论,该理论的框架如图4-3所示。

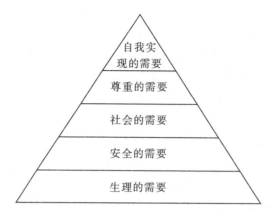

图 4-3　马斯洛的需要层次理论示意图

该理论认为:人的需要从低到高分为若干层次,只有未满足的需要才会形成动机;一般来说,只有低一级的需要得到相对满足,高一级的需要才会起主导作用,成为支配人们行为的动机。

日本学者宇野政雄在其《新市场学总论》一书中把消费的发展分为三个阶段:

① 扩大衣、食、住的量,满足基本生存需要;

② 改善衣、食、住和生活环境的质,提高生活质量;

③ 增加闲暇,充实精神文化生活。

这种表述也反映了人们需要的层次。对营销者来说,要了解不同消费动机与商品或服务之间的对应关系,判断何种商品和服务能最好地满足处于不同需要层次顾客的口味。

13. 感觉

感觉是人们通过各种感官对外界刺激形成的反应。现代社会,人们每天面对大量的刺激,但对同样的刺激不同人有不同的反应或感觉,原因在于感觉是一个有选择性的心理过程。这种选择性表现在三个方面:

① 选择性注意。即并不是所有的外界刺激都会引起同等的注意,人们倾向于注意那些与其当时需要有关的、与众不同的或反复出现的外界刺激。

② 选择性理解。人们接收了同样的外部刺激,但并不一定会得出同样的解释,而是根据自己以往的经验或成见对信息进行理解。

③ 选择性记忆。人们获悉的大部分信息很快就被忘记了,只有少数被记住——那些证实了他的态度、信念或正是他此时感兴趣的信息。

感觉的选择性提示我们:由于每个人的感知能力、知识、经验、信念、态度和关心的问题不同,同样的外界刺激作用于不同人身上会有不同的反应,这导致了消费者购买行为的差异。

14. 学习

人们的行为有些是与生俱来的,但多数行为,包括购买行为是通过后天的学习得来的。

学习指由于经验引起个人行为的改变。人们在市场上会遇到许多从未见过的新产品,他们怎样建立起对这些产品的态度或信念呢?除了广告宣传以外,正如一句俗话所说:要想知道梨子的滋味,就得亲口尝一尝。尝过之后,用过之后,对这种产品有了亲身体验,就会形成某种观念或态度,学习过程即告结束。具体来讲,学习是驱策力、刺激物、提示物、反应和强化诸因素相互影响和作用的结果,其中每一要素都是完成整个学习过程必不可少的。营销者显然需创造这些条件,从而帮助潜在顾客完成学习过程,成为现实的顾客。

15. 信念和态度

信念和态度是人们通过学习或亲身体验形成的对某种事物比较固定的观点或看法,它们影响着人们未来的购买行为。信念和态度一旦形成就很难改变,它们简化消费者的购买过程,引导消费者习惯性地购买某些商品。

每位消费者在以上各方面的特性都会或多或少地影响到他的购买行为,营销人员为很好地选择市场和开拓市场,有必要从上述诸方面对消费者进行认真的研究。

三、消费者购买决策过程

消费者购买决策由一系列的相关活动构成,远在其实际购买之前即已开始。从心理学的角度讲,购买决策过程也是一个认识过程。因此,研究消费者的购买,不能只注意其购买决定或实际的购买,而应研究从需求形成到购买后反应的全过程。

市场营销学将购买者决策过程分为五个阶段,如图 4-4 所示。这种划分也是为了方便营销人员针对决策过程不同阶段的特点采取相应的营销对策。

图 4-4　消费者购买决策过程

1. 确认需要

或叫动机形成,是购买决策过程的开始。这种认识可能由内在的生理、心理活动引起,也可能由外界刺激物引起,或是内外两方面因素相互作用的结果。

2. 收集信息

动机一旦形成,如果消费者不了解什么商品能满足自己的需要,或仅知道商品名称但不熟悉该类商品各方面的情况,他就得收集有关信息,开始注意有关的广告、别人对它的评价,或直接去商店询问、索取产品说明书等。

消费者获得信息的来源有四个方面:

① 商业来源,包括广告、商品陈列、商品包装和说明材料、售货员介绍。

② 个人来源,主要是从亲朋好友、邻居、同事等处得到信息。

③ 大众来源,指公众舆论媒体如广播、电视、报刊的评论,及消费者团体的评价。

④ 经验来源,即消费者自身通过触摸、试验或使用获得信息。

3. 评估备选商品

经过收集信息,消费者逐渐在头脑中形成了一个备选品牌的“单子”。本阶段的任务,就是对这些备选品牌进行选择评比,为下一步的决策奠定基础。

评估活动的心理过程大致这样:首先,消费者考虑每种商品有哪些属性,特别是有哪些令他感兴趣的属性;其次,确定自己关心的每种属性在心目中的重要程度,如果用定量化的语言,就是给每种自己所关心的属性一个权数;然后,将每种品牌在每一属性上的形象给以评价,这评价既基于该品牌的真实情况,也取决于评价者有选择性的主观感觉;最后,对每种商品进行综合评价。当然,描述评估方法的模型有很多种,表4-1只是其中的一种。

表 4-1 某消费者对不同计算机的评价

计算机品牌	属性			
	运算速度	产品可靠性	品牌形象	价格
A	10	8	6	4
B	8	9	8	3
C	6	8	10	5
D	4	3	7	8

假定该消费者给计算机运算速度的重要性权数为40%,产品可靠性为20%,品牌形象为30%,价格为10%,就可用简单的加权平均计算出他对每种品牌的综合评价。如计算机 A＝0.4×10＋0.2×8＋0.3×6＋0.1×4＝7.8,其余以此类推,最后从中选出总分最高者为优。不过,有时候,消费者认为商品某方面的属性高于一切。在上例中,如果一位消费者认为品牌形象高于一切,那他就不是选择总分最高的A,而是选择该项得分最高的C。

4. 做出购买决策

完成对可供品牌的评价后,消费者形成了品牌偏好和购买意向,这时一般如不发生意外,做出购买决策就是自然而然的了。购买决策除包含品牌决策外,还包含购买时间、地点、数量、支付方式等方面的决策。不过,在感觉购买风险较大的情况下(如预计价格将下调),消费者也可能做出购买决策后却不马上购买。

5. 购后反应

消费者购买和使用商品后,总会有满意或不满意的感觉。如果消费者感到满意,他很可能会再次购买同一品牌的商品,并且会影响他周围亲朋好友的购买选择。消费者对某一品牌的信念、忠诚和重复购买,无疑是生产企业的命运之所系。因此,了解消费者的购后反应,并提高消费者购买后的满意程度,应成为企业营销人员的重要工作。

不过,消费者并非在购买任何商品时都经过上述复杂的过程,购买牙膏和购买汽车的决策过程就存在很大的不同。市场营销管理者根据买者在购买过程中卷入程度和产品品牌差异程度的不同将顾客购买行为划分为四种类型,如图4-5所示。

	卷入程度高	卷入程度低
品牌差异大	复杂型购买	多变型购买
品牌差异小	和谐型购买	习惯型购买

图 4-5 购买行为的四种类型

消费者卷入购买程度有两层含义：

① 购买时的谨慎程度及愿花费的时间和精力。

② 参与购买决策的人数多少。

显然，那些单价昂贵、购后要使用多年、风险较大、供若干家庭成员共同使用，或与树立个人外在形象有关的商品，消费者购买时卷入程度较高。

不同类商品的品牌差异度是不同的。如肥皂、纸制品之类的品牌差异度不大，甚至可以不要品牌；而糖果、香皂、期刊的品牌差异度就大，更不用说那些单价较高的选购品了。

复杂型购买发生在消费者初次购买那些单价高、品牌差别大的商品时，如人们在购买住房时会十分谨慎，认真比较不同位置、户型、朝向、楼层、价格等，才能做出购买决策。

和谐型购买发生在卷入程度高但品牌差异小的情况下。这时，虽商品价格高，购买风险偏大，消费者会在收集信息后较谨慎地做出购买决策，但又因不同品牌商品的差异不明显，消费者的实际购买可能会很迅速，如因价格便宜，或时间、地点方便，就立刻买下。中国消费者现在买彩电、冰箱、洗衣机等耐用家电产品时就是如此，虽产品牌子不少，但就人们普遍信得过的名牌商品没有几家，而这些名牌商品之间到底有多大差别？多数人都不甚了解，因此购买时以可获性和在信得过的商店购买为要。

习惯型购买与复杂型购买正相反，肥皂、牙膏、冷饮等是典型的习惯型购买。人们走进商店，随手拿起一种品牌，或固定地选择某种品牌的产品就买下了，这都是出于习惯，购买过程不需要收集信息、综合评价，介入程度低，也不一定有强烈的品牌忠诚，只是熟悉罢了。

多变型购买也是介入程度低，但产品有明显的品牌差异，于是人们时常随意地转换所购品牌，如饼干、糖果、洗发水等的购买就是例子。消费者在进行这类购买前，通常并不认真收集信息或综合评估，有时甚至只是一种冲动性购买，然后在消费时才加以评价。但评价即便是满意，也不能担保他会继续购买该品牌产品，有时会因厌倦原有口味或想尝尝新口味而改换品牌。换言之，消费者转换品牌是为多样性而不是因为不满意。

第三节　产业用户市场

企业不仅出售产品和服务，它们还必须为生产而大量购买。经营生产资料，如钢材、机床、卡车、电站设备的企业和经营计算机、办公用品的企业，都必须关注产业用户市场购买者的需求和购买行为特点。

产业用户市场有与消费者市场相似的一面，但它们又有很大区别，本节着重讨论二者的区别。

一、产业用户市场的需求

① 产业用户市场通常比消费者市场的购买者数量少得多。如我国现有工业企业和饮食服务机构数百万家之多，但与数以亿计的个人消费者相比，只是几十分之一。

② 产业市场的购买规模大。无论就单个购买者，还是就市场整体而言，其购买数量和金额都远较消费者市场大得多。而且，随着单个企业规模的扩大和社会分工的发展，产业市场的规模必将以超过消费者市场的速度扩展。

③ 产业市场在地理布局上更为集中。这是由产业布局造成的。如美国的石油、橡胶、

钢铁、汽车、航空航天等工业的地理位置都非常集中,甚至农产品也不例外,如中国大豆、玉米主要产地在东北。

④ 产业市场的需求具有派生性。这源于产业市场在社会再生产中的地位,它不属于最终消费,而是生产性消费。这种消费的规模、结构必受制于最终消费,否则平衡就会被打乱,再生产也难以为继。因此,产业市场的需求最终取决于个人消费市场的需求。如一家自行车厂采购钢材、橡胶,是因为消费者需要自行车,如果消费者对自行车的需求下降,自行车厂对钢材、橡胶的需求也会下降。需求的派生性使把握产业市场的需求变化显得更为复杂。

⑤ 产业市场的需求缺乏弹性,即受价格变动的影响小,特别是在短期内。这一特点一是由需求的派生性引起;二是企业不可能像消费者改变需求偏好那样很快改变他们的制造工艺,用别的材料来代替涨价了的原材料或零配件;三是,在购买条款中,产业用户更注重产品性能优、规格相符、供货连续、服务可靠,而价格的相对重要性较低。

⑥ 产业市场的需求波动性较大。一是某些行业受宏观经济波动影响更大;二是新旧技术的更替造成市场需求急剧变化;三是需求的派生性加大了企业采购决策的难度,而企业对消费市场需求判断的滞后也会加剧产业市场需求的波动。

二、产业市场的购买对象

产业市场上的需求和购买过程因所购产品类别的不同亦存在很大差异。产业市场购买对象的划分与消费者市场不同,但划分的依据一样,即购买行为的差异。

① 生产装备。包括企业的主要生产设备、厂房建筑和某些价值昂贵的装备,如大型计算机、重型机械等。生产装备大多价格昂贵,性能要求高,对买方企业未来生产效率及产品质量至关重要。因此对企业来说是一项重大决策,有较多的人参与决策,决策过程最为复杂。

② 附属设备。主要是一些价值较低、在生产过程中不起关键作用的机械设备,如电动工具、手工工具、一般运输车辆、办公家具等。这类购买一般有一定的规格标准要求,少数人即可做出决策。

③ 原材料及加工过的材料。原木、矿石、原油、谷物等属于原料,钢材、玻璃、胶合板、皮革、焦炭等属于加工过的原料。这类产品一般为买方企业当作生产原料购进,因此,批量大且通常要求定时、定量、定点地重复供应。此外,这类商品多有规定的标准和等级,同一标准等级在产品质量上没有太大差别,故品牌差异不明显,供货方的供货能力、供货准时性、价格数量折扣及运距成为购买者决策时的主要考虑。

④ 零部件。是已完成的产品,但还将被组装到用户的最终产品中去,如小型电机、紧固件、仪器、仪表等。零部件市场的需求和购买行为特点在许多方面与原材料和加工过的材料市场相似,只是零部件的标准化程度差些。当有些仪器、仪表、电机之类产品中的品牌对最终制成品的质量和信誉是一很重要的担保时,品牌和质量的选择在购买决策中可能比价格优惠更具吸引力。

⑤ 消耗品。类似消费者市场上的便利品,特点是单价低、消耗快、要经常购买,如办公用文具、清洁用品、砂轮、锯条、润滑油等。这类购买决策过程简单,一般属常规购买,甚至可采用计算机自动订货。

⑥ 服务。是一类不容忽视的购买对象。有时候是与实体产品一起购买,如一些大型复

杂设备的安装、调试、人员培训;有时是单独购买服务。现代商品经济条件下社会分工十分发达,生产企业也就成了最大的服务购买者。他们几乎无所不买,购买范围很广,大到建筑设计、金融、保险、广告、运输、储存,小到日常维修、清扫、专业人员培训、工作人员午餐、医疗等。

三、产业市场的购买决策过程

产业市场与消费者市场在购买决策过程上也有明显不同。由于事关经营能否赢利,后者的购买决策过程大多更为复杂。图 4-6 显示了一般生产企业的采购程序。

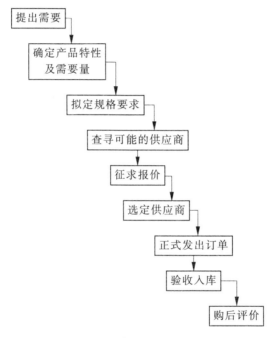

图 4-6 生产企业的采购程序

研究产业市场的购买决策过程,需要注意以下几方面的问题。

1. 谁参与购买决策过程

一般来说,产业市场上的采购者大多是受过专门训练的专业人员,且企业中参与购买决策的人员较多,他们客观上形成一个"购买决策中心"。所购物品价值越高,对企业经营成败越重要,性能、结构越复杂,参与购买决策的人越多;决策程序越正规,决策越理性。其中最复杂的决策可能上至总经理、高级主管、各方面的技术专家、财务主管,下至采购员、实际使用者都参与决策。有些时候,营销人员可能没有时间和条件同其中每个人接触,因此,他们必须做出判断:谁是主要的决策参与者?其影响决策的程度如何?每位决策参与者的评价标准是什么?只有明确了以上问题才可能有针对性地开展推销说服活动。

2. 采取何种交易形式

消费者市场上的购买形式单一,基本是一手交钱一手交货。产业市场上购买形式多样,如互惠购买、租赁和电子商务。其中的租赁特别适合于价值高、技术更新快、结构复杂的大型设备,如飞机、船舶、大型计算机等。网上交易则特别适合标准化的、需反复购买的原材料和零配件。

3. 购买决策类型

产业市场的购买决策类型主要分为以下三种。

① 直接重购。即直接按过去的订货单再次购买。主要发生在买方对过去的购买比较满意且自身需求变化不大的情况下,这是卖方企业最欢迎的情况,也是卖方企业竞争对手最无奈的情况。

② 修正重购。指购买者想就产品规格、价格、交货条款中的某些方面进行修正之后再购买。通常有更多人参与决策,要收集更多的信息。这对原供货企业是个压力,迫使其全力以赴保住这个客户,对原供货企业的竞争对手则是获取新订单的好机会。

③ 新购。第一次购买某种商品或服务。所购物品的成本越高、风险越大、参与决策的人越多,所需信息量越大,决策越复杂。这对所有可能的供方企业是一个平等的竞争机会,也是最有力的挑战。为此,许多企业都派出阵容强大的推销队伍参与。

由此可以看出,并非所有的采购都要经历图 4-6 所示的全部过程,在直接重购和修正重购中可以跳跃一些阶段,而新购则意味着全面谈判,决策复杂,采购程序长。

四、影响组织购买行为的因素

本章前述消费者市场的"刺激—反应"模式的框架也适用于组织市场,不过购买者"黑箱"的结构有所不同,决策内容也较复杂些。图 4-7 显示了组织购买行为的"刺激—反应"模式。

这一模式特别强调组织因素对购买决策的影响,如组织结构、目标、政策、制度等;另外,参与决策的个人因素也不容忽视。虽说产业市场的购买是有组织的购买,但所有组织行为最终是由组织中的个人执行的,是他们在相互影响的基础上共同做出的决策。因此,参与决策的每个人的个人特征及他们之间的关系,均构成影响组织购买的因素。

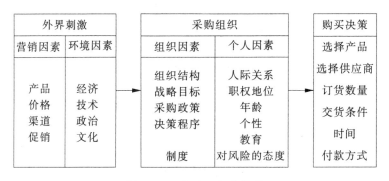

图 4-7 组织购买行为模式

1. 产业用户市场和消费者市场在需求和购买行为上有哪些区别?
2. 影响消费者购买和产业用户购买的因素各有哪些?
3. 请说明消费者购买决策过程。
4. 产业市场的需求有哪些特点?

 案例

纳爱斯:读懂中国人的价值观

纳爱斯集团有限公司成立于 1968 年,前身是丽水化工厂,1993 年年底改为股份制公司。20 世纪 80 年代中期,在全国 118 家有名有姓的化工厂中,纳爱斯排名第 117 位,倒数第二。2002 年,纳爱斯成为中国洗涤行业老大,国内销售总额近 60 亿元人民币,雕牌透明皂占有超过 70% 的市场份额,销售收入占整个行业的 66.13%,利润总额占行业的 99.31%,利税总额占整个行业的 83.84%。

回顾纳爱斯的品牌成长之路,启示颇多:在无人注意的洗衣皂市场打造强势品牌,纳爱斯掘到了第一桶金;在跨国品牌空虚的中低端洗衣粉市场,纳爱斯以本土公司对中国人传统情感、价值观的深入了解,与消费者进行了感情上的深层次沟通,通过提供高质低价、具有品牌含量的产品,借助委托加工,实现低成本快速扩张,在短时间内实现生产规模、销量的飞跃;在中低端市场积蓄力量后,同样凭借着对中国新生代消费主力生活态度变化的把握,纳爱斯又引领了中国的时尚生活,以独特卖点的产品寻求高端市场突围;在提供了具有高质低价的比较优势的产品后,纳爱斯高擎起民族品牌的大旗。

雕牌洗衣皂:到没有第一的地方制造第一

1993 年,纳爱斯将突破点锁定在洗衣皂上。

当时的洗衣皂可以说是一块品牌的处女地,地方货各自为营,根本没有全国性品牌。主要是因为价格低廉,大家的产品品质都维持在低水平上:块大,粗糙,外观蜡黄,赤裸无包装,有股怪味。

但肥皂却是人们洗衣必需的东西,虽然香皂味道好,但去污却比不上洗衣皂。谁也没有看出,就是从这个家庭主妇的无奈选择之中,纳爱斯却挖到了品牌的金矿。

雕牌超能皂从根本上改良了肥皂的品质,以其特有的蓝色与中凹造型出现,并树立了意喻去污迅捷的形象代表——大雕。通过大手笔的赠送活动,雕牌超能皂迅速"送"进浙江省千家万户,一举稳拿省内 90% 的市场份额,并由此吹响了进军全国市场的号角。

紧接着雕牌透明皂又快速上马。这一次,形状由大变小,一手可握,便于消费者使用,同时,改革香味,变为淡淡的清香,再配以中档的价位,产品一上市,迅速被消费者接受。雕牌透明皂的成功就在于:创造了一个市场,并在这个市场迅速成为领导品牌。

针对皂类使用者大多为老人或农村居民,所以透明皂的广告就是两个农村的老夫妇用一种拉家常的对话,清晰地传达出雕牌透明皂的功效。而两位老人和蔼可亲的邻家形象也让人们觉得真实,同时拉近了消费者和产品的距离。

雕牌透明皂在短时间里树立起了品牌,为纳爱斯掘到了第一桶金。

雕牌洗衣粉:读懂中国人的价值观

在 20 世纪 90 年代末期的中国城市市场,以宝洁的汰渍为代表的洋品牌洗衣粉风头很劲,而一些民族老品牌,如白猫等也纷纷投靠于洋品牌旗下。洋品牌以高端产品自诩,高举高打,高价格、高利润,而当时的消费者却对此颇为受用。一时间汰渍们甚是嚣张,而以奇强为代表的中国品牌虽然倚仗农村路线赢得了销量第一,但在城市市场则没有品牌影响力。

而随着消费者日益成熟、逐步理性,他们开始对洋品牌的"高价游戏"不满,这时市场真空出现了:广大城市消费者希望出现一些既价格实惠、品质有保证,又要有品牌含量的产品。

而在洗衣粉行业,企业的规模是决定其生存的一个重要因素。因此,在建立一定的品牌基础上,用大规模的制造能力抢夺市场,做大自己的份额,而这成了纳爱斯放手一搏的机会。1999年,纳爱斯建成了全世界四台之一的全自动喷粉设备,生产效率大大提高,就在这一年,雕牌一跃成为行业销量第二位,业界惊呼:狼来了;2000年,雕牌洗衣粉销量超过奇强,位居行业第一;2001年,雕牌销量89万吨,雄踞霸主地位,相当于所有在华跨国公司销售总量的5倍,超过国内前10家的销量总和,是第二名"奇强"(29万吨)的三倍。

与大多数企业的收购兼并不同,纳爱斯通过委托加工的模式实现了快速的低成本扩张,在短短几年内使自己的生产规模迅速得到提升,为抢夺市场份额奠定了基础。包括德国汉高在华的四个洗涤剂生产厂和宝洁的两个工厂在内的遍布全国19个省的30家企业都曾为纳爱斯生产过产品。通过异地委托加工,不仅有效地实现了产地销售,减少了运输成本,而且为纳爱斯的全国计划奠定了坚实的基础。

与迅速扩大的产能相呼应的是:1999年刚开始,雕牌洗衣粉的价格就降到了一箱29元,跌破了行业内30元的心理防线,价格一步到位。与此同时,雕牌洗衣粉瞄准城市中档洗衣粉市场的空缺,一则"只选对的,不买贵的"广告,有效回避了当时众多洗衣粉广告的功能性宣传,反复用"我要雕牌"来引起消费者的注意力,并暗示雕牌的实惠价格。接下来,雕牌洗衣粉继续贴近普通市民和城市弱势群体,关注城市中的热点——下岗女工,并通过下岗女工女儿的一句"妈妈,我也能为你干活了"博得了大众的好感,许多偏爱外资品牌的消费者也在感动之余改用雕牌。雕牌洗衣粉不但赢得了眼球,也将其富有中国特色的亲情文化的品牌内涵传达到消费者的心中。

雕牌天然皂粉:求变高端市场

雕牌洗衣粉的三级跳引发了整个行业的价格跳水,以宝洁为首的外资企业也不再耻于价格战了,北京的一位宝洁经销商说:"2003年年初,宝洁的汰渍和碧浪洗衣粉降价非常厉害,这种举措就是针对雕牌的。"现在,宝洁力推的2.2元汰渍洗衣粉的广告随处可见,从全国各地超市看,宝洁的洗衣粉外包装也改成类似雕牌的淡蓝色,架位陈列紧挨雕牌。宝洁正大力度扑向中低端市场,力图挽回自己失去的阵地。

对此,纳爱斯做了两手准备:一是建成全国生产基地,大大降低生产成本,使中低端的产品更具竞争优势,死守这块阵地;二是集中力量向高端产品突破并走向国际市场。

2003年,纳爱斯推出了"经过浸泡不用搓洗"的雕牌天然皂粉,瞄准中高端市场,定位于年轻、时尚、经济实力较强的消费者。虽然进军高端市场,与跨国品牌进行正面竞争,但纳爱斯避开了合成洗衣粉这个成熟竞争领域,对洗衣粉进行换代,第一次把洗、护功能结合起来,强调天然健康环保,省事、省时、省力,彰显其人性化和生态化,以适应消费者对高品质生活的追求。另外,由于天然皂粉脱离了对石油资源的依赖,使其原料的来源和成本更有可控性。

根据天然皂粉的市场定位,在广告上,纳爱斯一改其爱心路线与传统洗衣妇形象,推翻了洗衣的传统概念,转而大打时尚牌,提倡时尚洗衣新概念。市场证明,"雕牌天然皂粉,用过的都说好",继2003年五六月销量大幅增长后,10月总销量比9月上升了50%,同时,在对美国等海外市场的出口中也取得了突破。

纳爱斯求变高端市场的举动,说明它把握了消费趋势的变化,特别是把握了新生代消费群生活态度的变化,在提供了高质低价的产品后,希望能进一步给消费者提供产品的"附加价值"。如此,才能与跨国公司打一场持久的、更大范围的战争。

（选编自《成功营销》,2004 年第 1 期）

案例思考

1. 作为一个本土品牌,纳爱斯后来居上的制胜法宝在哪里?

2. 通过审视纳爱斯的营销谋略,你如何理解"迎合并创造消费者的需求"这句话的准确内涵?

3. 通过此案例的分析思考,谈谈你对很多中国企业在与世界知名企业的竞争中力扛"民族大旗"这一营销策略的看法。

第5章

市场调查与预测

现代市场营销观念认为,企业应当把市场看做全部生产经营活动的起点,根据市场需求安排产品开发、生产和销售。有效的市场营销活动必须建立在市场分析的基础上,而市场分析的重要步骤就是调查和预测。

第一节　市场调查与预测概述

市场调查是营销管理过程的起点,也是营销活动的一个重要环节。过去,企业经营人员仅仅注重对资金、物资和人员的管理,现在已越来越清楚地认识到企业中第四种资源——信息的重要性。如何获取、整理、分析与市场营销活动有关的信息构成了市场调查的内容,而将现有信息推演到未来,分析并推测未来的营销状况则是市场预测的工作。

一、市场调查和预测的作用

市场调查是运用科学的方法,有目的地系统收集、记录、整理有关市场营销方面的各种信息和情报资料,分析研究卖方将产品和劳务销售给买方的各种情况和趋势的活动。市场预测是在市场调查的基础上,利用市场调查取得的信息资料,运用科学的分析方法对市场未来发展趋势做出估计和推断的活动。市场调查与市场预测共同为营销决策提供可靠的依据,二者是两个前后衔接、密不可分的环节,市场调查是市场预测的基础和依据,市场预测是市场调查的延伸和发展。它们的作用主要表现在以下几个方面。

① 分析、研究产品的生命周期,研制、设计新产品、整顿或淘汰老产品,制定产品生命周期各阶段的市场营销策略,确定产品生产、销售计划。

② 根据顾客对产品价格变动的反应,研究产品适宜的售价,制定企业产品的定价策略。

③ 设计销售促进方案,加强推销活动、广告宣传和销售服务,开展公关活动,搞好公共关系,树立企业和产品形象,组织营业推广活动,扩大销售量。

④ 在考虑市场、产品等因素的基础上,合理选择分销渠道,尽量减少流通环节,缩短运输路线,降低运输成本和仓储费用,降低销售成本。

⑤ 综合运用各种营销手段,制定正确的市场营销组合策略,使企业在市场竞争中取得良好的经营效果。同时,在市场营销策略实施过程中,继续对市场环境和消费者行为进行调查,掌握市场动向、发展趋势、竞争对手情况等,及时反馈信息、储存信息,为开发新产品、保持现有市场、开拓未来市场服务。

二、市场调查和预测的内容

由于影响市场的因素很多,所以市场调查和预测涉及的内容非常广泛。凡是直接或间接影响企业营销状况的因素,都可能被列入调查和预测的范围中。归纳起来,市场调查和预测的内容包括以下四个方面。

1. 宏观市场环境

企业利用对宏观市场环境调查与预测,跟踪最新的政治、经济、社会、文化发展动态,并通过市场预测把握市场的未来发展趋势,借以寻找新的发展机会,同时及早发现可能存在的威胁,做好应变准备。宏观市场环境调查与预测具体包括政治法律环境、经济环境、人口环境、社会文化环境及技术环境等方面的调查与预测。

2. 市场需求

某种产品的市场需求是指在特定的地理区域、特定的时间、特定的营销环境中,特定的顾客愿意购买、能够购买的产品总量。市场需求是市场调查和预测中最重要的内容,因为需求是营销管理的核心,企业只有在确定和捕捉顾客需求之后,才有可能采取适当的营销组合,满足需求,最终实现企业的经营目标。市场需求调查与预测的主要工作是通过市场调查确定行业的市场需求总量以及估算企业销售量。

(1)市场需求总量

行业的市场需求总量是一个多变量的函数,它主要受以下六个因素的影响,研究市场需求总量就是要研究这六个因素的变化过程和趋势。

① 产品。市场需求量的估计,首先需要确定产品种类的范围,否则难以衡量和说明市场的大小。如对于果盒的市场需求量,制造商必须明确它的市场是限定在金属果盒用户范围内,还是包括塑料、瓷器等在内的全部果盒用户。

② 顾客。市场需求的衡量需要明确是针对整个市场还是其中的细分市场,如服装制造商需要明确其市场是针对儿童还是妇女,或是所有顾客。

③ 地理区域。市场需求的衡量必须明确界定地理边界,如汽车销量预测是指北京、上海、全国还是全世界的用户购买量。

④ 时间界限。市场需求的衡量应该有一个时限,如一年、五年或更长时间。一般来说,由于影响市场需求因素的不确定性,预测的时间越长,预测结果的准确性越差。

⑤ 营销环境。市场需求受许多不可控制因素的影响,因此,在预测市场需求时,必须详尽地列出在人口统计、经济、技术、政治和法律、社会文化等营销环境方面所作的判断。换句话说,市场需求预测往往以上述环境变化的预测趋势为依据。

⑥ 营销费用投入。市场需求量同时受到整个行业的营销费用投入的影响。如图 5-1 所

示,在其他因素不变的情况下,基本销售量不需要支出营销费用也会发生,这个基本销售量称为市场需求最低量。其后,在某一临界费用下,随着行业营销费用的增加,市场需求开始快速增加,然后则以较慢的速度增加。营销费用超过某一限度后,市场需求就不再增加了。我们把与一定营销费用所对应的实际发生的市场需求称为市场预测;把在既定的环境下,当行业营销费用趋于无穷大时市场需求所趋向的极限称为市场潜量。在实际预测时,可把营销费用增加到某一临界值时市场需求基本不再增加的点作为市场潜量。

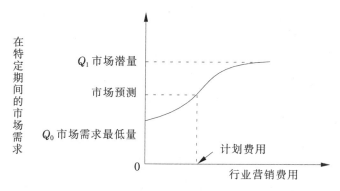

图 5-1　市场需求作为行业营销费用的函数(在特定的营销环境下)

（2）企业销售量预测

行业中某一企业的销售量预测值,等于市场需求总量与该企业的市场占有率的乘积。用公式表示为

$$Q_i = S_i Q$$

Q_i——企业的销售量预测值;

S_i——企业的市场占有率;

Q——市场需求总量。

企业的销售量预测值对企业营销计划有很大的意义,它既是分析一个市场是否有利可图的依据,也是确定下阶段销售目标的基础。

3. 竞争状况

竞争状况调查的内容有:

① 竞争对手的调查分析。如竞争对手数量和企业名称、生产能力、生产方式、技术水平、产品的市场占有率、销售量及销售地区;竞争企业的价格政策、销售渠道、销售促进以及其竞争策略和手段;竞争企业所处地理位置、交通运输条件、对外贸易状况、新产品开发和企业的特长等。

② 竞争产品的调查分析。竞争产品(包括替代品)的品质、性能、用途、规格、式样、设计、包装、价格、交货期等。

了解竞争对手的状况有助于企业制定竞争战略,在市场竞争中争取主动,"知己知彼,百战不殆"。

4. 市场营销状况

企业经营是一个连续的、不断发展的过程。通过市场调查和预测可以弄清现状,分析企业的优势和劣势,探测未来变化趋势,发现机会与威胁,为企业下一步的发展做好准备。市场营销状况调查和预测主要包括产品、价格、渠道、促销四个营销要素的调查和预测。

第二节　市场调查的步骤和方法

市场调查是一项复杂而艰巨的工作,调查人员必须在大量的、杂乱的信息中收集、整理和加工有用的信息。严密的调查步骤和科学的调查方法可以帮助调查人员提高工作效率,实现调查目标。

一、市场调查步骤

市场营销人员进行市场实地调查、收集第一手资料的调查步骤可分为三个阶段,六个步骤(见图 5-2)。

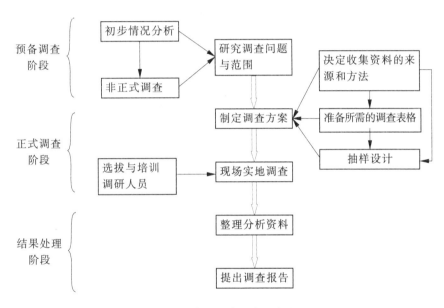

图 5-2　市场调查程序示意图

1. 预备调查阶段

市场调查的主要目的是通过收集与分析资料,研究、解决企业在市场营销中所存在的问题,针对问题寻求正确可行的改进措施。因此,市场调查首先要确定问题之所在及其调查范围。例如,某企业近几个月来销售量大幅度下降,究竟是顾客对产品质量不满意,是售后服务不好,是广告支出减少的影响,还是市场经济不景气造成的。为了弄清和确定问题之所在及其调查范围,通常先进行初步情况分析和非正式调查。

(1)初步情况分析

调查人员可收集企业内外部有关情报资料,进行初步分析,帮助调查人员初步掌握和发现各影响因素之间的相互关系,探索问题之所在。

初步情况分析的资料收集不必过于详细,只需重点收集对所要分析的问题有参考价值的资料即可。

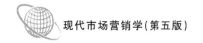

（2）非正式调查

也称试探性调查。调查人员根据初步情况分析,会得到一些粗略的结论,如认为近几个月来销售量下降的原因是价格太贵、售后服务不好等。但这种认识是否正确必须进一步予以明确。调查人员可以进行非正式调查,向本企业内部有关人员(如销售经理、推销员)、精通本问题的专家和人员(批发商、主要零售商等)以及个别有代表性的用户主动征求意见,听取他们对这个问题的看法和意见。

经过初步情况分析和非正式调查,使调查的问题明朗化了,范围也缩小了,这就便于调查人员确定调查的主题。

通过预备阶段,假如可以找出问题和产生问题的原因,提出改进方案,那么就可以省略以后的几个步骤,可以节省时间和费用。但是大部分问题不可能通过预备调查就得到解决,常常需要进一步深入调查。

2. 正式调查阶段

由预备调查阶段进入正式调查阶段有两个步骤。

（1）制定调查方案

调查方案中除调查主题外,主要包括以下内容。

① 决定收集资料的来源和方法。如决定:

● 调查收集什么资料——是收集第一手资料,还是第一、二手两种资料同时收集。

● 用什么方法进行调查——确定调查方法。

● 在什么地方进行调查——确定调查地点。

● 由谁提供资料——确定调查对象。

● 什么时候调查最合适——确定调查时间。

● 一次调查或多次调查——确定调查次数。

② 准备所需的调查表格。如设计收集第一手资料的调查提纲或调查问卷,以及调查所需的记录表、统计表等。调查问卷的设计并无一定格式和规则,而是根据常识和经验来设计的。调查方式不同和选择询问问题的类型不同,询问表的内容设计也不同。

③ 抽样设计。在市场调查中普遍采用抽样调查,当市场调查的方法确定后,在实地调查前,调查人员应该设计决定抽查的对象(或单位)、采用什么抽样方法进行抽样、选择被调查者以及确定样本的大小。例如,确定抽查的对象是消费者个人或是工商企业,是在合同单位中抽查还是包括非合同单位,是选择在合同单位中用简单随机抽样法抽取样本、选择抽查对象,还是在合同单位中按大型、中型、小型企业分类随机抽样。

抽样方法、对象和样本大小决定后,参加实地调查的人员必须严格按照抽样设计的要求进行抽查,以保证调查质量。

（2）现场实地调查

现场实地调查就是调查人员按确定的调查对象、调查方法进行实地调查,收集第一手资料。现场实地调查工作的好坏,直接影响调查结果的正确性。为搞好实地调查,必须重视并做好现场调查人员的选择和培训工作。

调查人员一般应有一定的文化水平和工作经验,了解本企业的基本情况,最好具备市场营销学、统计学和企业生产技术方面的专门知识;性格外向,善于与陌生人相处,工作认真,有克服困难的信心和勇气。

3. 结果处理阶段

（1）整理分析资料

这一步骤是将调查收集到的零散的、杂乱的资料和数据进行整理、分析。①进行编辑整理，剔除因抽样设计有误、问卷内容不合理、被调查者的回答前后矛盾等因素造成的错误，保证资料的系统、完整和真实可靠。②将整理后的资料分类编号，便于归档查找和利用。如果采用电子计算机处理，分类编号尤为重要。③对调查的资料进行统计计算，绘制统计图、表，并加以系统地分析，在此基础上，找出原因，得出调查结论，提出改进建议或措施供领导决策时参考。

（2）提出调查报告

编写调查报告时，应注意报告内容要紧扣调查主题，突出重点，并力求客观扼要；文字要简练，观点明确，分析透彻，尽可能使用图表说明，便于企业决策者在最短时间内能对整个报告有一个概括的了解。

提出报告后，调查人员还应追踪了解调查报告是否已被采纳，采纳的程度和实际效果如何，以便总结调查工作和经验及教训，进一步提高市场调查的水平。

二、市场调查方法

市场调查的信息来源可以分两大类：第一手资料和第二手资料。第一手资料，又称原始资料，是指调查人员通过现场实地调查所收集的资料；第二手资料又称间接资料，是他人为其他某种目的已经加工整理好的信息。第二手资料获取的成本低、时间短，但由于是他人为其他目的收集的，所以适用性较差；第一手资料针对性强、适用性好，但是需要投入人力、物力、财力，成本较高。市场调查一般先利用第二手资料确定调查目标和基本方向，然后再收集第一手资料进行详细分析研究。这样将两种不同来源的信息结合起来能达到更好的效果。

1. 第二手资料来源和方法

① 企业内部资料。包括企业内部各有关部门的记录、统计表、报告、财务决算、用户来函等。完备、精确的内部资料，能提供相当准确的情报和信息。

② 政府机关、金融机构公布的统计资料，如统计公报、统计资料汇编、统计年鉴等。这是很有价值的情报资料。

③ 公开出版的期刊、文献资料、报纸、书籍、研究报告、工商企业名录等。

④ 市场研究机构、咨询机构、广告公司所公布的资料。企业可向这些机构购买资料，或提出咨询、委托调查。

⑤ 行业协会公布的行业资料、竞争企业的产品目录、样本、产品说明书及公开的宣传资料。这些都是掌握其他企业动向的重要情报资料。

⑥ 政府公开发布的有关政策、法规、条例规定以及规划、计划等。

⑦ 推销员提供的情报资料。推销员经常在顾客和市场中活动，直接接触市场，他们提供的资料是十分有用的情报。

⑧ 供应商、分销商以及企业情报网提供的信息情报。

⑨ 展览会、展销会公开发送的资料。

⑩ 电子网络中的公告信息。互联网上每天都有数以亿计的信息在流动，它是一个巨大

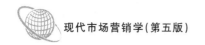

的"信息仓库",其中包含大量的第二手资料。利用电子网络收集信息是市场调查未来发展的一个重要方向,值得营销人员重视。

以上种种第二手资料的收集方法不外乎直接查阅、购买、交换、索取和复制等。

2. 第一手资料的调查方法

第一手资料的调查方法很多,其中最主要的有询问法、观察法、实验法三种。

(1) 询问法

询问法是以询问的方式作为收集资料的手段,将所要调查的事项以当面或电话或书面的方式向被调查者提出询问,以获得所需要的资料。它是市场调查方法中最常用的一种。

① 个人访问法。是调查者面对面地向被调查者询问有关问题,被调查者的回答可当场记录。调查方式可采用走出去、请进来或召开座谈会的形式,进行一次或多次调查。调查者可根据事先拟订的询问表(问卷)或调查提纲提问,也可采用自由交谈的方式进行。

② 小组访问法。是访问法的一种,其不同点只在于调查人员是一个小组,而不是一个人,如组织设计、工艺、情报、质量、设备和销售人员参加的用户访问小组。调查面广、较复杂的问题使用这种方法效果较好。

个人访问与小组访问的优点是直接与被调查者见面,能当面听取意见并观察反应;能相互启发和较深入地了解情况,对问卷中不太清楚的问题可给予解释;可根据被调查者的态度灵活掌握,或进行详细调查,或一般性调查,或停止调查;资料的真实性较大,回收率高。缺点是调查成本较高,尤其是组织小组访问;调查结果易受调查人员技术熟练与否的影响。

③ 电话调查法。是由调查人员根据抽样设计要求,用电话向调查对象询问收集资料的一种方法。其优点是资料收集最快,成本最低;可按拟订的统一问卷询问,便于资料统一处理。缺点是调查对象只限于有电话的用户,调查总体不够完整;不能询问较为复杂的问题,时间不能太长,不易深入交谈和取得被调查者的合作。

④ 邮寄调查。又称信函调查、通信调查。就是将设计好的询问调查表、信函、订货单、征订单等通过邮递寄给被调查者,请对方填好后寄回。这种方法的优点是:调查区域广,凡邮政所达地区均可列入调查范围;被调查者可有充分的时间来回答;调查成本较低;调查资料较真实。缺点是询问表、征订单等回收率较低,收回时间较长;被调查者可能误解询问表中某些事项的含义而填写不正确。

⑤ 电子邮件调查。随着网络的兴起和普遍应用,电子邮件调查在市场营销调查中受到重视。企业将设计好的问卷以电子邮件的方式发给受调查者,请对方回答后给出回复。这种方法的优点是:调查速度快、成本低。缺点是回收率很低。

在采取询问的方法进行调查中,究竟采用什么方法好,主要应根据调查问题的性质和要求,决定采用一种或多种结合使用。

(2) 观察法

观察法是调查人员直接到调查现场进行观察的一种调查收集资料的方法,也可安装照相机、摄影机、录音机等进行拍摄和收录。这种方法不直接向被调查者提出问题,而是从旁观察并记录所发生的事实及被调查者的购买习惯和行为。

① 直接观察法。这种方法常用来研究产品的外观、款式、包装的设计和效果。

例如,调查人员亲自观看顾客选购商品,观察、了解最吸引顾客注意的是哪些事项,以便改进产品质量;服装行业派调查人员专门到影剧院、大街上观察演员和群众的服装样式、颜色等,以设计款式新颖的服装。

②　店铺观察。这种方法是调查人员亲自站柜台或参加展览会、展销会、订货会,观察并记录商品的实际销售情况、同类产品的发展情况、新品种的性能、用途、样式、包装、价格和广告宣传情况,以及顾客的活动情况,以及时发现本企业产品销售好坏的原因,为改进企业市场营销管理提供可靠资料。

③　实际痕迹测量法。这种方法是通过对某事项留下的实际痕迹来观察调查情况。例如,企业在几种报纸或杂志上刊登同一广告,在广告下面附有一张表格或回条,请读者阅后把表格或回条剪下分别寄回企业的有关部门,便于企业了解在哪种报纸或杂志上刊登广告最为有效,为今后选择广告媒体和测定广告效果提供可靠资料。

观察法的优点:可以比较客观地收集资料,直接记录调查的事实和被调查者在现场的行为,调查结果更接近实际。缺点是:观察不到内在因素,只能报告事实的发生,不能说明其原因;比询问法花钱多,调查时间长;要求观察人员有较高的业务水平,使观察法的利用受到限制。

为弥补观察法不能说明被调查者购买的动机等内在因素的缺点,可在观察的同时,结合采用询问法进一步了解情况。

（3）实验法

实验法是从影响调查问题的许多因素中选出一个或两个因素,将它们置于一定条件下进行小规模的实验,然后对实验结果做出分析,研究是否值得大规模推广。

实验法在市场调查中应用范围很广,凡是某一种商品在改变品种、包装、设计、价格、广告、陈列方法等因素时,都可应用这种方法。

①　产品包装实验。例如,某公司欲对某产品是否需要增加包装进行了实验。方法是第一、第二个星期把增加包装的产品给甲、乙两商店销售,把无包装的产品给丙、丁两商店销售;第三、第四个星期互相调换,甲、乙商店销售无包装产品,丙、丁商店销售有包装产品。其实验结果是有包装产品的销售量比无包装产品销售量增加了40%,因此该公司决定对某产品增加包装,以扩大销售量。

②　新产品销售实验。某机床厂为推销一种新型机床做了如下实验:将试产的10台新型机床请有关单位试用,其条件是无偿试用半年,到期机床收回,但试用单位必须提出机床的优缺点。经过实验,该机床厂收集了很多有价值的资料,为进一步改进质量和进行销售预测提供了可靠依据。

其他如试销、展销、试点也都是实验法的具体运用形式。实验法的优点是:方法科学,可获得较正确的原始资料,作为预测销售额的重要依据。缺点是:不易选择社会经济因素相类似的实验市场,且干扰因素多,影响实验结果;实验时间较长,成本较高。

上述三种市场调查方法各有优缺点,使用时可根据调查问题的性质、要求的深度、费用的多少、时间的长短和实施的能力等进行选择。三种方法可单独使用,也可结合使用。

第三节　市场调查技术

市场调查是一个收集、整理、加工、处理信息的完整过程。调查技术使用是否得当直接影响最终调查结果的质量,是调查活动成败的关键因素。

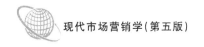

一、抽样技术

市场调查按调查对象范围大小可以分为全面调查和抽样调查。全面调查是对调查对象中每一个个体都进行调查。这种方法花费的人力、物力较多,成本很高,时间又长,不适合一般企业的要求,只在产品的销售范围很小或用户很少的情况下可以采用。所以一般企业都采用抽样调查方法。抽样调查是从调查对象全体(总体)中选择若干个具有代表性的个体组成样本,对样本进行调查,然后根据调查结果来推断总体特征的方法。从调查对象总体中抽取样本的技术就是抽样技术。抽样技术的优劣将直接影响样本的代表性,影响调查结果的可靠性。

抽样方法大体上可分为两大类:一是随机抽样;二是非随机抽样。

1. 随机抽样

它是按随机原则抽取样本,完全排除人们主观的有意识的选择,对总体中每一个体给予均等的抽取机会的调查方式。其常用的抽样方法有:

(1)简单随机抽样法

这是指从总体中随机抽取若干个体为样本,抽样者不作任何有目的的选择,而用纯粹偶然的方法抽取样本。它是随机抽样法中最简便的方法。

(2)等距抽样法(又称系统抽样法)

它是从总体中每隔若干个个体选取一个样本的抽样方法。假如总体为100,要抽取 4 个个体为样本,其抽取方法是:先将总体按 $1\sim100$ 编号;求出抽样间隔 $K=N/n$,N 为总体单位数,n 为样本容量,间隔 $K=100/4=25$;再 $1\sim N/n$(即 $1\sim25$)中随机抽出一个号码,作为样本中第一个入样数。假定为5(记作第 i 号),然后从 i 号(5)起每隔 N/n 个单位抽取一个入样,即 $K+i,2K+i,3K+i$ 均为抽得的入样,即 $5,25+5=30,50+5=55,75+5=80$。这些数字编号对应的个体即为样本的受调查对象。

(3)分层随机抽样法

当总体中的调查单位的特性有明显差异时,可采用分层随机抽样法。

分层随机抽样是先将调查的总体根据调查目的按其特性分层(或组),然后在每一层中随机抽取部分个体为样本的抽样方法。

怎样分层并无一定规则。如调查企业时,可按销售额或利润额大小分层,也可按城市大小、地区、行业或职工人数多少分层。调查消费者一般可按收入、性别、年龄、家庭人口、教育程度、职业等分层。总之,要尽量使各层之间具有显著不同的特性,同一层内的个体则具有基本相同的特性。

分层随机抽样的优点是可以提高样本的代表性及对总体数量指标的估计值的精确度,避免出现简单随机抽样中的集中于某些特性或遗漏掉某些特性。

(4)分群随机抽样法

又称整群随机抽样法。采用简单随机抽样法往往抽出的样本比较分散,在各地区都有,因而调查费用较高。若集中调查几个区域,则可以降低调查难度,节约调查费用开支。另外,有时要取得整个总体的名单也很不容易,因此市场调查人员常常采用分群随机抽样法。分群随机抽样法应用于市场调查,最典型的是地区分群随机抽样。

分群随机抽样法是先将调查总体分为若干群体,再从各群体中随机整群地抽取样本,即其抽取的样本单位不是一个,而是一群,然后再在抽中的整群内进行逐一调查。

分群随机抽样法所划分的各群体,其特性大致要相近,而各群体内则要包括各种不同特性的个体。

以上几种抽样方法的优点是可以进行统计检验,抽样误差小,精确度高。但随机抽样需要较高的抽样技术,调研人员也要有较丰富的经验,且样本数目的确定是关键。样本量愈大,抽样误差就愈小。总体中个体之间的差异程度愈小,样本量需要也就可以小些;反之,样本量需要大一些。

如果采取了科学的抽样方法,对一个总体即使抽出少于 1% 的样本,也可能提供良好的可靠性。

2. 非随机抽样

这是指按照调查目的和要求,根据一定标准来选择抽取样本,也就是对总体中的每一个体不给予被选择抽取的平等机会。其常用的抽样方法有:

(1) 任意抽样法

又称便利抽样法。其样本的选择完全根据调查人员的方便来决定。例如,在街道上随意访问来往的行人。这种方法的一个基本假定是认为总体中每一个体的特性都是相同的,故任意选出的样本与总体的特性并无差别。任意抽样法的优点是使用方便,也较经济。在市场调查中,任意抽样法常用于预备调查。

(2) 判断抽样法

这是指根据专家的判断或调查者的主观判断来决定选取的样本的抽样方法。例如,某进出口公司要调查各零售商销售其产品的情况,进出口公司经理根据本人的判断,选定一些具有代表性的零售商作为调查对象。

使用这种方法,样本的选定者必须对总体的特征有相当的了解,选样时应极力避免挑选"极端型",而应选择"多数型"或"平均型"的样本作为调查对象,以便通过对典型样本的研究观察、了解总体的情况。

判断抽样法是调查人员根据调查需要主观判断选定样本,故能适合特殊需要,调查的回收率也较高,但易出现主观判断的偏差。此法一般适用于样本数目不多的情况。

(3) 配额抽样法

与分层抽样法相似,是将调查对象按规定的控制特性分出层次,然后给每一调查人员按规定的控制特性分配一定的样本数目进行调查的方法。这种方法的优点是简便易行,成本低,没有总体名单也可进行。但是控制特性多时,计算也繁,且缺少统计理论依据,无法准确地估计误差。

二、询问表的设计

询问表又称调查表或问卷。它是市场调查的一种重要工具,用于记载和反映调查内容和调查项目的表式。

询问表的功能是:能正确反映调查目的,问题具体,重点突出,能使被调查者乐意合作,协助达到调查目的;能正确记录和反映被调查者回答的事实,提供正确的情报;统一的询问表还便于资料的统计和整理。

询问表的设计是市场调查的重要一环。询问表设计得好坏对调查结果影响很大。设计一份完美的询问表,调查人员不能闭门造车,应事先作一些访问,拟订一个初稿,经过事前调查试验,再修改成正式问卷。

1. 询问问题的类型

按照调查人员对调查问题所要求的深度和广度不同,询问表询问问题的类型和内容的设计也不同。询问问题的类型主要可分为如下几类。

(1) 自由回答题

所提问题可由被调查者自由回答,不作任何限制,询问表上没有已拟订好的答案。

例如,您对《反不正当竞争法》有何看法和意见?

自由回答题的优点是:可使被调查者尽量发表自己的意见,制造一种活跃的调查气氛,消除调查者与被调查者之间的隔阂,可收集到一些为调查者所忽略或想不到的答案、资料或建设性的意见。缺点是:答案由调查者当场记录,由于理解不同,记录可能失实,出现偏差;同时因是自由回答,答案很多,且不相同,给资料的整理分类和分析工作造成很大困难。

(2) 是非题

又称二项选择题,就是要求对某个问题用"是"或"否"、"有"或"无"、"喜欢"或"不喜欢"来回答。

例如:① 您家里有彩色电视机吗?

　　　　有□　　无□

② 您的手表是自己买的吗?

　　　　是□　　否□

是非题的优点是:可以在短时间内得到明确的回答。缺点是:不能表示意见的程度差别。

(3) 多项选择题

事先拟订好几个答案,让被调查者从中选择其中一个或数个。

例如:您所在的单位配备的 PC 机是哪些商家提供的? 请将选择的答案在□中打√号。

① 联想□　　　　　　② 方正□

③ IBM□　　　　　　④ 戴尔□

⑤ 其他(请注明)＿＿＿＿＿＿＿＿＿＿＿

这种多项选择题可避免是非题的强制选择的缺点,统计时也比自由回答题简单。

使用多项选择题时,应注意将拟订的答案编上号;被选择的答案不宜过多,最多不超过10 个;所拟答案要避免重复。

(4) 顺位题

又称品等题,是让被调查者依自己的爱好和认识程度对题中所列答案定出先后次序。顺位题一般分为两种:一种是预先给出答案,由被调查者定出先后顺序;一种是不预先给出答案,而由被调查者按先后顺序自己填写。

例如:根据您使用的经验,您认为哪种牙膏质量最好,哪种次之。请按 1~4 排出顺序来,1 为最好;2 次之;其余类推。

　　　　(　　)中华牙膏　　　(　　)高露洁牙膏

　　　　(　　)洁诺牙膏　　　(　　)蓝天牙膏

使用顺位题时,要求选定的顺序数目不宜过多,选定到第几位由调查目的决定,可要求全部顺位,也可从中选择几个顺位。

（5）程度评定题

又叫评判题。要求被调查者表示其对某个问题的态度和认识程度。

例如:经过多年使用,您认为长虹公司生产的空调质量是否可靠,请根据您的看法在□中打"√"。

　　　　　□很可靠　□可靠　□一般　□不可靠　□很不可靠

顺位题和程度评定题均可用来测量被调查者的态度和意见,其应用比较广泛。

（6）配对比较题

又称对比题。是测量同类产品的各种不同牌子在被调查者心目中的地位。

例如:下列四种牌子的手机,请比较左边和右边的哪一种好,并在你认为好的□中打"√"。

　　　诺基亚□　　　摩托罗拉□

　　　摩托罗拉□　　　三星□

　　　三星□　　　西门子□

2. 询问表设计应注意事项

① 问卷上所列问题应该都是必要的,可要可不要的问题不要列入。

② 力求避免问被调查者不了解或难以答复的问题。回答问题所用时间最多不超过半小时。

③ 问卷上所拟答案要有穷尽性,避免重复和相互交叉。问卷上拟定的答案要编号。

④ 注意询问语句的措辞和语气,一般应注意以下几点。

第一,问题要提得清楚、明确、具体。

例如:贵单位对上海大众汽车公司生产的桑塔纳轿车是否满意?

这样的问题不够具体、明确,也不易达到所要调查的目的。若需调查资料是涉及质量或售后服务,则可分别询问:

贵单位对桑塔纳汽车的质量是否满意? 为什么?

贵单位对桑塔纳汽车的售后服务是否满意? 为什么?

第二,要明确问题的界限与范围,问句的字义（词义）要清楚,否则容易误解,影响调查结果。

例如:您的月收入是多少?

这个问题的界限不清楚。"收入"是指的基本工资收入还是包括一切其他收入,在提问时应加以注明。

第三,避免用引导性问题或带有暗示性的问题。

例如:您喜欢佳能打印机吗?

这样的问句容易将答案引向喜欢而造成偏差。故应改为"您家里的打印机是什么牌子的"?

⑤ 对属于年龄、收入等私人生活问题最好采用间接提问的方法,不要直接询问"您今年多大年纪",而是在给出的范围内（如 21～30 岁、31～40 岁）中选择。

⑥ 注意问题排列程序。首先在问卷上应有说明词,说明询问人代表的单位、调查目的或意图、问卷的填写方法,以及谢谢合作等内容。也可注明给一些赠品等。主要调查的问题

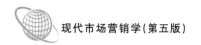

可排在问卷中间部分,这是调查的核心。被调查者的收入、年龄、职业、单位等背景材料一般可排在最后。若所作调查与收入、年龄无关,则尽量不列入。

⑦ 问卷纸张质地要良好,不易破,字迹印刷清晰,填写说明处的空白处要大,页数较多时要装订成册。

第四节　市场预测方法

市场预测方法种类很多,大体上可以分为定性预测和定量预测两大类。定性预测侧重于判断事物发展的性质、方向,不一定要得出很精确的结果。这种方法简便易行,缺点是精确度差。定量分析侧重于数据的分析、计算,预测结果用数据表示,优点是精确度高。在营销实践中往往将这两种方法结合起来使用。

一、定性分析方法

1. 购买者意图调查法

即对购买者进行调查,了解他们在未来某一时期购买的意愿,如购买的数量、种类等。从调查中获得信息,将信息进行综合从而推测出市场需求。这种方法建立在购买者很清楚自己未来购买行为的假定上。如果购买者在实际购买时随机因素较大,预测的误差也会较大。所以,购买者意图调查法比较适于工业品和耐用消费品的预测,对一般消费品预测不适用。

2. 销售人员意见法

当企业不能直接调查购买者或调查费用太高时,可通过询问销售人员来估计市场需求和公司需求。因为销售人员接近顾客,对情况比较熟悉,因此,综合若干销售人员的估计往往能得到很有价值的结果。

销售人员意见法的具体做法是:请几位销售人员分别估计某一产品在不同条件下未来的销售额及发生的概率,然后求出它们的期望值,最后将几位销售员的平均期望值作为销售额的预测值。

销售人员意见法的精确性受到若干因素的影响,如销售人员是否受过专门训练,对整个企业和市场情况是否了解,是否会有意隐瞒顾客需求以便企业制定低定额等。为此,可将销售人员和经理人员的意见进行综合,做出比较可靠的预测。

3. 专家意见法

又称德尔菲法,是美国兰德公司于 20 世纪 40 年代末提出的。其实施步骤如下:

首先组成包括经销商、分销商、营销顾问或其他权威人士的专家小组,人数不宜过多,一般在 20 人左右,各专家只与调查员发生联系,然后按下列程序进行。

① 提出所要预测的问题及有关要求,必要时附上有关这个问题的背景材料,然后一并寄给各专家。

② 各专家根据所掌握的资料和经验提出自己的预测意见,并说明自己主要使用哪些资料提出预测值的。这些意见要以书面形式返回调查人员。

③ 将各专家的第一次预测值和说明列在一张表上,并再次分发给各位专家,以便他们比较自己和他人的不同意见,修改自己的意见和判断。

④ 将所有专家的修改意见置于一个修正表内,分发给各位专家作第二次或多次修改。最后综合各位专家的意见便可获得比较可靠的预测值。

专家意见法是一种使用比较广泛的方法,它有如下优点:

① 能发挥各位专家的作用,集思广益,准确度高。

② 采取单线联系,有利于避免偏见,尤其可避免权威人士的意见对其他人士的影响。

③ 有利于各专家根据别人的意见修正自己的意见和判断,不致碍于情面而固执己见。

二、定量分析法

定量分析法是在市场调查已取得的数据基础上,借助数学方法特别是数量统计方法,建立数学模型预测某一预测目标未来数量表现的方法。定量分析的优点在于预测信息具体翔实,对决策工作指导性强,同时可以根据统计检验方法验证结论,可靠性强,是预测的重要方法。

定量分析的方法有很多,每一种方法中又涉及很多的分析控制技术,由于篇幅所限在这里无法一一详细展开论述,有兴趣的读者可以参考市场预测的专门书籍进一步学习。在此仅简要介绍几种方法。

1. 时间序列分析法

时间序列是将预测目标过去的数据按时间先后顺序排列而成的数列。以时间序列为基础推断预测目标未来数量关系的方法就是时间序列分析法。时间序列分析法以事物发展的连续性为依据,假设预测目标过去的发展规律会一直延续到未来。只有预测目标发展稳定,变化较平缓的情况下才能使用这种方法。时间序列分析法包括以下几种方法。

(1)算术平均法

该方法计算时间序列的算术平均值,以平均值为预测值。该方法简便,但无法消除偶然因素对预测结果的影响。用公式表示为

$$\overline{Q} = \frac{\sum\limits_{i=1}^{n} Q_i}{n} = \frac{Q_1 + Q_2 + \cdots + Q_n}{n}$$

式中:$\overline{Q}$ —— 预测值;

Q_i —— n 期的预测值;

n —— 资料期数。

(2)移动平均法

它是在算术平均法基础上发展起来的一种方法。它选择一个小于总期数的时间跨度 N(跨越期),由前向后逐期移动,求每一个跨越期的算术平均值(移动平均数)。由计算出的每期移动平均数重新构成一个新的时间序列,消除了原时间序列中随机波动的影响,较好地反映出预测目标发展过程中的长期变化趋势。公式表示为

$$\overline{Q_i} = \frac{Q_t + Q_{t-1} + \cdots + Q_{t-N+1}}{N}$$

式中:$\overline{Q_i}$ —— 第 t 期移动平均数;

$Q_t, Q_{t-1}, \cdots, Q_{t-N+1}$ —— 由 t 期向前推一个跨越期的实际值;

N —— 移动平均跨越期。

移动平均法的优点是其较接近实际情况,并消除了季节性、周期性或随机性变动等因素的影响,使异常数据被"修匀",因而预测结果更为可靠。该方法的缺点是不适用于预测具有非线性趋势的变量。

（3）加权移动平均法

移动平均法虽然考虑了销售量增减的趋势,但却没有考虑到各期资料的重要性是不同的。加权移动平均法就是在计算平均数时,再把每期资料的重要性考虑进去。具体地说,就是把每期资料的重要性用一个权数来代表,然后求出每期资料与对应的权数乘积之和。计算公式是

$$Q = \sum_{i=1}^{i} C_i Q_i$$

式中：Q——销售量预测值；

Q_i——资料期 i 期的实际销售量；

C_i——第 i 期资料的权数。

一般情况下,越近期的资料选择的权数越大。资料期中各期权数之和应等于1。

（4）指数平滑法

这也是加权平均法的一种。它不仅考虑了近期数据的重要性,同时大大减少了数据计算时的存储量。其计算公式是由移动平均法推导而来的,表达式为

$$Q_t = \alpha S_{t-1} + (1 - \alpha) Q_{t-1}$$

式中：Q_t——本期预测值；

S_{t-1}——前期实际销售量；

Q_{t-1}——前期预测值；

α——平滑指数，$0 \leqslant \alpha \leqslant 1$。

平滑指数 α 是新、旧数据在平滑过程中的分配比率,其数值大小反映了不同时期数据在预测中的作用高低。α 愈小,则新数据在平滑值中所占的比重愈低,预测值愈趋向平滑；反之,则新数据所起的作用愈大。α 值 $0.1 \sim 0.9$,当时间序列变动迅速且明显时,α 宜取较大值。若变化较小时,宜取较小值。

采用指数平滑法进行预测时需要考虑的另外一个问题是确定合适的初始值。一般来说,如果给定的时间序列足够长,如数据点在 20 个以上,这时初始值要经过较长的平滑链,对平滑结果的影响很小,可令其等于时间序列的第一个数据值。其次,可取时间序列前几项的算术平均值作为起始值。而对于较短的时间序列,则应用统计估计法计算出初始值。

下面以一家商场电器的销售额(见表 5-1)为例,说明指数平滑法的应用。

表 5-1 某商场的电器销售情况

月份	期数	实际销售额/万元	三个月的移动平均值/万元
1	1	200.0	
2	2	135.0	
3	3	195.0	
4	4	197.5	176.7
5	5	310.0	175.8
6	6	175.0	234.2

月份	期数	实际销售额/万元	三个月的移动平均值/万元
7	7	155.0	227.5
8	8	130.0	213.3
9	9	220.0	153.3
10	10	277.0	168.3
11	11	235.0	209.2
12	12		244.2

表 5-2 为 $\alpha=0.1, \alpha=0.5$ 和 $\alpha=0.9$ 时某商场电器销售额的指数平滑值。

表 5-2　某商场电器销售额的指数平滑值

月份	销售额/万元	指数平滑值		
		$\alpha=0.1$	$\alpha=0.5$	$\alpha=0.9$
1	200.0			
2	135.0	200.0	200.0	200.0
3	195.0	193.5	167.5	141.5
4	197.5	193.7	181.3	189.7
5	310.0	194.0	189.4	196.7
6	175.0	205.6	249.7	298.7
7	155.0	202.6	212.3	187.4
8	130.0	197.8	183.7	158.2
9	220.0	191.9	156.8	132.8
10	277.0	193.9	188.4	211.3
11	235.0	202.3	233.0	270.9
12		205.6	234.0	238.6

（5）季节波动法

当产品的市场需求明显呈现季节性波动时，用上述平均法进行销售预测显然不能真实反映销量的未来变化，最好的办法是计算季节指数。其计算公式为

$$某年各平均实际销售量=\frac{当年市场实际总销售量}{4}$$

$$某季市场需要量的季节指数=\frac{某季的市场销售量}{当年各季平均销售量}\times100\%$$

例如，某地区棉布的销售量三年内各个季节的销售量如表 5-3 所示。试用季节波动分析法预测 2004 年各季的销售量（假设 2004 年全年棉布销售量为 780 万平方米）。

表 5-3　某地区三年内各季节棉布销售情况　　　　　　　万平方米

销售量\年份 季节	2001	2002	2003	三年合计
春	120	117	130	367
夏	190	188	210	588
秋	230	245	250	725
冬	150	160	155	465
年总需要量	690	710	745	2 145

由表 5-3 可见,棉布的销售量呈现明显的季节性,在淡旺季节相差近 1.5 倍左右,所以采用季节波动分析法进行预测。

计算如下,2001 年春季的季节指数为

$$120 \div \left(\frac{690}{4}\right) \times 100\% = 69.57\%$$

其余类推,分别计算出各年各季的季节指数,最后再计算三年内各季的平均指数,并同时列于表 5-4。利用各季的平均指数,就可以对下一年各个季度的市场需求量进行预测,即

下一年度某季预测值＝(年需求量/4)×某季平均季节指数

如 2004 年春季棉布的市场需求量为

$$\frac{780}{4} \times 68.43\% = 133.44(万平方米)$$

表 5-4　某地区三年内各季节棉布销售的季节指数　　　　　　　　　　　%

季节指数 年份 季节	2001	2002	2003	平均季节指数
春	69.57	65.92	69.80	68.43
夏	110.14	105.92	112.75	109.60
秋	133.33	138.03	134.23	135.20
冬	86.96	90.14	83.22	86.77

2. 相关分析

时间序列法对仅是时间的函数的变量不失为一种较好的定量预测方法,但它没有考虑许多影响市场需求的实际因素,因而在很多情况下是不适用的。统计需求分析则是运用相关分析的理论判断销售量与其他因素相关的性质和强度,从而做出预测。这种方法尤其适合于中、长期市场预测。

(1) 回归预测法

回归预测法是借助回归分析这一数理统计工具进行定量预测的方法,即利用预测对象和影响因素之间的因果关系,通过建立回归方程式来进行预测。例如,消费品需求量与居民人均收入之间、劳动生产率与产品成本之间、施肥量与农作物产量之间均存在着这种因果关系。我们把变量之间这种并不完全确定,带有偶然性和随机性,但统计上看又有一定规律的关系称为相关关系,这种相关关系可用回归方程来加以描述。

回归预测法实际上是根据现有的一组数据来确定变量之间的定量关系,并且可以对所建立的关系式的可信程度进行统计检验,同时可以判断哪些变量对预测值的影响最为显著。由于这种方法定量地揭示了事物之间因果关系的规律性,所以具有比较高的可靠性。

根据自变量多少,回归预测可以分为一元回归和多元回归;根据自变量与因变量函数关系不同,可分为线性回归和非线性回归。下面举例说明一元线性回归的应用。一元线性预测的步骤为:

① 分析变量之间的关系,确定自变量和因变量,建立预测模型。

$$Y_i = a + bx_i$$

其中：Y_i——y_i 的预测值；a,b——回归系数；x_i——自变量的值。

② 根据已知的统计数据，求解回归系数 a,b 之值，然后确定回归方程。a,b 系数的计算采用最小二乘法求解。

$$a = \bar{y} - b\,\bar{x}$$

$$b = \frac{\sum\limits_{i=1}^{n} x + y_{ij} - \bar{x}^{*} \sum\limits_{i=1}^{n} y_i}{\sum\limits_{i=1}^{n} x^2 - \bar{x}^{*} \sum\limits_{i=1}^{n} x_i}$$

③ 利用 R 检验，进行相关分析，检验 x 与 y 之间是否存在线性关系。

④ 计算方差，估算预测值的误差范围。

有关具体的计算方法，在市场预测的专门书籍中有详细介绍，这里不再赘述。

在运用回归分析法进行预测时，应注意以下几个问题：

第一，预测对象与影响因素之间必须存在相关关系，而且样本不能过小，数据点最好在 20 个以上。

第二，自变量之间的相关关系不能太复杂。

第三，不能遗漏出现的新变量。

（2）市场因子推演法

所谓市场因子，就是能够明显引起某种产品市场需求变化的实际因素。市场因子推演法实际上也是通过分析市场因子与销售量的相关关系来预测未来的销售量。

对连带产品和配套性产品，利用这种方法就比较简单。

例如，一个童车制造厂通过对历年统计资料的分析获得以下数据：婴儿每出生 1 000 人，能够卖出童车 16 辆。因此，婴儿出生人数就是童车销售量的市场因子。若某年婴儿出生人数为 530 万人，那么，该年童车需要量为 5 300 000×16/1 000＝84 800（辆）。

以上介绍了一些常用的预测方法，这些方法各有自己的特点和使用范围，只有正确地加以选择，才能获得可靠和具有使用价值的预测结果，从而为高层管理人员进行经营决策提供科学依据。在选择各种预测方法进行预测时，要遵循以下基本步骤。

① 确定预测目标。确定预测目标是整个预测过程的第一步，即要根据企业面临的任务和形势确定对企业生存和发展有重大影响的经济技术指标，其中包括确定预测期限、指标数目以及对预测目标的必要说明。显然，明确预测目标是有的放矢地进行科学预测的前提。

② 收集分析数据和资料。根据预测目标，通过多种方法和途径有目的地去收集各种有关的数据和资料，所获得的数据和信息应尽量准确和可靠，同时有很好的代表性。

③ 选择预测模型和方法。应根据预测目标、时限以及已掌握的资料情况选择合适的预测模型和方法，这对保证预测结果的可靠性和准确性至关重要。一般来说，应掌握以下几个原则。

第一，短期预测可采用各种平均法和季节波动分析法等；中长期预测可优先考虑采用回归分析法。

第二，掌握的资料和数据比较完整时，可以采用各种定量方法进行预测；反之，宜采用顾客需求调查法、销售人员意见法和专家意见法等。

第三，在各种时间序列分析法中，简单平均法在时间序列平稳时可以采用，但一般误差比较大;移动平均法在选取适当的分段数后,可以消除偶然因素对最终预测值的影响,可以观察到时间序列的发展趋势,但由于它没有考虑各期资料的重要性,因而仅适用于具有线性趋势问题的预测;加权移动平均法可适用于具有非线性趋势问题的预测,预测结果与实际较为接近,但计算的工作量较大;指数平滑法是加权移动平均法的改进型,但宜于利用计算机进行预算,数据的存储量小,并可通过多次平滑改善预测精度,因而应用比较广泛。

④ 预测结果评价。获得预测值以后,还应综合考虑企业内、外环境变化对预测结果的可能影响,分析其变化的幅度以及如何通过改进预测方法来对之作必要的修正,以使预测值尽可能符合实际。

1. 什么是市场调查,市场调查的作用表现在哪些方面?
2. 市场调查一般包括哪几个步骤?
3. 获得第一手资料的调查方法有哪些?
4. 询问表的设计应注意哪些问题?
5. 市场需求的影响因素有哪些?
6. 定量分析的预测方法有哪些?

海尔、华为、联想:创新源自信息

在 2010 年美国《商业周刊》评选的全球最具创新的 50 家企业中,海尔、联想赫然在列:其中海尔第 10 位,联想第 30 位。与此同时,2010 年华为获得了英国《经济学人》杂志的公司创新大奖。这三家中国企业在创新上赢得全球尊敬与荣誉并非偶然,它们的竞争信息工作在国内都堪称标杆。

海尔:技术与市场并重

海尔早期的竞争信息工作从手工卡片时代就开始了。1988 年海尔就建立了简便易查、全面实用的检索专利卡片系统,该系统搜集了自 1974 年至 1986 年世界 25 个主要工业国家有关冰箱的 1.4 万条专利文献题录。1990 年,海尔订购了三种中国专利公报和制冷领域的专利说明书。1995 年,海尔建立了中国家电行业专利信息库,定期提供最新的专利信息,跟踪研究发达国家和国内同行的技术水平、发展状况和市场需求,紧紧抓住了进入欧美市场的切入点、时机、销售方式和海外销售商。

专利信息如何增强产品和技术研发能力?海尔的秘诀是重视专利情报分析。

海尔对已有产品项目进行国内外技术动态信息监控,从相关专利和技术领域对国内外目标公司从不同角度进行专利跟踪,形成强大的综合专利情报资料库,做到随查随用。海尔的专利情报分析报告在产品创新决策中起着决定性作用。在对某个技术领域有一个基本认识后,科研人员利用专利情报分析进一步评估技术热点和前景,寻找某些领域内的技术空隙,并在研发项目的实施中进行技术创新和回避设计,通过专利组合分析方法辅助确定研发方向。专利组合分析方法有助于企业确立专利技术所处技术生命周期的具体阶段,以及是否有继续大规模投入开发的价值。

海尔情报系统的一大特点是技术情报与市场情报并重。

海尔有一个核心理念：市场是创新的起点。这一理念明确了竞争情报工作的方向，专利情报不能只追求技术，更要为市场服务。因此，专利技术的发展方向与市场结合成为海尔创新的核心动力。正是基于大量对专利和市场情报的分析，海尔开发出了适合美国大学宿舍使用的冰箱、可以清洗农作物根茎的洗衣机、韩式双动力洗衣机、酒柜、便携式洗衣机和可当工作台的洗碗机等产品。

海尔中央研究院是最重要的情报中心，伴随着海尔的国际化战略，公司在洛杉矶、东京、悉尼、里昂和香港都设立了信息站，及时搜集国内外的科技和市场情报，监测竞争对手的发展趋势和变化。海尔中央研究院的核心工作包括：①动态跟踪、采集、分析全球经济、市场和技术动态，为集团决策提供依据；②为集团在全球制造、采购和服务部门提供研发能力和技术支持；③整合全球科技资源，实现超前技术项目的商品化，为公司国际化发展提供源源不断的技术支持。

同时，海尔还在国内构建了深入县级市场的情报网络，情报站点将搜集到的国内外市场需求和情报快速反馈到总部，技术转化部负责对专利情报的分析，并快速将情报分析结果以专项报告、情报课题的形式呈送给高层管理者，同时反馈给彩电和冰箱事业部负责人，中层管理者也能收到行业内最新信息和重要的情报分析。海尔竞争情报工作以情报分析和情报分享为重点，大大提升了情报价值的利用。

此外，海尔还与国际知名企业进行合作，通过双方技术优势获得一种"增值效应"。海尔已与多个企业建立了不同的技术联盟，如从日本引进三菱重工空调技术，从意大利梅洛尼公司引进滚筒洗衣机技术。海尔与国内外知名企业以项目牵头的形式成立了若干研究中心进行联合研究，这些对海尔的情报网络都是难得的延伸机会。

华为：以专利为核心，注重反信息

华为的情报工作以搜集国际竞争对手和领先企业的最佳实践，以及国际领先的管理方法和专利技术为主。早年资金短缺时，华为采纳"压强原则"，对核心技术和专利研发进行重点投入，目的是在局部核心技术领域有重点突破。在专利技术情报搜集、分析和专利保护上，形成了一整套的方法论和情报体系。具体包括：①情报搜集与研发定位，华为运用定量、定性分析方法，结合国际竞争需要和企业需求及能力，将专利文献中的技术内容、人（专利申请人、发明人）、时间（专利申请时间、专利公告日）和地点（受理局、指定国、同族专利项）进行系统的调查和统计分析，为制定企业研发重点和战略提供决策支持；②情报整合和价值判断，根据专利申请量盘点技术发展史、技术发展趋势和目前所处阶段以及成熟度，以判断研发该技术的价值含量；③情报分析和决策支持，华为根据对全球专利的系统搜集和分析，预测未来新技术的发展方向和市场趋势，为公司发展策略的制定提供参考。同时，对可能与竞争对手产生竞争关系的专利进行识别和确定，并提出具有针对性的规避、无效、撤销等策略，以避免侵犯他人专利权。2008 年，华为在海外申请的专利数量为世界第一，获得全球公司创新奖，也是因为先进的无线射频拉远技术（remote radio head）改变了世界认为中国企业只能模仿、不会创造的传统印象。

随着华为研发能力与创新能力的不断增强，华为的反竞争情报及商业秘密保护工作做得也非常出色。这些研发成果绝大部分以商业机密的形式存在，华为公司的信息安全部门有近 200 人，主要工作内容就是商业机密的保护。据华为高管介绍，其商业机密保护制度比美国企业严格得多。

华为的商业机密和信息安全保护有三层:一是制度设计;二是管理授权设计;三是技术设计。在制度设计上,华为有一整套管理文件,并赋予该管理文件以最高权力,如果有工程师触犯相应的管理规定,就要承担非常严重的后果。在管理授权方面,华为建立了基于国际信息安全体系架构的流程和制度规范。举例来说,在"进驻安全"和授权的控制上,华为采取"相关性"原则和"最小接触"原则,所有的文档和技术根据其保密的分级分层来进行不同的授权,只有一个完全必要的人才能接触相关技术,而且接触是在相应的控制和监督的情况下进行的。为此,华为的《信息安全白皮书》对该过程做出了明确的规定和约束。在技术设计的手段方面,华为的研发网络与互联网是断开的。在全球化异域同步开发体系中,研究人员开发的成果并不在本地的计算机上,而是在一个设控状态的服务器上,任何从该服务器发出的信息都有备份,如果有问题可以回溯和检查。

华为还设立了强大的知识产权部门,不但囊括了国内知识产权界的精英,而且其从业人数的比例达到甚至超过了国际企业对法务人员要求的比例,足见企业对知识产权的重视。华为除了严格保护企业的核心知识产权外,也尽最大努力将其软件发明硬件化,通过这种方式实现知识产权的价值,提高竞争对手模仿、复制和可能偷窃的成本。华为认为,软件只有跟硬件捆绑才能生存。因此,虽然华为70%的研发成果都是软件,但华为就是靠专用设备跟硬件捆绑,提高了侵权门槛。

联想:一切围绕"复盘"

企业建立竞争情报系统还有一项重要的功能是战略反馈。也就是说,对已经搜集到的情报、决策和执行过程进行事后反思。

柳传志多次谈到将"复盘"作为联想的核心方法论,并认为"复盘"是联想取得成功的重要因素。所谓复盘,就像下围棋或象棋之后,无论输赢都要重摆一遍的方法。联想之所以这样做,是为了搞清楚在企业整个行动过程中,导致成功或失败的真正原因是什么,是由于幸运,还是因为自身能力?复盘会让你发现很多事情夹杂着偶然因素,下次再这样操作未必行得通,也就是要发现真正具有规律性的东西。

在联想控股,复盘工作包括三个环节:第一,要不断检验和校正目标是否正确;第二,在每一个小的里程碑节点中,检验当初决定的正确与否和执行情况;第三则是在过程中总结规律。

在联想文化中,复盘有一套规范的流程。公司成立了一个复盘项目小组,根据公司的项目前后梳理;复盘一开始就有详细的文档,小组会根据所有项目的历史情况、现在的结果以及小组对事情的反思和总结写出复盘报告。在10年时间里,联想已经总结出复盘文档达240多个。

复盘的价值主要体现在四个方面:①找到假设中对因果关系的认知偏差、决策失误和行动缺陷,发现问题并改变行为。在竞争情报工作中,复盘有助于确认情报的哪些来源是更准确和更真实的,它对鉴别不同情报的价值是非常重要的工具;②复盘过程是行动的直接参与者发现问题、分析问题与解决问题的过程,由亲自参与实践的人提出关键性的建议,并让参与复盘的人们把经验与教训带回到实践中,知识转移的距离最短,效率更高;③在单一情景下所获得的经验或教训并不一定正确,复盘可以不断修正或减小在认知和行动中的错误,在知识与行动者之间高度关联;④组织之间阅历的分享,复盘把失败或试错当做最有价值的老师,避免类似的错误重犯。虽然复盘是一种"秋后算账",但它有利于竞争情报系统的调节、修正和改进,尤其是情报人员纠错意识的强化。

（选编自《中欧商业评论》,2011 年 8 月）

案例思考

1. 海尔、华为、联想,三个最具创新精神的中国本土企业,都在市场调研和情报搜集工作上成为国内企业的标杆,你认为是巧合吗? 为什么?

2. 结合所学过的相关理论,你是否同意"营销调研和情报收集是伴随企业发展始终的基础性工作"? 谈谈你的看法。

3. 通过此案例的分析思考,请试着为注重创新的中国企业在市场分析、营销调研、情报收集等方面的工作开展提供一些具备参考价值的建议。

第6章

市场细分与目标市场选择

世界上任何一个企业,不论其资源如何雄厚都不能满足整个市场的需求,更何况每个顾客对任何一种产品的需求都是不同的。因而有人称现代营销战略的核心是STP营销,即市场细分、目标市场选择和市场定位。

在市场营销活动中,企业首先面临的问题是:本企业产品的市场在哪里? 产品在哪里最畅销? 愿意购买本企业产品的顾客是什么行业的,或是什么职业、性别、年龄的? 他们的需要、爱好和购买行为的特点是什么? 企业如果想在市场营销活动中取得成功,必须了解、分析顾客的不同需求情况,根据企业的具体条件,选择那些最能发挥自己差别优势的顾客作为企业经营和服务的对象。这就是选择目标市场,而市场细分是目标市场选择的前提。

第一节 市场细分的依据和作用

市场细分也称市场细分化,20世纪50年代中期由美国的温德尔·斯密提出。所谓市场细分,是指根据整体市场上顾客需求的差异性,以影响顾客需求和欲望的某些因素为依据,将一个整体市场划分为两个或两个以上的消费者群体,每一个需求特点相类似的消费者群就构成一个细分市场(或子市场)。各个不同的细分市场,即消费者群之间存在明显的需求差别。例如,服装市场,可按顾客的性别或年龄因素细分为男士市场、妇女市场,或细分为老年市场、中年市场、青年市场、儿童市场;也可按地理因素细分为国外市场、国内市场,或城市市场、乡村市场,或南方市场、北方市场等。以上每个细分市场之间的需求各不相同,同一细分市场内的需求则基本相似。

市场细分不是按产品分类划分,如汽车市场、服装市场、机床市场等,而是按照顾客需求爱好的差别,求大同存小异,分为不同的市场。市场细分是将整体市场划分为若干不同顾客群体的子市场的分类过程,然后从中选择经营对象和目标市场的一种方法。结果是企业要针对每个细分市场的差异,分别为之制定有差异的营销组合策略。

一、市场细分的依据

一个整体市场之所以可能细分为若干子市场,主要是由于顾客需求客观上存在差异性,人们可以运用影响顾客需求和欲望的某些因素作为细分依据(也称细分变量、细分标准)对市场进行细分。

影响顾客需求的因素很多,且影响消费者市场和产业市场顾客需求的因素不同,现分别将两类市场的细分依据归纳叙述如下(见表 6-1 和表 6-2)。

表 6-1　消费者市场细分的一般标准

细分标准	具 体 因 素		
地理标准	• 国界	• 区域	• 地形
	• 气候	• 城乡	• 城市规模
	• 人口密度	• 交通条件	• 其他
人文标准	• 国籍	• 种族	• 民族
	• 宗教	• 职业	• 教育
	• 性别	• 年龄	• 收入
	• 家庭人数	• 家庭生命周期	• 其他
心理标准	• 社会阶层	• 生活方式	• 其他
	• 购买动机	• 性格	
购买行为	• 追求利益	• 使用者地位	• 对渠道的信赖度
	• 使用频率	• 品牌商标忠诚度	• 其他
	• 对价格、广告、服务的敏感程度	• 购买频率	

表 6-2　生产者市场细分的一般标准

细分标准	具 体 因 素		
地理因素	• 国界	• 区域	• 自然环境
	• 气候	• 资源	• 交通条件
	• 城乡	• 城市规模	• 其他
	• 生产力布局	• 地形	
用户的行业类别	• 冶金	• 煤炭	• 军工
	• 机械	• 服装	• 食品
	• 纺织	• 森林	• 航空
	• 船舶	• 化工	• 其他
用户规模	• 大型企业	• 中型企业	• 小型企业
	• 大用户	• 小用户	• 其他
购买行为	• 使用者地位	• 追求利益	• 购买周期
	• 购买频率	• 购买批量	• 其他
	• 购买目的	• 品牌商标、渠道忠诚度	
	• 价格、服务的敏感度	• 使用率	

1. 消费者市场的细分依据

（1）地理因素

这是按消费者居住的地区和地理条件来划分的。消费者居住的地区和地理条件不同，其需求和欲望也不同。如居住在我国南方沿海经济比较发达的城市和居住在北方内地农村的消费者，对家具的材质、款式、价格等的需求都不一样。

地理因素包括国界（国际、国内）、气候、地形、行政区域、城市、乡村、自然环境、城市规模、交通运输、人口密度等。

地理因素是一个静态因素，比较容易辨别，对分析、研究不同地区消费者的需求特点、需求总量及其发展变化趋势有一定意义，有助于企业开拓区域市场。但是，即使居住在同一国家、地区、城市的消费者，其需求与爱好也不一定相同，差别仍可能很大，因此还要进一步按其他标准细分市场。

（2）人文因素

运用人文因素细分市场，就是根据人口统计变量如国籍、民族、年龄、性别、职业、教育、宗教、收入、家庭人数、家庭生命周期等因素对市场进行细分。市场细分主要是分析顾客的需求，不同国籍或民族、不同年龄和性别、不同职业和收入的消费者需求和爱好大不相同，故人口统计变量与消费者对商品的需求爱好和消费行为有密切关系，而且人口统计变量资料比较容易获得和衡量。为此，人文因素是市场细分中经常用于区分消费者群体的标准。

（3）心理因素

包括社会阶层、生活方式、性格、购买动机等。同样性别、年龄、收入的消费者，由于所处的社会阶层、生活方式或性格不同，往往表现出不同的心理特性，对同一种产品会有不同的需求和购买动机。心理因素对消费者的爱好、购买动机、购买行为有很大影响。企业以心理因素进一步深入分析消费者的需求和爱好，更有利于发现新的市场机会和目标市场。例如，有的消费者购买昂贵的名牌商品，不仅是追求其质量，而且具有显示其经济实力和社会地位的心理；有的消费者身穿奇装异服，为的是突出其个性。企业根据心理因素细分市场，可为不同细分市场设计专门产品，采用有针对性的营销组合策略。

（4）购买行为因素

即根据消费者的不同购买行为进行市场细分，包括追求利益、品牌商标忠诚度（品牌偏好）、使用频率等。例如，人们对化妆品的需求，有的消费者追求化妆品的润肤护肤功能，有的则希望增白、祛斑；有的对某品牌化妆品是从未使用者或首次使用者，有的则是经常使用者且已形成品牌偏好。企业可以根据消费者购买行为因素细分市场，推出适合细分市场所需要的产品。

2. 产业市场的细分依据

产业市场的购买者是工商服务企业，其购买目的是为了再生产、再销售，或为顾客提供服务，同时企业也谋取一份利润，它与消费者市场中的个人消费者购买目的不同、需求不同。

根据产业用户的特点，细分依据为：

① 用户的行业类别。包括农业、食品、纺织、机械、电子、冶金、汽车、建筑、金融服务等。用户的行业不同，其需求有很大差异。即使同为钢材，造船业和建筑业对产品性能、规格、质

量的要求肯定不同。因此,营销人员可以用户行业为依据进行市场细分。

② 用户规模。包括大型、中型、小型企业,或大用户、小用户等。不同规模的用户,其购买力、购买批量、频率、购买行为和方式都有可能不同,要求供应商提供的服务水平也不同。因此,用户规模是产业市场的又一细分依据。

③ 用户的地理位置。除国界、地区、气候、地形、交通运输等条件外,产业布局、自然环境、资源等也是很重要的细分变量。按用户地理位置细分市场,有助于企业将目标市场选择在用户集中地区,提高销售量,节省推销费用,节约运输成本。

④ 购买行为因素。包括追求利益、使用率、品牌忠诚度、使用者地位(如重点户、一般户、常用户、临时户等)、购买方式等。

以上这些细分标准和具体因素选用是否得当,对市场细分效果影响很大。企业为有效地细分市场,须遵循以下原则:

① 不同的企业在市场细分时,应采用不同的标准,要根据企业的实力和产品的特性来确定自己的细分标准。

② 选用细分标准时,要求这些细分因素是可以度量的,并使细分市场能呈现明显的区别和显著的特性,那些难以度量测定的细分因素尽量少用或不用。

③ 市场细分不是分得越细越好,市场分得太细,产量过小,影响规模的经济性。也就是细分市场要有一定的规模和发展前途,并能使企业获得利润。

除以上原则外,企业在运用细分标准时,还必须注意以下几个问题:

① 市场调查是市场细分的基础,在市场细分前,必须经过市场调查,掌握顾客需求和欲望、市场需求量等有关信息,营销人员才能据此正确选择市场细分标准,进行市场细分,并具体确定企业为之服务的经营对象——目标市场,制定有效的市场营销组合策略。

② 顾客的需求、爱好和购买行为都是由很多因素决定的。市场营销人员可运用单个标准,也可结合运用双指标标准、三维指标标准或多种标准来细分市场。但是选用标准不能过多,要适可而止,择其主要的,确定少数主要标准和若干次要标准,否则既不实用,也不经济。

③ 市场特性是动态的、经常变化的,细分标准不能一成不变,应经常根据市场变化研究、分析与调整。

④ 预期市场细分所得收益将大于因细分市场而增加的生产成本和销售费用时,可进行市场细分,否则不可细分。

二、市场细分的作用

市场细分对企业营销的影响和作用很大,它表现在以下几个方面。

1. 有利于企业发掘新的市场机会

企业经过市场调查和市场细分后,对各细分市场的需求特征、需求的满足程度和竞争情况将了如指掌,并能从中发现那些需求尚未得到满足或需求尚未充分满足的细分市场,这些市场为企业提供了新的极好的市场开拓机会。例如,某企业在化妆品市场竞争十分激烈的情况下,通过市场调查,决定以消费者性别、年龄、购买目的、追求利益为依据细分市场(见表 6-3～表 6-7)。

表 6-3　需求者类别

需求者	市场满足程度	需求者	市场满足程度
儿童	满足	中年	未满足
少年	满足	老年	未满足
青年	未满足		

表 6-4　购买化妆品的意向

购买意向	市场满足程度	购买意向	市场满足程度
滋润皮肤	满足	祛雀斑、粉刺	满足
防晒	满足	增白	未满足
防裂	满足	洁面	未满足
有营养、无刺激	满足	延长青春期	未满足

表 6-5　购买者情况

年龄	所占比例/%	性别	所占比例/%
青年	65	男	15
中年	27		
老年	8	女	85

表 6-6　选购价格

档次	比例/%
高价	10
中价	65
低价	25

表 6-7　竞争情况

地区	三地区产品占市场比例/%
北京	28
天津	22
上海	50

从以上市场细分的分析表明,在化妆品市场中,还有许多尚未开拓的细分市场,中年和青年以上妇女的需求没有得到满足,且从调查中了解到,妇女希望防止容颜早衰的欲望非常迫切,需求很大。该厂从中发现了新的市场机会,决定开拓以青年和中年以上妇女为主要服务对象的新市场,研制抗衰老、延缓皱纹增生的抗皱美容霜,满足该目标市场的需要。

2. 有利于小企业开拓市场,在大企业的夹缝中求生存

顾客的需求是多变的,各不相同。即使大企业的资源也有限,不可能满足整个市场的所有需求,更何况小企业。为求得生存,小企业应善于运用市场细分原理对整体市场进行细分,拾遗补缺,从中找到适合自己优势的、需求尚未得到满足的细分市场,采取与目标市场相对应的产品、价格、渠道、促销策略,从而获得良好的发展机会,取得较大的经济效益。例如,某小型毛巾厂在整体毛巾市场上缺乏竞争力,但通过市场细分,发现日本旅馆市场需每日更

换盥洗室毛巾,且对质量要求不高,而一般大型毛巾厂对之不屑一顾。于是该厂瞄准此细分市场,作为本企业的目标市场,生产和提供该市场所需的毛巾,获得了很好的经济效益。

3. 有助于企业确定目标市场,制定有效的市场营销组合策略

通过市场细分,有助于企业深入了解顾客需要,结合企业的优势和市场竞争情况进行分析比较,从细分市场中选择确定企业的目标市场。企业的经营服务对象已定,就能有的放矢,有针对性地制定有效的市场营销组合策略,提高企业经营管理水平,增强市场竞争力。

4. 有利于企业合理配置和运用资源

企业根据市场细分确定目标市场的特点,扬长避短,集中使用有限的人力、物力、财力等资源于少数几个或一个细分市场上,可避免分散使用力量,取得事半功倍的经济效果,发挥最大的经济效益。

就整体市场而言,一般信息反馈比较迟钝,不易敏感地察觉市场变化。而在细分市场中,企业为不同的细分市场提供不同的产品,制定相对应的市场营销策略,较易得到市场信息,察觉顾客的反应,这有利于企业发掘潜在需求,适时调整营销策略。

第二节　目标市场选择及其策略

市场细分是选择目标市场的基础。市场细分后,企业由于内外部条件的制约,并非要把所有的细分市场都作为企业的目标市场,企业可根据产品的特性,自身的生产、技术、资金等实力大小和竞争能力的分析,在众多的细分市场中选择一个或几个有利于发挥企业优势、最具吸引力、能达到最佳或满意的经济效益的细分市场作为目标市场。

目标市场是企业为满足现实或潜在需求而开拓和要进入的特定市场。企业的一切活动都是围绕目标市场进行的。企业要正确和有效地选择和确定目标市场,必须对细分市场进行评价,其评价标准包括:

① 该市场应有充分的现实需求量,其需求水平达到了企业期望的销售目标。

② 该市场有较好的潜在发展前途,为企业预留了发展空间和获取更大利润的前景,有利于企业持续地开拓该市场。

③ 市场的竞争不甚激烈,竞争对手少,或竞争者不易打入,或本企业在该市场的竞争中有绝对或相对的优势。

④ 通过适当的分销渠道可以接触和进入这一市场。否则不能作为目标市场。

作为一个企业的目标市场,除应具备以上条件外,更重要的是它必须与企业的战略目标相一致,与企业的资源相适应。

目标市场的选择一般有三种基本策略。

一、无差异营销

无差异营销策略指企业不进行市场细分,而把整体市场作为目标市场(见图6-1)。它强调市场需求的共性,忽略其差异性。企业为整个市场设计生产单一产品,实行单一的市场营销方案和策略,迎合绝大多数顾客的需要。例如,早期美国可口可乐公司就是采用这种无差异策略的典范。我国第一汽车制造厂在经济体制改革以前也是采用这种策略,生产单一的

解放牌中型卡车,满足整体市场的需要。

图 6-1 无差异营销策略示意图

无差异营销策略的优点是品种单一,适合大批量生产,发挥规模经济的优势;可以降低生产、存货和运输成本;缩减广告、推销、市场调研和市场细分的费用,进而以低成本在市场上赢得竞争优势。无差异营销策略的缺点是应变能力差,一旦市场需求发生变化,难以及时调整企业的生产和市场营销策略,特别是在产品生命周期进入成熟阶段后,显得竞争手段过于单一,因而风险较大。

无差异营销策略适宜于企业资源雄厚,产品通用性、适应性强,差异性小,以及市场类似性较高且具有广泛需求的产品,如通用设备、标准件以及不受季节、生活习惯影响的日用消费品。

二、差异性营销

差异性营销策略指企业将整体市场细分后选择两个或两个以上,直至所有的细分市场作为目标市场,并根据不同细分市场的需求特点分别设计、生产不同的产品,采取不同的营销组合手段,制定不同的营销组合策略,有针对性地满足不同细分市场顾客的需求(见图 6-2)。如宝洁公司就是长期采取差异性营销策略的典范,它的洗发水、洗衣粉、护肤品都有许多品种,针对不同顾客的需要。

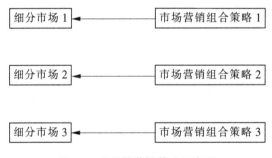

图 6-2 差异性营销策略示意图

差异性营销策略的优点是:面向广阔市场,满足不同顾客需要,扩大销售量,增强竞争力;企业适应性强,富有周旋余地,不依赖一个市场一种产品,可以做到"东方不亮西方亮"。缺点是由于小批量、多品种生产,要求企业具有较高的经营管理水平;由于品种、价格、销售渠道、广告、推销的多样化,使生产成本、研发成本、存货成本、销售费用、市场调研费用相应增加,降低了经济效益。所以在选择差异性营销策略时要慎重,应比较运用此策略所能获得的经济效益是否能够抵消或超过成本的提高。

企业选择差异性营销策略时,不一定要面向整体市场中的每一个细分市场,可以根据具体情况选择几个细分市场作为企业的目标市场。现将几种不同类型的差异性营销策略分述于后,并以图 6-3 示之。图中横坐标表示市场,C_1,C_2,C_3 分别表示具有不同消费者群的细分市场;纵坐标表示产品,P_1,P_2,P_3 分别表示不同的产品。

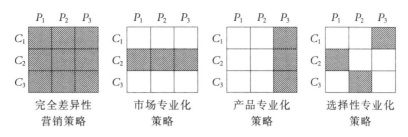

图 6-3　差异性营销策略选择示意图

① 完全差异性营销策略。即企业将整体市场细分后的每一个细分市场都作为目标市场,并为各目标市场生产和提供不同的产品,分别满足不同目标顾客的需求。例如,某一服装厂分别为中老年、青年、少年三个目标市场提供不同面料、款式、尺寸的外衣、内衣、衬衫。

② 市场专业化策略。企业为一个目标市场即同一类顾客群,提供多种产品,满足这一类顾客对产品的不同需要。例如,为青少年市场提供外套、长裤、T恤;为农村市场提供化肥、农药、农用薄膜。这种策略的优点是适当缩小市场面,有利于发挥企业生产技术优势,生产多种产品以满足目标市场顾客的不同需要,扩大销售量,增加销售收入,避免生产单一产品可能造成的弊端。

③ 产品专业化策略。企业以对同类产品有需求的若干不同细分市场作为目标市场,为不同的目标市场提供同类产品。例如,为军队、武警部队提供防弹衣;为各行业提供不同规格的电动机。这种策略的优点是产品高度专业化,有利于发挥技术和规模优势,避免多角化经营的一些弊端,同时,企业又保持了较宽的市场面,扩大了周旋的余地。

④ 选择性专业化策略(或称散点式专业化策略)。即企业在市场细分的基础上,结合企业实际情况,有选择地放弃部分细分市场,而选取若干有利的细分市场作为目标市场,并为各目标市场提供不同的产品,实行不同的营销组合策略。例如,为消费者市场提供家用缝纫机;为成衣制造业提供锁眼机;为包装业提供包装缝纫机。这种策略的优点是避免四面出击、分散力量,使企业集中精力开拓有利的细分市场,简化营销工作,节省费用,降低成本。

三、集中性营销

集中性营销策略又称产品—市场专业化策略。即企业在对整体市场进行细分后,由于受到资源等条件的限制,决定只选取一个细分市场作为企业的目标市场,以某种市场营销组合集中实施于该目标市场(见图 6-4)。如某小型医疗器械厂只选择一次性针管市场作为目标市场。

图 6-4　集中性营销策略示意图

采用集中性营销策略的企业,追求的不是在较大市场上取得较小的市场占有率,而是在一个有限的市场上拥有较高的市场占有率。这种策略特别适合于资源有限的小企业,或刚刚进入某个新领域的企业,使企业得以集中运用有限的资源,实行专业化的生产和销售,提供良好的服务,节省营销费用,提高产品和企业知名度。这些企业虽资源有限,但仍能在局部市场的竞争中处于有利地位。条件成熟时,企业还可伺机扩大市场,进一步向纵深发展。因此,集中性营销往往会成为新企业战胜老企业、小企业战胜大企业的有效策略。

集中营销策略的缺点是对单一和窄小的目标市场依赖性太大,一旦目标市场情况发生突然变化,企业周旋余地小,风险大,可能陷入严重困境,甚至倒闭。

以上策略各有优缺点,企业选择时除了目标市场应具备的一些条件外,尚需考虑以下几方面的因素。

(1) 市场类似性。若顾客的需求、爱好、购买行为大致相近,对产品供应和销售要求的差别不大,也即市场需求类似程度很高时,宜采用无差异性营销策略;反之,则采取差异性营销策略或集中性营销策略。

(2) 产品的同质性。同质性产品如火柴、核桃、普通水泥、标准件等,比较适合采用无差异性营销策略;而一些差异性较大的产品如家具、服装、食品、家用电器、汽车、专用设备等,宜采用差异性营销策略或集中性营销策略。

(3) 企业实力。如果企业在生产、技术、资源、销售等方面的实力很强,有能力覆盖所有的市场面,则可采用无差异性营销策略,或差异性营销策略;若实力有限,宜采用集中性营销策略较为有效。

(4) 产品生命周期。通常产品在引入期时采取无差异营销策略便能取得很好的效果;而当产品进入成长期和成熟期后,则宜采用差异性营销策略,以建立有别于竞争对手的特色,或开拓新的市场,刺激新需求,延长产品生命周期。

(5) 竞争者的市场策略。假如竞争者实行无差异营销策略,则应采取差异性营销策略与之抗争;如果竞争者已采取差异性营销策略,企业可以考虑在进一步细分的基础上采取差异性营销策略或集中性营销策略。

第三节　市场定位

目标市场确定后,企业为了与竞争产品有所区别,取得产品在目标市场上的差异化优势,更好地为目标市场服务,还要在目标市场上为本企业产品制定具体的市场定位决策。

所谓市场定位,就是使本企业产品具有一定的特色,适应目标市场一定的需求和爱好,塑造产品在目标顾客心目中的良好形象和合适的位置。市场定位的实质就在于取得目标市场的竞争优势,确定产品在目标顾客心目中的适当位置并留下值得购买的印象,以吸引更多的顾客。

完成市场定位后,才能进一步研究和制定与之相应的价格、渠道、促销等策略。所以市场定位是确定市场营销组合策略的基础,而价格、渠道、促销策略的制定也应有助于形成和树立选定的产品形象。

确定产品的市场定位,首先要调查、了解目标顾客的需求和爱好,研究目标顾客对于产品的实物属性和心理方面的要求和重视程度;其次,研究竞争者产品的属性和特色,以及市场满足程度。在此分析、研究基础上，企业可根据产品的属性、用途、质量、顾客心理满足程度、产品在市场上的满足程度等因素，制定市场定位决策。如前例所述，通过市场调查所得的大量市场信息表明，在化妆品市场中竞争虽然很激烈，但顾客的需求并未充分满足，现有化妆品对顾客希望保持皮肤嫩润、防晒、防裂、祛雀斑粉刺的需求，市场满足度较好，而有关增白、洁面、延长青春期的产品市场满足度较低，有的甚至是空白。尤其是针对中年以上妇女的抗衰老、延缓皱纹增生的护肤用品市场上还没有，妇女们这方面的物质需求和心理需求都尚未满足。于是该化妆品企业决定开拓以中年以上妇女为主要服务对象的新市场，并作出产品市场定位决策——研制开发抗衰老、延缓皱纹增生的雪花护肤品。在确定了产品的市场定位后，企业又研究制定了产品品牌、包装、价格、人员推销、广告宣传、公共关系等策略，使产品在市场上扩大了影响，提高了知名度，树立了产品形象，增加了销售量，占领和巩固了企业在市场上的竞争地位，取得了显著的经济效益。

企业确定目标市场后，对产品进行市场定位，这是产品的第一次定位，也称初次定位。一般新产品投入市场均属初次定位。企业产品的市场定位不是一成不变、一劳永逸的。随着市场情况的变化，产品尚需重新定位，即对产品进行二次或再次定位。一般是：①当本企业产品定位附近出现了强大的竞争者，导致本企业的产品销售量及市场占有率下降时；②顾客的消费观念、消费偏好发生变化，由喜爱本企业产品转向竞争者产品时；③当本企业产品在目标市场已逐步走向产品生命周期的衰退期，企业要转移新的市场时，企业需对产品进行重新定位。在重新定位前，企业应慎重考虑和评价企业改进产品特色和转移到另一种定位时所付出的代价是否小于在此新市场上的销售收入，以保证产品重新定位后仍有利可图。

不论是产品的初次定位还是重新定位，一般有以下三种产品市场定位策略可供选择。

1. 抢占或填补市场空位策略

这种策略是将企业产品定位在目标市场的空白处，可避开市场竞争，不与目标市场上的竞争者直接对抗。在目标市场的空隙或空白领域开拓新的市场，生产销售目标市场上尚没有的某种特色产品，以更好地发挥企业的竞争优势，获取较好的经济效益。北京日化三厂的抗皱美容霜就是抢占和填补市场空位的很好实例。

2. 与竞争者并存和对峙的市场定位策略

这种策略是将本企业的产品位置确定在目标市场上现有竞争者的产品旁，相互并存和对峙着。一些实力不太雄厚的中小企业大都采用此策略。采用这种策略的好处是：①企业可仿制竞争者的产品，向市场销售自己品牌的产品；②由于竞争者已开发这种产品，本企业可节省大量研究开发费用，降低成本；③由于竞争者已为产品进行了推广宣传、市场开拓，本企业既可节省推广费用，又可减少不适销的风险。

企业决定采用对峙和并存的市场定位策略的前提是：该市场还有很大的未被满足的需求，足以吸纳新进入的产品；企业推出的产品要有自己的特色，能与竞争产品媲美。

3. 取代竞争者的市场定位策略

这种策略就是将竞争者赶出原有位置，并取而代之。一些实力雄厚的大企业为扩大自己的市场范围，通常会采取这种取而代之的策略。企业要实施这种定位策略，必须比竞争对手有明显的优势，提供比竞争者更加优越和有特色的产品，并做好大量的推广宣传工作，提高本企业产品的形象和知名度，冲淡顾客对竞争者产品的印象和好感。

本章所讲的市场细分与选择目标市场的一般程序见图6-5。

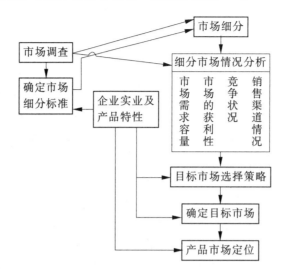

图 6-5　市场细分与选择目标市场一般程序示意图

1. 什么是市场细分? 为什么今天的企业十分重视市场细分?
2. 选准目标市场,对企业开展市场营销活动有何重要意义?
3. 描述主要的目标市场选择策略,并举例说明各自的适用范围。
4. 怎样进行市场定位?
5. 试以一个实例对某一整体市场进行细分,并选择目标市场和进行市场定位。

李宁:让改变发生

经过市场调研和无数次讨论之后,李宁公司还是决定挑战菲利普·科特勒先生的忠告——"建立定位以后再去改变它将是无比艰难的"。2010 年 6 月 30 日,李宁公司在北京亦庄生产基地举行新闻发布会,宣布其沿用了多年的李宁 LN 旧 logo 正式为"李宁交叉动作"新 logo 替代。与此同时,李宁公司推出的新广告"make the change"以铺天盖地之势迅速占领了电视、地铁、网络等媒体,"90 后李宁"的闪电式字体冲击着消费者的眼球。

世界无时无刻不在变化之中,企业只有随时而变才能与时俱进。但是,李宁公司的定位谋变能否心想事成? 其拥趸是否会追随其寻找新大陆? 李宁公司期待的 90 后消费群体会改变已有的认知,赢粮而景从吗?

市场"夹板气"

也许新的广告语说明了李宁公司此番战略大调整的初衷:"不是我喜欢标新立异,我只是对一成不变不敢苟同。"故步自封必然会被市场淘汰,李宁公司面对的严峻形势是促使它不得不变的一大原因。

从"一切皆有可能"开始,李宁逐渐发展成长为中国体育用品行业本土企业的领导者,然而,当市场领导者就要有时刻被竞争者超越的心理准备。前面是耐克和阿迪达斯两大国际巨头,后面是不懈追赶的安踏、特步、361 度等中国本土企业的挑战者。李宁公司当初建立并倚重的中高端市场定位空间遭到了前所未有的挤压。"如果我没钱,就去买便宜些的安踏;如果我有钱,为什么不去买国际品牌耐克或阿迪达斯?"于是,这个左右逢源同时又备受"夹板气"的市场空当已经不像一个空当,以"市场夹缝"形容恐怕更为恰当。腹背受敌的李宁公司承受着巨大的竞争压力,"变"或许是它势所必然的战略选项。

　　市场压力是一方面,然而更多的是亟待把握的市场机遇。统计数据表明,每年中国中学生、大学生购买运动鞋的支出,与美国中学生、大学生的支出相当。中国以 90 后为代表的年轻消费群体正在成长起来,作为体育用品品牌,抢占这部分潜力巨大的消费市场对于李宁公司来说具有非同一般的意义。

　　与此同时,李宁公司不断受到"logo 抄袭耐克、slogan 抄袭阿迪达斯"的质疑和诟病。在北京奥运会上惊鸿般掠过天空之后,李宁必须乘势追击,利用奥运营销的余热让自己的品牌在国内市场占有更大的份额,进而拓展国际市场。李宁公司 2009 年年报显示,其全年营业收入为人民币 83.87 亿元,而阿迪达斯在中国内地市场的销售额约为人民币 70 亿元。李宁公司在中国内地市场已经站稳了脚跟,正是进行国际化运营的大好时机。

　　在李宁公司未来 10 年的战略规划中,2009—2013 年为国际化准备阶段;2014—2018 年为全面国际化阶段,目标是进入世界体育品牌前五名和成为中国体育品牌第一名。然而,按照通用的"国际化"标准(海外市场对公司业务的贡献度达到 20% 以上),目前李宁公司的海外贡献度还不到 2%。

　　李宁公司 CEO 张志勇承认,此次对品牌定位做出大幅度改变,也是出于国际化运营的考虑:"先打造国际品牌,再开拓国际市场。这种做法与某些企业的低价倾销方式不同,我们希望先提升品牌的附加值。"

　　因此,李宁公司就有了新的 logo、新的 slogan、新的定位。李宁公司对自己做了一次大手术:品牌基因、目标人群、产品定位、品牌内涵及产品开发体系等都做出了相应的调整。李宁的的确确"make a big change",但是消费者能够接受吗?几乎所有的经营者都知道这样一个事实:没有比消费者更加固执的人。他们为了用广告改变消费者对自己的品牌已经形成的市场认知,不知浪费了多少金钱。"人们的想法一旦成形,就几乎无法改变,凭着广告这样的微薄之力肯定不行,改变人们想法的做法是通往广告灾难之路。"《定位》一书说。

　　那么,李宁公司除旧布新,是涅槃、还是找死呢?

质疑"90 后李宁"

李宁公司对于自己变革能够取得成功的信心也许来自其不断变革的传统。

　　从创办之初到现在,李宁公司经历了数次定位之变。最初,李宁公司还没有专注于体育用品领域,机会驱动的商业模式导致其尽可能地追逐利润增长的机会。与之相对应的,是李宁公司"出色源自本色"、"把精彩留给下一代"等毫无特色和企业文化特征的广告语。2002年,李宁重新进行定位,明确专注于体育用品行业,并于当年 9 月推出了那个家喻户晓的口号——"一切皆有可能",并于 2003 年 5 月正式进行推广。

　　经过此次品牌重塑,李宁品牌逐渐为中国消费者所熟悉,从 2004—2008 年,李宁公司的收入和赢利每年都保持了 30% 以上的增长速度。根据李宁公司 2006—2007 年对消费者所做的市场调查报告,李宁品牌的实际消费人群年龄整体偏大,35~40岁的人群比例为一半以上。显然,对于体育用品品牌来说,14~25岁的年轻人群是更为理想的消费群体。

因此,李宁公司面对着这样一个窘境:占消费者比例一半以上的群体不是自己想要的消费群体,抛弃他们必然会使李宁公司蒙受极大的损失;带着他们前进,如何吸引14~25岁年轻人群,使品牌年轻化,则是一道有待解决的难题。

但是在巨大的竞争压力下,品牌年轻化是李宁公司的必然选择。于是,在品牌年轻化的诉求下,90后开始成为李宁公司追求的新目标。李宁公司的品牌年轻化甚至跨越了80后消费群体,直接将90后作为靶心。"新标志的设计思路是为了顺应年轻消费群体,特别是90后不断求变的心理。"李宁公司CEO张志勇曾经解释说。

事实上,李宁公司进行战略调整后,其备受专家和消费者质疑的恰恰是它聚焦90后的品牌定位。"90后李宁"突出了具体的消费群体,因此专家和消费者指责李宁公司遗忘了其他消费群体。有消费者表示:"运动不分年龄,李宁公司不应该划出年代界限,否则在取悦90后的同时却伤了70后、80后。"而业内专家则指出:"如果这一套改变没能取悦90后,李宁公司怕是赔了夫人又折兵。"

在目标消费群体的确定上,李宁公司面对的主要问题是:新的定位是否会让李宁品牌失去原有的消费群体(占据一半以上比例的70后)?90后是否会买账?以某个年份定义目标消费者,足以成为一种市场细分手段吗?李宁品牌是跟着90后一起成长,还是在90后长大之后再将目标消费群体对准00后?难道李宁公司准备在10年后再推出"00后李宁"的品牌定位吗?其实,这些都是李宁公司此次对品牌重新定位之前就应该深思熟虑的问题。

未知的未来

事实上,企业在营销的过程中,对产品、价格、渠道任何一个环节进行调整,都可以视为一项大工程。而作为营销的根本,改变品牌定位对企业影响的范围更大、程度更深、时间上也更持久。而营销4P无一不是为定位服务的,必然要随着品牌定位的改变而改变。暂且撇开品牌定位是否准确的问题不谈,李宁公司要让"90后李宁"的定位发挥作用并占领消费者的心智,要做的事情远非换个口号和标志那么简单。据悉,李宁公司内部早已完成了包括组织架构、产品系统、销售系统、市场系统等在内的一系列调整,而更换logo和slogan不过是此次李宁品牌重塑活动的最后环节。

"我们要建立品牌个性,让我们的品牌真正成为消费者心目中一个真正有情感溢价的品牌,成为一个时尚、酷并具备全球视野的体育品牌。"张志勇如此描述李宁公司未来要走的路。

很显然,如果要在这条已确定的路上走下去,李宁公司面临的必然是一次翻天覆地的大改变。

首先,从定位的角度来讲,李宁公司必须更加深入研究90后,了解他们的消费偏好、接触的媒体、购买习惯、交流渠道等。比起80后,90后有着更加张扬的消费主张和独特的消费特点,他们可支配的收入更多,消费注重品牌,但品牌更换频率高,喜欢尝试新事物,崇尚新奇消费,个性鲜明,有超前消费意识,有"不断求变"的特点。那么,李宁公司如何针对90后的本质特点有针对性地进行品牌推广并取得良好的效果,是其面临的一大挑战。

其次,李宁公司必须设计、生产更能吸引90后消费者的产品,这必然要基于对90后消费者喜好的洞察上才能成为现实。

再次,进入高端体育用品市场,甩掉尾随身后的安踏等中国本土品牌,与国际品牌贴身肉搏,李宁不得不重新考虑其渠道布局和终端形象等问题。截至 2009 年 12 月 31 日,李宁公司在中国市场共有 8 156 家零售门店。据悉,旧标志的李宁体育用品早已开始大幅度降价促销。按照计划,李宁公司今年将在北京、上海、广州、深圳等地开设 70 家第六代旗舰店,这就意味着它将与耐克、阿迪达斯在一线市场进行更为激烈的阵地争夺战,贴身肉搏在所难免。

最后,也许最重要的是企业文化问题,企业文化始终是中国本土企业的短板。李宁最近对媒体表示:"品牌是随着时代前进的,因此品牌也要保持活力。我觉得我的价值于公司不在于简单打造 90 后的那些时尚,更重要的是,我要贡献给公司体育精神的内涵。"

事实上,李宁的这句话才点到了靶心红点,才是企业"万变不离其宗"的根本。

第一步已然迈出,开弓没有回头箭,"90 后李宁"的箭能否射中目标,其实,最为关键的是李宁公司的市场运作和品牌推广能力。

面对市场大考,李宁公司能交出一份什么样的答卷呢? 至少目前是一个未知数。

(选编自《成功营销》,2010 年 8 月)

1. 你认为李宁公司选择定位改变的原因有哪些?

2. 通过审视李宁公司的重新定位策略,你认为做好重新定位必须要考虑的因素有哪些?

3. 通过此案例的分析思考,你对定位谋变后李宁公司的未来发展是如何看待的?

第7章
产品策略

产品是企业生产经营活动的直接物质成果。在市场营销中,企业满足顾客需要通过一定的产品来实现,企业和市场的关系通过产品连接,产品是买卖双方从事市场交易活动的物质基础。在市场营销组合因素的 4P 中,它是最重要的一个因素。因而,正确制定企业的产品结构和经营范围,决定为顾客生产和销售什么产品,是企业的一项重大决策。它是企业市场营销战略的核心,也是制定其他营销组合策略的基础。

第一节 整体产品概念

通常,人们将产品理解为具有某种特定物质形状和用途的物体,这种物体就称之为产品,如汽车、钢铁、服装、食品等,但事实上,顾客购买一件产品,并不只为要得到产品的有形物体,而且还要从这个产品得到某些利益和欲望的满足。比如,企业购买一台机床,想得到的不仅是一台质量好、性能优的机床,还希望通过使用机床满足获得投资收益的需要。因此,他要求卖方能及时交货、帮助安装调试、培训人员、得到维修保证等各项服务。又如妇女到美容院美容,是希望使自己更加美丽的欲望得到满足。服务是非物质形态的,没有物理化学属性,但可以满足人们的某种需求。

所以,从市场营销观点来看,整体产品是指人们通过购买(或租赁)所获得的需要的满足,包括一切能满足顾客某种需求和利益的物质产品和非物质形态的服务。简言之,产品＝有形的实体＋无形的服务。

整体产品包含三个层次(见图 7-1)。

1. 核心产品

核心产品指产品提供给顾客的基本效用和利益,这是最基本的和实质性的,是满足顾客需要的中心内容。产品若没有效用和使用价值,不能给人们带来利益的满足,就不可能有销路,顾客就不会购买它。

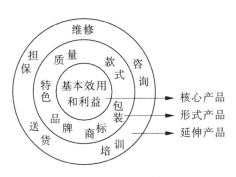

图 7-1 整体产品概念示意图

2. 形式产品

形式产品指呈现在市场上的产品的具体形态,一般以产品的款式、质量、特色、包装、品牌、商标等表现出来。产品的基本效用在一定程度上要通过产品的形式部分才能实现,如手表的核心功能是计时,但要配之以一定的表盘设计、颜色、大小、厚薄、风格等。显然,一块手表不是仅仅具备计时功能就能令顾客满意的。

3. 延伸产品

延伸产品指顾客购买产品所能得到的各种服务产生的利益之和,有时也称为附加产品,如担保、维修、咨询、送货、培训等。延伸产品能给顾客带来更多的利益和更大的满足,在某些产品的销售中尤其不可或缺,如今天在中国多数城市销售大件耐用消费品商家需提供送货服务。

首先,整体产品概念说明了它是以顾客需求为中心衡量一个产品的价值,是由顾客决定,而不是由生产者决定产品由什么组成。企业若对产品的整体概念没有充分的认识,就不能真正贯彻现代市场营销观念。

其次,从以上整体产品概念看,产品是多种因素的组合体,由有形产品因素和无形产品因素组成,这些因素关系到产品的功能、质量、可靠性、安全性、经济性,以及产品的信誉等,构成了产品的有形价值和无形价值,成为企业展开市场竞争的重要手段。

最后,随着企业生产技术和管理水平的提高,消费者购买能力的增强和需求趋向的变化,服务这一无形因素在营销中的重要性已大大提升,逐步成为决定企业市场竞争能力高低的关键。服务作为顾客需求的一部分,不再只受到服务行业的重视,也开始为制造企业所重视。但很多企业仍没有把服务看成是整体产品的一个重要组成因素,而是把服务看成企业的负担,因此在实践过程中,往往是为服务而服务。

通过学习产品的整体概念,企业必须正确认识服务就是产品,这不仅对一般的工业企业和商业企业具有重要意义,尤其对那些生产高科技产品的企业更为重要。服务好虽不能使产品成为优质,但优质产品却会因服务不好而失去市场。优质和完善的服务能减少用户的后顾之忧,使用户感到放心,起到强化产品信誉的作用,有助于树立企业形象;优质和完善的服务亦是拓展市场的前提,是扩大市场的促进因素,它比广告起着更有效的宣传作用。

大众汽车有限公司服务部高级经理奥伯尔先生曾说过:"一家成功的公司除了生产质优良的产品外,还必须提供良好的售后服务,这一哲学是企业成功的根本。"美国市场营销学家里维特教授曾断言:"未来竞争的关键不在于工厂能生产什么产品,而在于其产品所提供的附加价值:包装、服务、广告、用户咨询、购买信贷、及时交货和人们以价值来衡量的一切东西。"我国企业为了满足顾客日益多样化的需要,在国际国内市场竞争中立于不败之地,不仅生产和销售产品时要注意提高产品品质,降低成本,发挥价格优势,还必须提供更多的附加利益和良好的服务,才能适应市场竞争发展的需要。

第二节 产品生命周期理论及其应用

一、产品生命周期的概念

产品生命周期是指产品从试制成功投入市场开始,直到最后被淘汰退出市场为止所经历的全部时间。将整个产品生命周期过程的销售额用一条曲线连接起来,就可以得到产品生命周期曲线。根据产品生命周期曲线的变化规律,我们一般又将产品生命周期分为四个阶段,即引入期、成长期、成熟期(或饱和期)和衰退期(见图 7-2)。

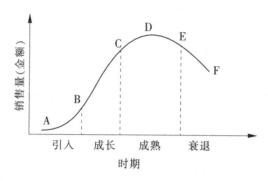

图 7-2 产品生命周期曲线

引入期 A—B,指新产品投入市场的初期阶段,产品销售额(量)增长缓慢,没有利润。待产品销售量增长变快,利润由负变正,引入期即告结束,产品生命周期进入成长期。

成长期 B—C,指产品销售量(额)和利润额迅速增长的阶段,两者的增长率都较高。

成熟期 C—D—E,产品的销售量(额)依然增长,但增长速度放缓,后期甚至缓慢下降,销售总量(额)虽比其他各期都大,利润却在下滑。

衰退期 E—F,指产品的销售量(额)加速递减,利润更快地下降,直至负值。

产品生命周期各阶段的划分并无一定的标准,通常按以下几种方法作大致的划分:①类比法,即根据类似产品的发展情况,对比分析判断。如参照黑白电视机的销售资料判断彩色电视机的发展趋势。②按销售增长率划分,即用销售增长率的数据确定数量标准,区分生命周期的各个阶段。③按普及率划分。产品普及率小于 5% 时,为引入期;普及率5%~50%时为成长期;普及率 50%~90% 为成熟期;普及率达 90% 以上时,则进入衰退期。

产品生命周期不是产品的使用寿命,产品生命周期指产品的市场寿命,是从产品的市场销售额和利润额的变化来进行分析判断,研究产品的销售情况及获利能力在时间上的变化规律(见图 7-3)。产品生命周期受国民经济发展、科学技术进步、市场竞争、产品创新和顾客需求变化等因素的影响较大。

产品生命周期曲线与正态分布曲线相似,它反映了变化的基本形态,是一条理论曲线。现实中的产品生命周期曲线可以是各种形态,而且大多数产品的生命周期曲线并不那么典型。由于产品不同,市场环境影响因素不同,企业采取的营销策略不同,以及其他因素的影

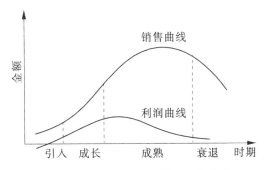

图 7-3　产品生命周期与销售利润曲线

响,产品生命周期曲线形态会有各种变异(见图 7-4)。

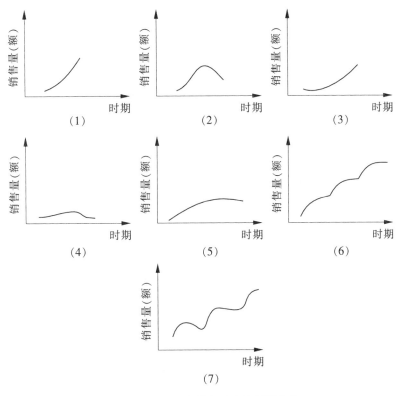

图 7-4　不同形态的产品生命周期曲线

（1）有的产品投入市场后,发展很快,销售量迅速增长,一开始就跳过引入期直接进入成长期,或是引入期很短,迅速进入成长期。

（2）有的产品投入市场后,迅速进入成长期,但好景不长,销售量又迅速下降,越过成熟期,立即进入衰退期。

（3）有的产品在投入市场后,经过漫长的引入期,才缓缓进入成长期。

（4）有的产品刚进入市场不久,就被市场淘汰,由引入期立即进入衰退期,这是失败的产品。

（5）有的产品进入成长期,销售量一直没有迅速上升,而趋于平稳,由成长期迅速进入

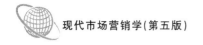

成熟期。

(6) 有的产品呈现连续增长的扇形曲线,成长期不断延长。

(7) 有的产品呈波浪形发展的曲线,也就是产品进入成熟期后,又进入第 2 个成长期,产品生命周期曲线呈波浪式发展。

必须指出的是,只有当产品经历了从投入到衰退的全过程以后,产品生命周期曲线才可能根据资料较完整地描绘出来。但对企业市场营销管理者来说,此时得出结论已无实际意义。重要的是在试制或推出新产品前要了解该产品在市场上正处于什么阶段、未来发展的趋势如何,以便采取正确的营销决策。

二、产品生命周期各阶段的特点及其策略

产品生命周期各阶段有不同的特点,企业需根据其特点,制定相应的市场营销组合策略,以获得更理想的产品生命周期——较短的引入期,较长且增长迅速的成长期,延续时间更长的成熟期和销售下降速度较慢的衰退期。

1. 引入期

主要特征是产品刚进入市场,顾客对产品尚不了解,市场销售渠道少,产品扩散慢,产品销售上升缓慢;生产批量小,生产成本和销售费用高,利润低,甚至亏损;产品市场竞争不激烈。

根据这一阶段的特点,企业的主要任务是:投入市场的产品要"准",投入市场的时机要合适,设法使市场尽快接受此产品,缩短引入期,更快地进入成长期。可供选择的营销组合策略主要有:①产品策略。产品要有特色,与老产品有所不同,注意完善产品的质量、性能,取得顾客的信任。②价格策略。尽量按顾客要求制定价格,也可根据市场需求和企业目标采取高价、高促销或低价、低促销策略。③渠道策略。自行销售或开始与中间商建立联系,选择愿意经销本企业产品的中间商,建立合作关系。④促销策略。不论采取高促销或低促销策略,主要应宣传新产品的性能、用途、特点,吸引顾客购买,以求打开局面,在短时间内迅速进入和占领市场。

2. 成长期

成长期的主要特征是市场局面已经打开,顾客增多,分销渠道畅通,销售增长迅速;产品已定型,工艺基本成熟,大批量生产能力形成,成本降低,利润大幅度上升;市场出现竞争者并日渐增多。

这一阶段的主要任务是防止产品粗制滥造,失信于顾客,设法使产品的销售和利润快速增长,回收投资。主要的市场营销组合策略有:①产品策略。狠抓产品质量,在"好"字上下工夫,完善质量保证体系,并以良好的包装装潢与完善的服务与之配合,争创优质名牌产品。②价格策略。分析市场价格趋势和竞争者的价格策略,保持原价或适当调低价格。③渠道策略。进一步扩大销售网点,渗透市场和开拓市场,增加销售量。④促销策略。加强广告宣传,并从注重产品介绍转向注重品牌宣传,扩大品牌知名度,加强销售服务。

3. 成熟期

这一时期一般比较长,特征是销售总量(额)大,但销售增长速度缓慢,随着市场需求渐趋饱和,销售增长率甚至呈现下降;生产批量大、成本低,利润总额高,利润率下降;由于产品

拥有率高,市场需求减少,行业内生产能力开始出现过剩,市场竞争更为激烈。

这一阶段的主要任务是集中一切力量,尽可能延长产品生命周期,扩大市场,增加销量,为企业获取更多现金收入。市场营销组合策略有:①产品策略。保持和提高产品质量,保持名牌产品称号,开展优质服务,提高品牌声誉;开辟产品新用途,吸引新顾客,增加销售量;改革现有产品,发展变型产品,满足顾客的不同需求等。②价格策略。由于成本大幅度降低,可适当调低价格,吸引老顾客,争取新顾客。③渠道策略。有选择地扩大销售渠道,增加销售网点,促进销售。④促销策略。宣传产品的新用途,介绍变型产品的性能和特色,以开拓新市场;提示老顾客重复购买。

4. 衰退期

这一时期的主要特征是产品老化,陷于被市场淘汰的境地;产品销售和利润急剧下降;企业生产能力过剩;市场上以价格竞争作为主要手段,努力降低售价,回收资金;一些企业纷纷退出市场,转入研制开发新产品,一些企业的替代性新产品已上市。

这一阶段企业的主要任务是抓好一个"转"字,即转入研制开发新产品或转入新市场,如根据调查研究选择新的目标市场,由国内转向国际市场,由城市转入乡村市场等。企业要有计划地"撤",有预见地"转",有目标地"攻"。常见的营销组合策略有:①产品策略。缩减产量,逐步有计划地撤出市场;淘汰老产品,根据新的目标市场需要组织生产,占领新市场;通过开发新用途延长产品生命周期;组织新产品开发和生产。②价格策略。适当降低售价,但不宜不顾一切地降价,力争取得边际利润。③渠道策略。减少销售网点;注意加强与新目标市场中间商的联系,以开拓新市场。④促销策略。在即将退出的市场中不宜大作广告宣传,以降低销售费用,节省开支;在新的目标市场上要加强广告宣传,设法开拓市场,占领新市场。

三、产品生命周期理论的作用

研究分析产品生命周期,正确把握产品在市场上的寿命,对企业经营有着非常重要的意义。

① 产品生命周期理论揭示了任何产品都和生物有机体一样,有一个诞生→成长→成熟→衰亡的过程,也就是说世界上没有一个企业的产品在市场上能永远畅销,永久获利,它迟早是要被市场淘汰的。因此企业要居安思危,不断创新,开发新产品,做到生产一批,储备一批,试制一批,设想一批,使企业更好地生存和发展。

② 借助产品生命周期理论可分析判断产品处于生命周期的什么阶段,推测产品今后发展的趋势,并根据不同阶段的特点采取相应的市场营销组合策略,增强企业的竞争力,提高企业的经济效益。

③ 从产品生命周期理论可知,由于科学技术迅猛发展,人们的需求变化加快,未来产品生命周期将越来越短。但通过企业的市场营销努力,产品生命周期是可以延长的。延长产品生命周期的方法很多,可以从产品改进入手,也可以从开拓新市场入手,还可以从提升产品品牌形象,加强沟通、分销强度入手。

必须指出的是,由于影响产品生命周期的因素很多,企业在实际运用此理论时,不可轻易断定产品生命周期确已进入哪一个阶段。有人批评说产品生命周期不是产品销售发展的

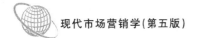

必由之路，而是企业营销策略选择的结果。所以，企业在应用时须谨慎从事，认真分析市场环境，检查所采用营销策略的情况，当数据证明某产品确实已进入衰退期，才能采取缩减生产或淘汰策略。否则，若对产品生命周期阶段判断错误，将导致过早地扼杀产品，失去为企业继续创造利润的机会。

第三节　产品组合

一、产品组合概念

产品组合是指一个企业提供给顾客的一整套产品。产品组合由各种各样的产品线组成，每条产品线又由许多产品项构成。

产品线是指密切相关的、满足顾客同类需求的一组产品。如宝洁公司由潘婷、海飞丝、飘柔等有不同特色产品组成的洗发水产品线；保险公司的人寿险产品线。一个企业可能经营一条或许多条不同的产品线。

凡企业在其产品目录上列出的每种产品，就是一个单独的产品项。它可以根据尺寸、规格、外形或其他属性加以划分，有时也称库存单位。如各种包装规格的飘柔洗发水。

产品组合包含三个因素：宽度、深度和相关性。

① 产品组合的宽度，是指一个企业拥有多少条不同的产品线。产品线越多，说明该企业产品组合的宽度愈广。它反映了一个企业市场服务面的宽窄程度和分散投资风险的能力。

② 产品组合的深度，是指每条产品线上的产品项目数，也就是每条产品线有多少个品种。产品线中包含的产品项愈多，产品组合愈深。产品组合深度反映一个企业在同一市场中满足顾客不同需求的程度。通过计算每一条产品线中的产品项数，可得出企业产品组合的平均深度。

③ 产品组合的相关性（或一致性），是指每条产品线之间在最终用途、生产技术、销售渠道以及其他方面相互关联的程度。相关程度愈密切，说明企业各产品线之间具有一致性；反之，则缺乏一致性。

由于产品组合所包含的三个因素不同，就构成了不同的产品组合。图 7-5 是产品组合概念示意图。

```
                        ┌──────── 深度 ────────┐
        ┌───────────────────────────────────────────┐
        │                  产品项目                    │
        │                                             │  ┐
  产品线 1    1a      1b      1c      1d               │  │
  产品线 2    2a      2b                               │  │
  产品线 3    3a                                       │  │ 宽
  产品线 4    4a      4b      4c      4d      4e       │  │ 度
  产品线 5    5a      5b      5c                       │  │
        └───────────────────────────────────────────┘  ┘
```

产品线总数：5；产品项目总数：15；　平均深度：3

图 7-5　产品组合概念示意图

以上产品组合的三个因素对促进销售和增加企业总利润的关系十分密切。拓展产品组合的宽度可以充分发挥企业特长,利用企业资源,开拓新市场,拓展服务面,分散投资风险,提高经济效益。增加产品组合的深度可使各产品线有更多的花色品种,适应顾客的不同需要,扩大总销售量。提高产品组合的相关性可以充分发挥企业现有的生产、技术、分销渠道和其他方面的能力,提高企业的竞争力,加强市场地位,增加经营的安全性。

二、产品组合决策

产品策略是企业制定其他营销组合决策的基础。一旦产品决策确定了,其他人财物、产供销等各方面的工作也就基本确定。产品组合并不是无条件地要求愈宽、愈深愈好,产品组合愈宽、愈深,要求企业必须拥有充足的资金,一定水平的生产、技术和营销人才,有较高的经营管理水平。否则品种多,生产成本上升,若经营管理不善,经济效益反而下降。所以,企业必须根据顾客需要、市场竞争情况、企业自身实力和经营目标,以有利于增加销售和提高总利润为原则,谨慎从事,对产品进行组合,作出正确的产品组合决策。

产品组合策略一般有六大类。

① 有限产品专业性策略,即企业集中经营有限的或单一的产品,适应和满足有限的或单一的市场需要。例如,有的企业只生产高档产品,满足对质量要求较高并不在乎价格多少的顾客的需要。单一产品的生产过程单纯,可以采用高效的技术装备和工艺方法大批量生产,提高劳动生产率,技术上精益求精,提高产品质量,降低成本,节省销售费用。但经营单一品种企业对该产品的依赖性太大,适应性弱,风险大。

② 产品系列专业性策略,即企业重点经营某一类产品。例如,某日用化工厂根据市场不同的需要生产妇女润肤霜、男子护肤霜、宝宝霜等化妆品。

③ 市场专业性策略,即企业为某个专业市场(某类顾客)提供所需的各种商品。例如,工程机械厂为建筑行业提供挖沟机、搅拌机、推土机、起重机等;某化妆品公司为妇女提供护肤霜、洗面奶、口红、洗发香波等。

④ 特殊产品专业性策略,指企业经营某些具有特定需要的特殊产品。如为大型喷气客机提供专用配件;生产专治某些癌症用的药品等。由于产品特殊,市场开拓范围不大,竞争少,有助于企业利用自己的专长,树立企业和产品的形象,长期占有市场,获取竞争优势。

⑤ 特殊专业性策略,即企业凭借拥有的特殊技术和生产条件,提供满足某些特殊需要的产品,如专门生产残疾人用的假肢、轮椅和康复器械等产品。

⑥ 多系列全面型策略,即企业尽可能向顾客提供他们所需的一切产品。这种策略将尽可能地增加产品组合的宽度和深度。在增加时,企业可以根据自身内部条件考虑产品组合的相关性,如美国通用电气公司的产品线很广,过去大多数产品都与电气、发动机有关,现在则进入了更广阔的领域,如大型医疗器械。

三、调整产品组合

由于科学技术迅速发展,市场需求变化大,以及竞争形势和企业内部条件的变化,不论是经营单一产品的企业,还是经营多种产品的企业,都有可能一些产品销售形势很好,利润增长较快;一些产品销售和利润的增长已趋于平稳;另一些产品可能已趋向衰退。因此,企业有必要定期调整产品结构,使其达到更佳的组合。

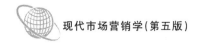

调整产品组合有以下几种决策可供选择。

1. 扩大产品组合

对那些销售形势很好的产品，企业可以采取扩大产品组合的策略，满足市场需求。这种策略通过扩大产品组合的宽度和深度，增加产品线和产品项，扩大经营范围，提高经济效益。

（1）垂直多样化策略

这种策略不增加产品线，只是向产品线的深度发展，增加产品线的宽度。具体做法有：①向上延伸。即在定位于低档的产品线中增加生产和经营高档产品，原因是高档产品销售形势好，利润高；缺点是顾客可能不相信该企业能生产高档品，竞争者也可能反过来以进入低档品市场进行反击。②向下延伸。在定位于高档品的产品线中增加经营低档品。原因是高档品市场增长缓慢或受到竞争者挑战；利用高档品的声誉吸引低档品需求者，扩大市场范围；或是填补市场空隙，增加低档产品。但采取这种策略可能要冒损坏企业原高档产品声誉的风险。③双向延伸。在定位于经营中等质量、中等价格的产品线上增加高、低档产品项。企业向产品线的上、下两个方向延伸，主要是为了扩大市场范围，开拓新市场，为更多的顾客服务，获取更大的利润。

（2）相关系列多样化

即根据产品组合的相关性原则，增加相关的产品线。如在肥皂产品线外，增加洗衣粉、清洁剂两条产品线；汽车制造企业除生产卡车外，增加生产小轿车、客车等。目的在扩大市场范围，满足顾客的不同需求，争取更大的利润。

（3）无关联多样化

指拓展产品线时，不考虑相关性原则，增加与原产品线无关的产品，开拓新市场，创造新需求。如一家生产葡萄酒的公司进入饭店和房地产行业。

2. 缩减产品组合

指企业随着科学技术的发展、市场需求的减少以及企业内部条件的变化，主动合并、减少一些销售困难、不再能创造利润的产品线和产品项，集中优势兵力经营市场需求较大、能为企业获取预期利润的产品。

3. 淘汰产品

这是企业对一些已经确认进入衰退期了的产品线和产品项采取的策略。这些产品已不能满足市场需要，又不能为企业带来经济效益，企业理应果断做出决定，淘汰和放弃，以免蒙受更大的损失。

此外，企业还可以采取产品属性差异化策略来整顿老产品。就是企业在产品质量、性能、用途、特点和式样等方面采取与同行业竞争对手的产品具有明显不同特色的产品策略。企业可以通过应用现代化的工艺和技术装备，提高产品质量，增加产品新的功能、规格和式样，改进老产品的结构，以期增强企业的竞争优势，引起顾客的浓厚兴趣，满足顾客的物质和精神需要，从而为企业创造更多的利润。

四、优化产品组合

经营多种产品的企业总是要努力调整和改组产品结构，做出最佳产品组合决策，力争产品组合能使企业最大限度地提高经济效益。下面介绍一种常用的优化产品组合方法——三维图分析法。

该方法采用产品市场占有率、销售增长率和利润率三项指标对产品进行评价,分析现有产品组合是否最佳,以便做出调整,确定最佳产品组合。

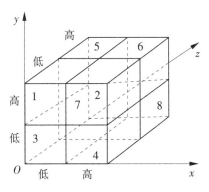

图 7-6 三维立体图

表 7-1 产品在三维立体空间的位置

位 置	市场占有率(x)	销售增长率(y)	利润率(z)
1	低	高	低
2	高	高	低
3	低	低	低
4	高	低	低
5	低	高	高
6	高	高	高
7	低	低	高
8	高	低	高

运用该方法的步骤包括:

① 列表计算各产品的市场占有率、销售增长率和利润率。

② 画出三维立体图,以 x, y, z 三个坐标分别表示市场占有率、销售增长率、利润率;确定各项指标高低的分界线,即每个坐标轴分为高低两段,得到 8 种空间位置,如图 7-6 所示。8 种空间位置的指标高低如表 7-1 所示。将产品放入三维立体图中,就可得出企业各个产品在三维立体空间所处的位置,哪些产品应当发展、哪些应当保留、哪些应当减产或淘汰一目了然,由此可确定最佳的产品组合。

从图 7-6 和表 7-1 中可知,处于 6 号位置的产品企业应十分重视,予以重点发展;对 5 号位置上的产品应设法努力提高市场占有率;2 号位置的产品利润率低,企业要采取措施降低成本,提高效益;对处于 8 号位置的产品,应考虑加强人员推销和促销工作,增加和扩大销售量;对处于 3 号位置的产品则应予以淘汰。企业的产品实际上不可能都处于 6、5、8、2 号的位置,但应采取各种积极有效措施,尽可能使处于这些位置的产品能多些,使产品组合能获得较佳的状态。如果在 4 号位置与 1 号位置的产品很多,就说明产品组合状态不好,经营绩效极差,必须研究调整产品结构。

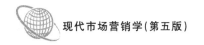

第四节 新产品开发

随着科学技术日新月异的进步,市场竞争不断加剧,产品的生命周期日趋缩短,每个企业不可能单纯依赖现有产品占领市场,必须适应市场潮流的变化,不断推陈出新,开发适销对路的新产品,才能继续生存和更好地发展壮大。因此,新产品开发是企业经营的一项重大决策,是产品策略中的重要一环,是企业未来发展的新源泉。

一、新产品的概念

从市场营销学的基本原理看,所谓新产品,是指与旧产品相比具有新的功能、新的特征、新的结构和新的用途,能在某方面满足顾客新需求的产品。大体上包括以下三类。

① 全新产品,指应用科学技术的新发明研制的,具有新原理、新技术、新材料、新功能,市场上从未有过的产品。如蒸汽机、电灯、收音机、电视机、计算机、抗生素、塑料、飞机等刚发明投入市场时,即是全新产品。一项科技发明到转化为产品,需要花费很长的时间和巨大的人力、物力、财力。这样的全新产品,绝大多数企业很难提供。

② 换代产品,是对原有产品采用或部分采用新技术、新材料、新结构而制造出来的新产品。这种换代产品比原有产品增添了新的功能,为顾客带来了新的利益。如彩色电视机是黑白电视机的换代产品;数控机床是自动机床的换代产品;电气火车是蒸汽火车的换代产品。

③ 改进产品,是对原产品从结构、造型、质量、性能、特点、花色、款式、规格等方面做出了某些改进的产品。包括由基本型派生出来的产品,如各种不同型号的电冰箱、二合一洗发香波等;或是只对原有产品作很小改进,突出了产品的某一个特点,采用了一种新牌子、新包装的新产品,如不同包装规格的牙膏。

据资料显示,所有新产品中大约只有10%真正属于全新产品。开发全新产品意味着极高的成本和巨大的风险,所以大多数公司主要着力于改进现有产品,如果做好了,同样可能获得巨大成功。应该说,目前中国企业更擅于此道。这也是缺乏技术积累和资金投入的后进企业追赶领先企业的策略之一。

二、新产品开发面临的挑战

调查数据显示,新产品开发的成功率通常不足10%,一些全球大型制药公司新产品开发成功率甚至只有千分之一。失败的原因很多,大致有以下一些。

① 国内外竞争对手抢先进入市场,推出新产品,市场竞争加剧。

② 资本短缺,公司无法筹集到足够的钱用于真正的技术创新和产品研发,投资风险亦增大。

③ 技术发展速度太快,以至于新产品开发步伐赶不上科技发展速度,新产品在开发过程中就夭折。

④ 需求变化加快,市场趋于更加分散,激烈的竞争迫使企业面向范围更小的目标市场开发新产品,这意味着销售额和利润更小。

⑤ 主观上对市场调研不充分,判断有误,未能掌握顾客的实际需求;或新产品的市场定位不准确,未能展开有效的宣传推广活动;或者是产品定价过高。

⑥ 对新产品的市场规模估计过高,开发成本过高,超出预算;或者实际产品没有达到设计要求。

⑦ 新产品投放市场后,售后服务跟不上;或未能掌握好产品推出时机,竞争对手反击的程度超过事先的估计等。

以上原因均可能导致企业开发新产品遭受一定程度的失败:一种是企业连新产品的开发费用、生产成本、销售费用都无法收回的彻底失败;另一种是尚能从开发的新产品获取一定利润,但未能达到预期销售额、利润或市场占有率目标的有限度的失败。但是,不论企业在开发新产品时面临何种困难和不利因素,企业必须不断推出新产品,这是企业生存和发展的唯一途径。

三、新产品开发方式与策略

为成功且迅速地开发新产品,企业可根据自己的具体条件,采用不同的开发方式。

1. 独立研制

即企业利用自己的技术力量和技术优势,独立进行新产品的全部开发工作。它一般适合于技术经济力量雄厚的大型企业,国际上的大型跨国公司大多采取这种做法。它的好处是企业对新产品开发全过程保持完全的控制,能真正开发出技术先进、市场领先的新产品,保证企业在市场竞争中处于领先地位。当然,能采取此策略的企业自身一定在人、财、物和技术方面有足够的实力,并能独自承担失败的风险。

2. 联合开发或协作开发

即由企业与高等院校或科研机构利用各自在经济、技术、设备、人力等方面的优势,互相协作,联合开发新产品。这种方式能较快地研制开发出先进的新产品,使科研成果很快转化为商品,特别适合资源不足的中小企业。这种策略也反映了目前中国企业的现实,即缺乏自主技术和研发人员,因此不得不采取合作或委托方式。联合或合作开发的主要缺点是企业对研发过程和最终成果的控制性差,过程可能拖拉,开发出的产品可能并不如期望的那么到位。

3. 技术引进

即企业通过引进国内外先进技术,如技术转让、购买专利等方式开发新产品。这种方式能使企业能迅速缩小与国内外先进水平的差距,提高自己产品的技术、质量水平和产品的档次,节省研制费用和时间,避免风险。改革开放以来,我国企业大量采用了这种方式推出新产品,也确实取得了很好的成效,但这种策略在双方技术差距比较大的时候效果更好,随着产品技术水平的接近,真正的竞争对手是不可能将最先进技术和最具竞争力的新产品卖给你的。

当然,以上几种方式可以单独使用,也可以根据企业不同时期的实际情况结合使用。

四、新产品开发组织与程序

1. 新产品开发的组织

为使新产品在开发过程中减少风险,获得成功,必须有一个行之有效的新产品开发组织

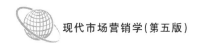

对新产品开发的各个环节进行管理。现介绍三种组织形式如下。

(1) 新产品开发委员会

其成员来自企业内部各主要职能部门,由技术、质量、生产、销售、财务、供应等部门的负责人或代表组成,共同担负新产品开发工作。该组织主要对新产品开发负有组织领导的责任,不直接从事新产品开发的研制、设计、生产、销售等工作。他们讨论确定新产品开发方案和计划,组织并审批成立新产品开发小组,确定新产品开发预算,组织鉴定、验收等。设置该委员会有助于协调各部门意见,使各部门的构想和经验融为一体。但有时由于各自职责不清等问题也会带来一些不利影响。

(2) 新产品开发部

由总经理亲自领导组织职能部门的有关人员,成立新产品开发部,专门全面负责新产品的研制、设计、生产、调研、销售、预算、质量、供应、鉴定、验收等各项工作。一旦新产品开发成功转为正常生产,这项新产品开发工作即告结束,再进行其他新产品开发工作。

(3) 新产品开发小组

由有关技术人员组织成立新产品开发小组,摆脱生产、销售和其他部门日常工作的影响,专心致志地开展新产品研制、设计、开发工作,但在开发过程中要得到其他职能部门的配合,如生产部门要配合制造样品,财务部门要配合制定各项预算,销售部门要配合做好调研和试销,供应部门要配合做好新产品的物料供应等。新产品一旦试制成功,转入正常生产,新产品开发小组即行解散。

2. 新产品开发的程序

负责新产品开发的组织机构确定后,新产品开发工作还需按照一定的科学程序进行。新产品开发程序一般可分为 7 个步骤:构思→筛选→形成产品概念与验证→商业分析→产品研制→市场试销→正式投放市场。

(1) 构思

指对拟开发新产品的设想。任何一种产品的开发工作都是从构想开始的。没有构想也就没有新产品的开发。一个好的构想等于新产品成功的一半。企业在广泛收集构想之前,有关主管应首先确定新产品开发的目标和要求,如准备开发什么新产品、准备打入哪些市场、期望达到什么目标等。只有这样,工作人员才能有的放矢地收集构思。新产品构思的来源有:

① 企业内部。包括设计开发人员、销售人员、生产人员及其他部门的职工。据国外的一项调查表明,在新产品的开发构想中,有 55% 来自企业内部。内部渠道来的构想,其特点是了解企业的实际情况和能力,使构想与企业实际情况不致严重脱节。

② 顾客。顾客是新产品开发的源泉和动力,也是征集新产品开发构想的主要来源。据国外一项不完全统计,消费者提出的产品构想被企业采纳的占 28%。

③ 竞争者。企业在开发新产品时应密切注视竞争者的动向。据统计,企业有 17% 的产品开发构想是在对竞争对手的产品加以分析后萌发的。

④ 经销商。向经销商了解顾客对现有产品的意见、想法以及对未来产品的要求等。

⑤ 其他。包括政府机关、大专院校、科研机构、市场调研机构、广告公司、学术会议、技术鉴定会、展销会、报纸杂志、文献资料、专利及国外的样品等。

此外,还可从现有产品存在的问题中得到新构思。如结构是否可以改变、大的能否变成小的、重量能否减轻、上下左右能否颠倒、两个部件能否分开或是组合在一起等,从中得到新的构想,如组合音响、微型步话机、随身听、遥控器等。

（2）筛选

这一步骤主要是对从各个渠道收集来的构想进行筛选,对哪些构想应保留、哪些应该剔除认真决策,从中选出具有开发价值的构思。在筛选过程中要注意避免两种失误:一种是误舍,将一些具有开发前景的产品构思选掉了;另一种是误用,将一个没有发展前景的产品构思盲目上马付诸实现,结果投入市场后遭到失败,造成人力、物力、财力和时间上的损失。为避免出现以上失误,要求企业主管和有经验的专家针对每一新产品构思的技术先进性、市场需求、竞争能力、原材料供应、设备和劳动力利用、开发周期、开发费用、制造成本以及经济效益等因素进行评定审核,做出最终抉择。

为提高评估的科学性,可运用多因素综合评价方法对各因素进行评分,记入新产品构想评价表(见表 7-2),根据预先确定的评价标准确定优劣。

（3）形成产品概念与验证

经过筛选后的产品设想仍需进一步形成完整的产品概念。例如,某葡萄酒厂提出拟利用葡萄为原料开发葡萄饮料的新产品构想。这种构想可衍生出许多具体的产品概念,如葡萄汁汽酒、葡萄可乐等。因为顾客要购买的不是产品构想(葡萄饮料)而是葡萄汁、汽酒等具体的产品,企业要开发的也是具体的产品,所以要把产品构想转化成产品概念。企业对几种产品概念从销售量、生产条件、产品质量、产品价格、销售对象、市场地位、收益率等方面加以评估比较,再把选定的可行产品概念提交给一组消费者,请他们验证,听取和收集他们的意见。

表 7-2　构想评价表

评价项目	评分等级	评价分数
质量	非常好 好 普通 不好	
技术水平	具有特色、性能先进 有一定优点 平常 较落后	
市场规模	大 中 小	
竞争状况	市场竞争力强 市场竞争力一般 市场竞争力弱	
预计收益	好 较好 一般 不好	

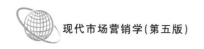

续表

评价项目	评分等级	评价分数
产品所属 生命周期	引入期 成长期 成熟期	
原材料 供　应	供应充足 有供应 供应紧张 需进口	
开发能力	可充分利用现有人员、设备和技术条件 需增加一定条件 需增加很多条件	
生产能力	有足够生产能力 需增加一定条件 需增加很多条件 增加条件后也困难	
销售能力	可充分利用现有人员和销售网点 增加一定条件 需增加较多条件 增加条件后也困难	
合计		

（4）商业分析

即对已拟订的新产品开发方案进行生产、技术、财务、安全、环保、市场环境、预期销售、利润、竞争、资本回收等可行性分析，最终确定是否应该开发这一新产品，或从多种开发备选方案中选择一个最佳方案。

（5）产品研制

即由产品研制部门将抽象的产品概念研制成实体产品。实体产品研制出来后，才能正式评价产品在技术上、经济上是否真正可行。若通过鉴定发现结构性能上有缺陷，必须立即改进、完善产品性能和质量。如果被否定，整个过程应立即终止。

（6）市场试销

产品试生产出来后，为检验产品是否真正能受到消费者的欢迎，企业可进行市场试销。目的是了解消费者对产品的意见和建议；了解市场需求情况；收集资料，为选择有效的市场营销策略提供依据；发现产品缺陷，及时反馈，改进产品。

（7）正式投放市场

试销成功后，即可将新产品正式投放市场。为此，企业应采取有效的市场营销组合策略，使新产品顺利地进入市场，并尽可能缩短引入期，早日进入成长期。

第五节　包装策略

产品包装的基本功能是保护商品。但在现代经济生活中包装的重要性已远远超过作为容器，保护商品、方便运输的作用，而是促进和扩大产品销售的重要因素。特别是消费品的包装，可体现广告宣传塑造的产品形象。相同的产品、不同的包装可能产生完全不同的销售效果。过去,我国不少出口商品有上等的质量,但因包装不佳,不仅价格上不去,甚至在国外市场上成为地摊货。如我国东北的人参曾用 10 千克装的木箱包装出口,自改用精巧的小包装后,售价平均提高了 30%。

包装技术和材料科学的进步使现代产品包装有了很大的改进。现代化的包装在材料使用上和设计方面不断革新,在商品陈列、销售、使用、携带等方面提供了很大的方便与利益。在开架售货的商店里,包装的促销功能帮助了消费者自由选购商品,此时,包装更显示了其替代售货员推介产品、简化消费者购买过程的作用。

为使包装在市场营销方面发挥更大的作用,成为强有力的营销手段,企业可以选择以下几种包装策略。

1. 类似包装策略

也称群体包装策略或统一包装策略。指企业的所有产品在包装上使用同一材料,采用相同的图案、颜色、标记和其他共有特征,使顾客一见到该包装就能联想到是同一家企业的产品,感到亲切。尤其是新产品上市时,容易消除顾客的疑虑,有助于打开产品销路;还可以降低包装成本,帮助企业树立形象。但类似包装策略主要适用于同样等级和质量水平的产品,否则有可能影响高档优质产品的销路和声誉。

2. 综合包装策略

也称多种包装策略。指按照顾客的消费和使用习惯,将相互关联的多种产品置于同一包装容器内。如将胭脂、粉饼、口红、眼影粉、唇笔、眉笔、小镜子等放在同一精致美观的化妆盒内;又如将电工改锥、电工刀、克丝钳等放在一条电工五联皮带内。多种包装策略方便顾客购买、使用和保管,也有利于企业扩大产品销路,增加收益。

3. 再使用包装策略

也称复用或双重用途包装策略。指将原包装的产品用完后,包装容器还可再作它用。如蜂蜜、果酱等使用的玻璃杯式包装,空玻璃杯可用作旅行杯;饼干、糖果用的盒式包装,空盒可作多种用途使用。再使用包装策略有利于提高顾客的购买兴趣和吸引力,又可使包装容器发挥长久的广告宣传作用。

4. 等级包装策略

指企业对不同质量、等级、档次的产品采用不同的包装,便于顾客选购和对产品质量进行监督,也有利于提高企业信誉,但包装成本相对提高。

5. 附赠品包装策略

指在商品的包装容器中附加赠送的物品或赠券,以激发顾客的购买欲望,增加商品销售量。

6. 不同容量包装策略

即根据产品的性质、顾客购买力大小和顾客使用、购买的习惯,按产品的重量、分量、数量设计多种不同大小的包装,以便于购买,促进销售。如 10 片装的小板药片供消费者用,百片、千片装的大瓶药片供医院使用。

7. 改变包装策略

指企业采用新的包装技术、包装材料、包装设计等,对原有产品包装加以改进,以改变产品形象的一种包装策略。例如,把瓶式包装改为易拉罐式包装,粉剂药的袋式包装改为胶囊包装等。改进包装不仅更方便顾客使用,还能有效地提高产品形象,对扩大销售有一定促进作用。

现代企业包装策略在考虑促销效果的同时,还要考虑其废弃物对环境的影响及是否存在对资源的浪费。中国是一个资源并不丰富的国家,人口众多,近年,随着人们收入水平的增加和企业竞争的加剧,包装过度问题十分严重,大而不当、奢华过度或包装物对环境造成永久污染等都应是本着对社会负责任的态度从事经营活动的企业所应避免的。

1. 企业认识整体产品概念的意义何在?
2. 讨论产品延伸策略的实际案例及各种不同观点。
3. 影响产品生命周期的因素有哪些?简述产品生命周期理论对企业市场营销的意义。
4. 简述开发新产品的重要意义及开发程序。
5. 评价一下中国企业目前在产品包装策略的运用上有什么进步和不足。

创维:彻底的产品主义者

2011年6月29日晚,在中国香港上市的创维公布了2010年财务报告。报告显示,在复杂多变的市场竞争中,创维数码2010财年赢利能力持续保持行业领先优势,营业额高达243.39亿港币,比上一年增长6.9%,连续5年保持增长,平均增幅为18%。这已经是创维第5年蝉联彩电销售冠军了。虽然去年消费电子市场充满变数,复杂程度超过预期,但创维的核心产业彩电、数字机顶盒、液晶器件等业务仍旧逆势而上。

一个企业的强大,不仅是品牌的强大,更是产品的强大。近几年来,创维始终坚持以产品为导向的营销战略,在产品力的推动下,创维早已成为中国彩电行业的"领跑者"。在三网融合的大背景下,彩电行业的商业模式逐渐由卖"硬件"向卖"硬件+内容+服务"的模式转变,伴随着商业模式的改变,整个产业格局即将发生巨变。面对汹涌而来的产业大势,创维并没有成为一个"守望者"。凭借强大的技术能力和系统能力,创维不仅成功地实现了战略转型,而且开始强势进入白色家电及消费电子领域。

彻底的产品主义

创维做彻底的产品主义者,是跟其进入彩电业的背景以及创维的发展战略紧密相关的。当时创维就意识到了产品的重要性,并将彻底的产品主义视为其核心竞争力。创维很清楚,要在电视行业立足,就一定要靠差异化的、具有竞争力的产品。如果没有形成持续的产品开发能力,企业的路会越走越窄。

首先是将彻底的产品主义理念在全体员工的头脑里贯彻到底。市场上卖什么,然后跟着模仿,这不是真正的产品主义。创维从一开始就将彻底产品主义的思想贯彻到产品的定义、研发过程中,从源头上要求研发人员创造出与众不同、独一无二的产品。

其次是技术领先一步,产品领先半步。强大的技术储备让创维能够准确把握节奏,迅速推出新产品,但在市场没有成熟之前,如果产品领先市场太多,消费者很难接受,而产业链不完善会让量产有难度。创维将领先很多的产品放在研究院的储藏室里,推向市场的都是领先半步的产品。

最后是产品一定要成为市场的标准或引领者。这就要求企业能把握市场的趋势和潮流,走在产品升级或技术升级的前面。创维很多技术推出之后都成为了市场的标配,比如逐行扫描技术、屏变技术、USB(universal serial bus,通用串行总线)应用技术、互联网格式播放技术等。

创维从意识、技术、策略等各个层面来衡量是否真的做到了彻底产品主义,其中最关键的考量是技术和市场的结合。虽然市场信息可以通过消费者调查获得,但却不能准确地预测技术未来的发展方向。因此,创维对产品定义给予非常大的关注,在很早以前就成立了专门进行产品定义的部门。产品定义有极大的风险,一旦技术不成熟,就会导致前期投入打水漂。但是要做彻底的产品主义,就必须承担这种风险。2003 年创维就提出数字单芯片一体电视概念,但直到 2009 年才推出批量产品。创维很久之前就找芯片供应商,但对方觉得时机不够成熟,担心产品开发出来之后形成不了市场,而前期的投入又太大,创维后来花了很多时间和精力进行沟通、分析,终于说服了他们。所以彻底的产品主义超出了企业自身的界限,只有让技术相关方共同参与才能实现。要推行彻底的产品主义就必须有一个系统来保障,这个系统不仅仅包括前期的市场调研、产品的定义,还包括市场推广系统。这对企业各方面的能力都提出了非常高的要求,但创维认为这是非常有价值的。

产业加减法

当主营业务不强的时候,如果把资源分散,每个产业都可能做不好。如果不能在某一个产业里做成强势企业,企业是有生存危机的,随时有可能被踢出局。只有把脚跟站稳,才能考虑扩张的问题。

创维以前认为有钱就可以多元化,但实际上,如果经营不当、管理不当,尽管遍地都是机会,但都是属于别人的。别人全力以赴,集中所有资源去做一件事,可你三心二意、碰运气一样去做,成功的机会会大吗? 创维之前就是因为有钱,所以做了很多产业,但后来发现他们对这些产业根本不了解,最后只好关掉、卖掉了之。

从 2002 年到 2006 年,创维先后削减了电脑业务、软件业务、网络通信业务、显示器业务、光电业务、应用电子业务和手机业务。削减这些业务并不意味着这些行业不好。现在回过头看,创维进入这些行业的时机没有问题,主要是因为其体系支撑不了如此庞杂的业务,人才跟不上,集团的能力不够强,只能削减。

创维的战略是核心产业做强、相关产业做大。核心产业做强有三个基本的判断:其一,是不是行业的技术标准倡导者;其二,是不是行业的市场标准倡导者;其三,是不是行业的管理标准倡导者。为了做强核心产业,近几年创维加强了能力建设。过去,创维一直强调关注机会,但现在他们更加关注能力;过去创维强调的是个人英雄主义,现在他们强调的是团队执行力;过去创维靠的是经验管理,现在他们靠的是科学管理,这些转变让我们有能力支撑扩张。

高度关注技术的发展方向

每一次技术升级,都会带来产业变革。创维正是在复杂多变的产业大势中,抓住机会,成功地实现了转型。

2001 年创维在彩电行业仅排名第六,跟乐华一个阵营,当时创维彩电卖得最便宜。两三年后,创维彩电的价格与 TCL 持平,成功摆脱了低价品牌的形象。2004 年,TCL 收购汤姆逊,正是这一年,创维抓住了 CRT(cathode ray tube,阴极射线管)时代的尾巴,推出了逐行扫描技术的彩电,销售额超过百亿元,成为行业老大。

2003年,创维就预感到液晶时代会来临,整个产业将朝着IT产业、半导体产业转型。在CRT时代,每一款产品都可以卖两三年,不用花精力管效率,但在液晶时代,产品推陈出新很快,效率变得至关重要。要提高效率,就必须做好供应链管理。CRT时代,厂家不需要很大的产能,因为淡季生产的产品可以储存起来在旺季卖,但在液晶时代,不能有过多的库存,必须有弹性的市场能力。液晶时代来临,整个供应链管理和上游合作的模式都发生了变化。以前我们以成本为导向,让上游供应商互相PK,谁便宜给谁订单,但液晶时代,技术变化非常快,在两大关键部件上必须寻找战略合作伙伴,一个是屏幕,一个是IC。既然是战略合作,就不能选择太多的合作伙伴,以确保有稳定的供应渠道。目前,我们只跟两三家上游供应商进行深度合作,并入股了LG的模制工厂。过去营销、制造、研发几个部门条块分离,现在则要将整个体系打通,使之能跟供应商的系统实现无缝对接。建立这样一个系统耗资巨大,但从长远来看是值得的。

无论怎么转型,创维的战略重心不会偏离"家庭娱乐中心"这个方向。比如创维推出酷开手机,就要求它一定要在内容和应用上与电视产品形成互补和共享,他们对Pad产品的要求也是如此。

(选编自《新营销》,2011年9月)

案例思考

1. 如何全面理解创维所倡导的"彻底的产品主义者"的完整内涵?

2. 通过审视创维的产品策略,你如何理解其精髓所在?

3. 通过此案例的分析思考,你能否为中国彩电业未来的发展提出合理的建议?

第8章
品牌策略

随着市场经济的快速发展,市场竞争程度不断加剧,品牌策略越来越受到企业的高度重视。生产企业开始打造属于自己的知名品牌,服务业企业也在提升品牌形象。品牌策略成为市场营销组合中的重要因素,成为企业谋求市场竞争优势强有力的武器。各个企业的竞争已经从产品与产品的竞争,逐步过渡到品牌与品牌的竞争。好的品牌意味着市场,意味着顾客忠诚度,也意味着巨大的赢利和发展空间。

第一节　品牌的基本概念

在古代,商人通过进行标记的方式区分不同的商品,品牌体现为一种记号。进入工业社会之后,商家普遍推出自己的品牌名称和标识,以利于商品交换和竞争,品牌的内涵得以丰富。

一、品牌的含义

品牌是商品的商业名称及其标识的统称,通常由文字、标记、符号、图案、颜色以及它们的不同组合等构成。品牌通常由三部分构成。

1. 品牌名称

品牌名称是指品牌中可以用语言称谓的部分,也可称为"品名"。如"麦当劳"、"长虹"、"联想"、"IBM"、"可口可乐"等。品牌名称有时同企业的名称一致,但有时也可能不一致。例如,松下公司的公司名为"Matsushita"而品牌名称为"Panasonic"。另外,有些企业的名称具有品牌名的同时,其产品系列名称也可能同时具有品牌名的特性,如微软公司的"视窗操作系统"、"IE浏览器"、"Office"等。

2. 商标

商标是企业采用的商品标识,通常采用文字、图形或文字与图形相结合的方式组成,如麦当劳的黄色拱门、IBM的蓝色字母、小天鹅公司的天鹅图案等。商标是品牌的重要组成部分。早期的商标由企业自主选择使用。进入工业化时代之后,市场竞争激烈程度加剧,因商标使用引发的冲突开始出现。于是,商标制度化开始被提上日程。19世纪初,法国出台有关商标的法律规定,并在1857年制定了专门的商标法。之后,英国、日本、德国、美国等相继出台了本国的商标法。19世纪末20世纪初,商标制度化、法制化出现在全球,并出现了相关的国际公约。企业注册的商标受政府法律保护,具有排他性使用权。

3. 其他品牌标志

除了商标之外,企业品牌还可能包括其他可以识别却无法用语言读出来的部分,包括各种符号、文字、设计、色彩、字母或图案等。这些标志同商标共同构成企业的品牌标识。

二、品牌同产品或服务的关系

从根本上讲,企业通过提供产品或服务满足顾客的需求,从而得以生存和发展。企业的竞争力最终要通过产品和服务体现出来。作为企业整体实力与形象象征的品牌,同企业提供的产品与服务密切相关,同时二者又有一定的差异。

1. 品牌以产品或服务为基础

产品和服务是品牌的基础,没有好的产品和服务,品牌便成了无源之水、无本之木,不可能形成好的品牌。只有企业的产品和服务获得了顾客的广泛赞誉之后,企业才能建立起良好的品牌。

2. 品牌特质来自企业提供的产品或服务的某些特性

品牌不是空洞的,总是被赋予某些特质。当人们谈及"麦当劳"这一品牌时,总是将其同标准化的西式快餐联系在一起。而这一内涵实际上源于它所提供的标准化的美式汉堡、炸薯条和洁净的就餐环境等。而当人们谈及"劳斯莱斯"这一品牌时,总是将其同身份、地位等联系起来。而这实际上源于劳斯莱斯轿车本身具有的价格、质量、生产工艺等特性。

3. 品牌的特质需要通过产品或服务予以体现和维护

品牌的特质代表着企业对顾客做出的某些承诺。例如,"海尔"、"联想"这两个品牌都意味着一流的服务;"IBM"则意味着产品质量超群。这些品牌特质能否持久,取决于企业在今后市场活动中能否提供可以体现品牌特质的相关产品和服务。符合品牌特质要求的产品和服务有利于进一步巩固品牌特质;反之,会使品牌的特质受到损害。

4. 品牌同时和产品、服务之间存在一定的差异

产品与服务是具体的,而品牌则是抽象的;产品与服务处于快速升级换代的变幻之中,而品牌一旦形成则在一段时间内具有相对稳定性;好的品牌以好的产品与服务为基础,但好的产品与服务并不一定意味着有好的品牌,企业还需要借助相关的宣传等工作;品牌的特质主要来源于产品与服务,并通过产品与服务得到体现和维护,同时,品牌的特质还与企业的伦理道德、企业历史传统等相关。

三、品牌在市场营销中的作用

品牌是企业可以利用的重要无形资产,在营销活动中发挥着非常重要的作用,具体表现在如下方面。

1. 品牌有利于开展商品广告宣传和推销工作

品牌是一种直接、有效的广告宣传与推销形式。例如,一些航空公司在机身上绘制代表公司品牌的图案和文字,一些制造业企业在产品上和包装物上印上企业的品牌标识,都起到非常好的宣传效应。品牌以简单、醒目、便于记忆的方式代表着企业提供的产品或服务,表明企业或其产品与服务具有的某种特性。设计精美的品牌在广告宣传和商品推销过程中都有助于建立产品声誉,吸引顾客重复购买,提高市场占有率,有助于企业不断推出系列新产品进入市场。

2. 品牌有利于企业树立良好的形象

作为一种精心设计的标志及名称符号,品牌本身就是一种形象的体现。例如,索尼公司的"Sony"品牌名、迪斯尼公司的卡通米老鼠,都凝聚了企业的创造性。而当企业提供产品和服务时,进一步赋予品牌更加丰富和深刻的内涵。随着企业品牌声誉的形成,企业的形象逐步得到确立。而良好的形象进一步促进产品与服务的销售,进而提升企业的品牌地位。由此,企业的品牌、形象和产品与服务销售形成了互相促进的关系。

3. 品牌有利于企业推出新产品

在企业推出新产品时,顾客会根据其先前推出的产品的质量而对新产品给出先验的评价。对于已经在市场上形成较好品牌声誉的企业来说,品牌成为企业综合实力的象征,即使是全新的产品,顾客根本没有使用的经验,也常常会给予很高的评价,并积极购买。

4. 品牌有利于企业般爱护自身的利益

品牌的重要组成部分是商标,商标一旦注册,便具有法律的效力,受到法律的保护,其他任何企业不能使用与此相似的标识,不得模仿、抄袭和假冒,从而使企业的市场形象、社会声誉等受到保护,保证了企业通过努力所获得的市场份额和顾客忠诚度,等等。而且,企业可以利用品牌进行投资,以工业产权的方式投资入股。

5. 品牌有利于经销商识别供应商

经销商可以将其经销的全部产品按照品牌进行分类和管理,依据不同的品牌类别采取相应的采购和销售政策,以最佳的方式促进产品销售。

6. 品牌有利于顾客选购商品

由于品牌、商标是区别不同质量水准的商品的标记,因此,顾客可以依据品牌识别和辨认商品,并据以选购所需商品及维修配件。对于熟悉的品牌,顾客可以免除按照商品的名称、品种、规格等深入了解产品质量的工作,对于新推出的产品尤其如此。享有盛誉的品牌商标有助于顾客建立品牌偏好,促进重复购买。

第二节　品牌策略选择与组合

在运用品牌推动企业营销工作过程中,企业必须进行相应的策略选择与组合,决定采取什么样的品牌策略。企业可以选择使用的品牌策略具体包括品牌化策略、品牌提供者策略、品牌地位策略、品牌质量策略、品牌族群策略、品牌延展策略、品牌重塑策略。

一、品牌化策略

品牌化策略是指企业在生产经营活动过程中选择使用或者不使用品牌的策略,具体包

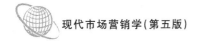

括无品牌和有品牌两种截然不同的策略。

1. 无品牌策略

无品牌策略是指企业在经营活动过程中不使用任何品牌。在市场经济发育的早期,许多产品并没有明确的品牌名称及相应的图案等设计,因而不存在是否使用品牌的问题。随着市场竞争激烈程度的提高,越来越多的企业在经营中使用品牌。尽管如此,仍然有一些企业出售的产品并不使用品牌。这些商品可以称之为无品牌商品。企业不使用品牌主要有两个原因:一是使用品牌并不能为企业带来任何额外收入;二是使用品牌需要付出的成本费用开支太大,入不敷出。具体来说,无品牌策略多用在五种情形下。

① 未经加工的原料产品。企业在这一过程中发挥的作用仅仅是采掘或者运输,并未对企业质量的提升发挥重要作用,产品的质量主要取决于原产地。例如,煤、铁矿石、原木、大米、玉米等。

② 难以形成特色的产品。产品遵循统一的标准要求,不同企业提供的产品在质量上并没有太大的差异,没有必要用品牌进行区分。例如,电力、糖、水泥、按国家药典要求生产的中成药等。

③ 生产简单、价格低廉的小商品。这些商品本身价格很低,没有必要使用品牌。例如,一些单位产品价值较低的电工用具、炊事用具、陶瓷制品等日杂用品。

④ 消费者习惯上不予考虑品牌差异的商品。这些商品在出售过程中即使有品牌,消费者也不会给予太大关注。例如,盐、散装白酒、扎啤、大米、食用油、蔬菜、水果、肉类食品、海产品等。

⑤ 临时性或一次性生产和销售的产品。这些产品在今后不再出售,不需要通过品牌赢得顾客。

2. 有品牌策略

有品牌策略是指企业为其产品使用品牌,并相应地给出品牌名称、品牌标志,以及向政府部门进行注册登记等活动。当前,大部分企业都选择有品牌策略。而且,越来越多的企业从无品牌转向有品牌,例如,一些传统上不使用品牌的食用油生产厂、建筑材料供应商等,纷纷建立自己的品牌。

二、品牌提供者策略

品牌提供者策略是指企业选择使用谁的品牌的策略。一旦企业决策以品牌作为重要的营销策略,企业面临的重要决策就是使用自己的还是其他商家提供的品牌。具体包括使用制造商品牌、使用中间商品牌、制造商品牌和中间商品牌混合使用、制造商自有品牌与其他制造商品牌混合使用4种策略。

1. 使用制造商品牌策略

制造商为自己的产品选择适当的品牌,在销售过程中独立使用。就全球的发展趋势来看,大部分制造商更愿意使用自有品牌。一方面,产品差异体现着制造商的实力的不同,有实力的制造商更愿意以自有品牌的方式体现自身的力量;另一方面,好的品牌本身是企业的一种资源,越来越多的制造商更愿意在经营过程中积累自身在这一方面的资源。另外,现代通信工具、交通工具的出现,拉近了制造商和最终消费者的距离,也为制造商树立品牌提供了诸多便利条件,进一步推动了制造商选择使用自有品牌。

2. 使用中间商品牌策略

制造商不为产品选择品牌,而是将产品出售给中间商,中间商在出售这些商品时采取自己的品牌。

对制造商而言,采用中间商品牌策略主要有三种情形:一是制造商在一个不了解本企业产品的新市场推销产品;二是制造商的影响力远不及中间商;三是制造商品牌的价值小,设计、制作、广告宣传、注册等费用高。使用中间商品牌的优点在于可以借助中间商的品牌优势大批出货;缺点在于容易造成自身同消费者联系的阻隔,不利于确立自身的形象。通常来说,实力弱、知名度不高的制造商常常选择使用中间商品牌。

对于中间商而言,在出售商品时使用自己的品牌能够因制造商减少宣传费用而获得较为便宜的进货价格;可以树立自己的信誉,有利于扩大销售;可以不受货源限制,加强对制造商的产品价格控制。因此,中间商使用自有品牌具有提升企业知名度、提高同制造商讨价还价的能力、扩大产品赢利空间等优点;缺点是需要投入树立品牌的相关的费用开支,并承担因顾客拒绝接受而殃及全部商品的风险。在欧美一些发达国家,许多颇具实力的大型中间商纷纷推出自己的品牌。如美国的沃尔玛、凯马特、西尔斯,英国的马狮,法国的家乐福等。

3. 制造商品牌与中间商品牌混合使用策略

制造商在商品销售过程中不仅使用自有品牌,而且使用中间商的品牌。具体包括三种情形:一是在出售的商品上同时标记制造商的品牌和中间商的品牌,兼收两种品牌单独使用的优点,增加信誉,促进产品销售。在产品推向国际市场的过程中,制造商常常使用该策略。二是制造商在出售部分产品上使用自有品牌,而另外一些产品出售给中间商,由中间商使用其自己的品牌进行销售。在生产能力过剩的情况下,制造商常常借此扩大销售。三是制造商先让中间商以其自己的品牌销售产品,等到产品打开销路有了一定的市场地位后,再改用制造商品牌。企业在进入新市场的情况下,有时会选择采取这一策略。

4. 制造商自有品牌与其他制造商品牌混合使用

制造商在出售的部分产品使用自己的品牌,而另外一部分商品使用同行其他制造商的品牌进行销售。一些企业为了扩大市场销售规模,不仅借助自己的渠道销售自有品牌产品,而且为其他企业加工产品。另外,一些同类产品企业建立联盟关系,统一使用知名企业的品牌。对知名企业而言,可以获得一定的使用权出让收益,并扩大市场影响力;对联盟的其他企业而言可以扩大销售。缺点在于如果参加联盟的企业的产品质量不能与品牌本身的特质保持一致,将严重损害品牌的价值。

三、品牌地位策略

品牌地位策略是指企业对品牌的知名度、知名范围进行选择的策略。企业都希望自身的品牌知名度越高越好、知名的范围越广越好,最好能够成为全球知名品牌。但是,由于企业提供的产品的性质、企业自身力量的限制等,企业必须在追求的品牌的知名度和知名范围上进行选择。按照地区范围,品牌的知名范围包括全球、全国和地区;按照品牌知名度,品牌的知名程度包括高度知名、一般知名、不知名。这两个维度的组合,可以为企业形成九种不同的品牌地位策略(见图 8-1)。

知名程度	全球高度知名品牌	全国高度知名品牌	当地高度知名品牌
	全球一般知名品牌	全国一般知名品牌	当地一般知名品牌
	全球不知名品牌	全国不知名品牌	当地不知名品牌

地域范围

图 8-1 品牌地位策略组合

在实践中,不同企业选择的品牌地位策略主要集中在全球高度知名品牌策略、全国高度知名品牌策略和当地高度知名品牌策略。

1. 全球高度知名品牌策略

企业在全球范围内销售产品,并寻求自身的品牌在全球消费者心目中拥有很高的知名度和美誉度的策略。例如,可口可乐、百事可乐、麦当劳、飞利浦等,都在全力打造全球知名品牌。这一策略的优点是品牌在全球范围内拥有强大的影响力,缺点在于需要企业投入大量的广告宣传费用来塑造和维护其品牌,多适用于实力强劲的跨国公司。

2. 全国高度知名品牌策略

企业将品牌知名度限制在本国范围内,努力在本国居民中形成良好的品牌的策略。例如,联想、海尔、长虹、海信等,都是中国的知名品牌,但在国际市场上的影响力非常有限。相对于全球知名品牌策略而言,这一策略的优点是市场范围相对集中,缺点是企业的品牌影响力仅仅局限于一个国家范围内,主要适用于产品集中在一个国家销售、在该市场具有比较优势的企业。

3. 当地高度知名品牌策略

企业将品牌知名度锁定在当地市场,仅仅谋求在本地市场有较强的品牌知名度和美誉度的策略。例如,雪花啤酒、大梁山啤酒、西凉啤酒等,都只是在当地市场具有知名度,全国大部分地区的消费者并不熟悉这些品牌。这一策略适用于只是在当地市场销售的产品。

当然,企业还可以选择其他品牌地位策略作为自身的目标追求。另外,随着产品销售市场的变化,企业选择的品牌地位策略也在动态变化。如企业可能先在当地做成知名品牌,然后寻求成为全国知名品牌,最后再走出国门,成为全球知名品牌。

四、品牌质量策略

品牌质量策略是指企业将自身的品牌对应的产品等级确定高、中、低三档中的某一档或者若干档的策略。品牌质量是企业产品质量的综合体现,集中体现了产品的质量性能、可靠性、精确性、功能齐全性、使用方便性等。市场上销售的产品总是可以同时区分为不同的品牌等级,企业必须根据自身产品的特性和企业的实力确定适当的品牌质量等级。如轿车中的林肯、劳斯莱斯、皇冠等定位在高档轿车系列,而别克、桑塔纳等则定位在中档范围内,夏利、奥拓则属于低档家庭经济型。

在运用品牌质量策略过程中,企业一方面需要选择初始推出的产品定位在哪一个等级;另一方面需要注意随着时间的推移对品牌质量等级进行适当的调整。

五、品牌族群策略

品牌族群策略是指企业选择所有产品使用一个品牌或者多个品牌的策略。具体包括个别品牌策略、群体品牌策略、系列品牌策略和多品牌策略。

1. 个别品牌策略

企业对各种产品分别使用不同的品牌。其优点是每一个品牌仅仅和具体的产品相关，容易被顾客接受，各品牌产品各自发展，彼此之间不受影响；缺点是品牌的设计、制作、广告宣传、注册费用较高，在不同品牌对应的商品功能相似的情况下，企业的不同品牌之间会形成竞争关系。

2. 群体品牌策略

企业对全部产品统一使用同一个牌子。例如，瑞士雀巢公司对该公司的全部食品采用一个品牌。其优点是建立一个名牌后能够带动许多产品的销售，有利于节省费用，消除顾客对新产品的不信任感。缺点在于部分产品的质量会影响到所有产品的销售。因此，使用这一品牌策略的企业必须确保每一产品都有可靠的质量保证。

3. 系列品牌策略

企业把一种知名度较高的产品品牌作为系列产品的品牌名，也就是把个别品牌转变为同一类产品的共同品牌。例如，"华姿"用于美容霜、口红、香粉等系列化妆品。品牌的系列化有利于企业节省品牌制作、广告宣传等费用，企业推出的系列新产品可凭借原有品牌声誉迅速打开销路。当然，同一系列品牌下的某些产品质量不好时，会直接影响到整个系列产品的销售。

4. 多品牌策略

指企业对同一种产品使用多个不同的品牌。其优点是在一个品牌推出一段时间后推出新的牌子，以此扩大产品销售，提高产品的市场占有率，扩大企业的知名度。而且，企业可以借助同类产品的多种品牌在零售商店占据更多的陈列空间，易于吸引顾客的注意力。这一品牌策略多适合顾客容易转换品牌的心理需求，有助于争取更多的顾客，激发品牌间在企业内部相互促进，共同提高，扩大销售。多品牌策略必须有计划、有目标地使用，不可滥用。如果产品没有显著的特点，或各种品牌只拥有很小的市场占有率，通常不宜牌子过多。例如，我国出口香港地区的蜂王精和蜂乳浆，曾出现过 70 多种品牌，不仅顾客无从挑选，经销商也难以宣传推广。

六、品牌延展策略

品牌延展策略是指企业将已经成功塑造形成的品牌用于同种类型或者不同类型的新产品推广中，从而在更大的范围内使用品牌的策略。这一策略具体包括品牌延伸策略和品牌扩展策略。

1. 品牌延伸策略

企业将现有品牌用于经过改进的同类产品或者升级换代产品，新推出的产品同原有产品之间存在密切联系。例如，长虹将其品牌一步步延伸至纯平彩电、超平彩电、大屏幕彩电等。品牌延伸有利于企业节约推出新品牌所需要的大笔费用，且能够使消费者快速接受新产品。当然，现有品牌隐含了消费者对企业原先突出的产品的认知，在企业先前推出的产品美誉度很高的情况下，企业可以充分运用这一策略。当然，如果原有产品存在瑕疵，或者企业推出的新产品较之原有产品有很大的改进，为了更好地突出新产品，企业可

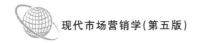

以考虑使用新品牌。

2. 品牌扩展策略

企业将现有品牌用于新推出的不同类产品中,新推出的产品与原有产品之间存在很大的差异。例如,海尔将其在冰箱、洗衣机等领域形成的知名品牌用于空调、吸油烟机、计算机等产品。这一策略同样具有节约费用和快速推出产品的优点;缺点在于新推出的产品在品质上无法同品牌本身的特质保持一致时,企业的品牌将受到严重损害。

七、品牌重塑策略

品牌重塑策略是指企业重新确定自身的品牌,借助新品牌谋求竞争优势的策略。具体包括品牌改进策略和新品牌策略。

1. 品牌改进策略

企业仍然沿用原有的品牌,但在品牌的名称、图案组成、品牌地位、品牌质量等方面进行必要的改进,从而达到重新确立品牌的目的。例如,在上百年的发展中,百事可乐公司曾经多次改变公司的标识,以便与时代发展的潮流保持一致;联想公司将其英文品牌名从"Legend"改为"Lenovo";七喜公司将"七喜"品牌定位为非可乐饮料。一般在市场竞争条件发生深刻变化的情况下,企业应该考虑对原有品牌进行改进。

2. 新品牌策略

企业放弃原先一度使用的品牌,选择全新的品牌名称、图案设计等,从而以全新的品牌面目出现。当然,推出全新的品牌需要大量的广告、宣传等费用开支。在原有品牌效果不佳或者有更好的品牌出现的情况下,企业可以考虑启用全新的品牌。

第三节 品牌管理

为了能够在营销过程中充分发挥品牌的作用,企业必须对自身的品牌进行有效管理,确保推出高水准的品牌,并促使品牌不断增值,同时避免品牌价值流失,努力使品牌资产的收益最大化。

一、品牌管理组织

随着品牌在营销工作中重要性的凸显,许多企业开始考虑在企业中具体由谁负责品牌的管理工作。实践中,大致有两种基本组织形式,即产品经理负责制和品牌经理负责制。

1. 产品经理负责制

在企业内部设立不同的产品经理,分别负责与某一类产品的生产与销售等工作。企业要求这些产品经理同时承担起相应的品牌管理职责,即各自负责业务范围内产品的品牌管理工作。

这一管理体系的主要优点是品牌管理工作与产品生产经营活动很好地融合在一起。首先,产品经理会从本部门经营绩效的高度出发,全力打造品牌。其次,产品经理会整合部门内部的各种资源打造品牌。品牌不再单纯地被看做是有关设计人员、知识产权工作人员的专门工作,而是被看做是整个部门的共同工作。部门内部会从产品开发、工艺设计、物料采购、生产加工、销售、售后服务等各个环节努力提升品牌的价值。

这一管理体系的主要缺陷集中在三个方面。第一,企业缺少专门负责品牌管理工作的人员。在产品经理品牌意识不强、品牌欣赏能力不强的情况下,企业的品牌管理工作难以取得较大成效。第二,难以从企业整体出发统筹规划品牌管理工作。各部门往往各自从本部门的角度出发,推出适合部门产品需要的品牌形象设计,赋予品牌特定的内涵,这些品牌未必与整个企业的经营理念、文化氛围等相一致。第三,容易造成部门之间的冲突。在多个产品部门共同使用同一个品牌的过程中,各部门会因对品牌的认识程度和支持力度不同而带来冲突。在生产类似产品的不同部门分别采用不同的品牌过程中,会造成本企业不同品牌之间的竞争。

对于实行事业部制,且各个事业部提供的产品之间存在较大差异的企业中,常常会采取这一组织形式,由事业部经理人员直接负责相关产品的品牌管理工作。

2. 品牌经理负责制

企业设立专门从事品牌管理的高层经理人员,同时设立品牌管理日常工作部门(如品牌部),负责与品牌设计、运营、改进、废止等相关的各项工作。品牌部实行经理负责制,全面负责领导企业的品牌管理工作。

这一管理组织体系的优点是:品牌的重要地位在企业中得到明确;有利于专门的部门和人员集中全部精力开展品牌管理工作;有利于将塑造品牌的费用开支进行统筹安排,合理使用;有利于从企业整体出发综合处理品牌工作,如需要树立的品牌数、需要树立的品牌的优先顺序、各个品牌之间的相互关系等;有利于协调各个产品部门之间在品牌管理过程中的关系。

这一管理体系的缺点是造成品牌塑造和企业具体生产经营业务工作一定程度上的割裂,不利于从日常一点一滴做起全力打造企业品牌。

整个企业使用一个品牌或者多个业务部门共用一个品牌的企业,常常实行品牌经理负责制。

此外,随着品牌意识的增强,越来越多的企业将产品经理负责制和品牌经理负责制进行综合。一方面,企业设有专门的品牌经理和相关部门,综合负责整个企业的品牌管理工作。另一方面,各个产品业务部门的经理人员对相关产品的品牌同样负有职责。品牌管理部门专门负责总体设计、注册、推广以及协调工作,并对产品业务部门给予品牌管理方面的专业指导,产品业务部门经理人员则负责将品牌工作贯彻落实到生产经营活动的各个阶段、环节。

二、品牌设计管理

品牌设计是艺术与商业的高度结合,既要体现产品应有的内在特性,又要具有很高的艺术素养,还要符合国家法律等的有关要求。

1. 品牌设计应该明快、醒目

品牌是用来识别企业和商品的重要标志,在文字和图案设计上必须做到简洁明了、容易辨认、易于区别,能够给接触者留下深刻印像的功能。例如,麦当劳的品牌非常醒目。在语言表达上,要尽可能起到精练、动听、朗朗上口的效果。

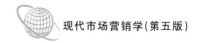

2. 品牌设计应该富于个性、便于宣传

品牌是为企业开展广告宣传和营销工作服务的,因此,品牌设计要适合媒体传播的要求,既能体现自身的独特风格,又能给消费者以美的感受。

3. 充分体现产品的特质

品牌设计是基于产品特色的艺术品,应该与企业的风格保持高度一致,通过形状、色彩等在品牌与产品之间建立某种联系,使消费者在看到或者听到品牌的时候即刻联想起该企业产品具有的某些特性。

4. 与目标市场的消费者心理和社会文化环境保持协调一致

品牌将随着企业产品的销售在多个不同的市场区域广为传播,因此,在设计品牌时必须充分考虑不同目标市场的消费者具有的消费心理,了解他们对于文字、色彩、图案的偏好,同时注意各地的文化差异,避免品牌同某些目标市场的习俗和民族禁忌发生冲突。

5. 符合国家法律的规定

在设计之前,企业必须仔细研究企业的有关法律,在品牌中避免使用法律禁止使用的人名、地名、图案等,避免使用与已经注册的其他公司的商标具有雷同效果的标识等。

三、品牌注册管理

品牌的注册管理集中体现为企业商标的注册工作。商标一旦注册,便受到国家法律的保护,享有专用权,别的企业不得伪造和冒充。而未经注册的品牌不是商标,不受法律保护。企业在完成商标设计之后应该进行注册,确保纳入国家法律保护的范围之列。

在商标注册过程中企业可以独自完成相关的注册工作,也可以委托专门的代理机构进行。在完成注册之后,企业必须做好相关文件的保管工作。在商标权即将到期时,要积极做好相关的续展工作。

我国企业的商标意识不强,自我国《商标法》实施以来,进行了商标注册的企业在全部企业中所占比例还很低。例如,1998 年前上海市 30 多万家企业,九成以上没有自己的注册商标。这说明我国很多企业对《商标法》知之不多,自我保护意识差。如北京的饮料生产企业北冰洋公司,为抓住 1988 年汉城奥运会的市场机遇,投资 300 多万元宣传新开发的保健饮料"维尔康",后成为汉城奥运会指定的饮料之一,知名度很高。但该公司只将"维尔康"作为一种商品的名称,没有意识到应将其注册作为商标使用和保护,而被其他企业抢注作为商标使用,致使北冰洋公司花巨资打响的"维尔康"饮料只得在市场上消失,损失惨重。这样的事例在我国并不少见。另外,有的企业注册商标时只注册一类商标,而与企业相关相近的领域都不注册,面临被他人"抢注"的危险。一些老字号的店名也没有注册,而被外国公司抢注,损失严重。所以企业必须增强商标注册意识,运用这一有价值的无形资产更好地为企业经营服务。

四、品牌经营管理

作为一项重要的无形资产,企业应该强化品牌的经营,通过品牌经营创造价值,谋求竞争优势和持续发展,因此有必要进行品牌经营管理。这一工作具体包括品牌塑造、品牌运用和品牌资产三项内容。

1. 品牌塑造

品牌塑造是指企业通过一系列的活动打造出具有较高知名度和美誉度的企业品牌或产品品牌的活动。一般来说,企业在塑造品牌过程中至少需要做好如下工作:①必须组织专业人员设计品牌,必要时可以请外部专家参与其中;②要有专门人员负责品牌的宣传和推广工作;③要在企业内部对品牌达成共识;④要设计一整套品牌推广的活动;⑤要为品牌推广提供专门的预算开支;⑥要将品牌推广融入企业产品销售过程中,借助产品推动品牌塑造工作;⑦要让全体员工都从打造知名品牌的高度出发卓有成效地开展各自的工作。

2. 品牌运用

品牌运用是指企业运用品牌谋求竞争优势和收益的活动。品牌运用的工作主要包括:①在市场竞争中大打"品牌"牌,强调本企业的品牌优势,以此开拓市场、吸引更多的新顾客、培育忠诚顾客。②将品牌作为企业重要的价值增值因素,适当提升产品价格,扩大利润空间。③以品牌推动新产品快速上市。④通过授权其他商家在一定范围内使用本企业品牌获得收益。⑤以品牌投资入股,通过建立合资企业活动收益。⑥在并购中充分运用品牌优势,迅速扩大经营规模或进入新的业务领域。

3. 品牌资产

品牌资产(brand equity)也称品牌权益,是指与品牌、品牌名称和标志相联系,能够增加或减少企业所销售产品或服务的价值的一系列资产与负债。它主要包括五个方面,品牌忠诚度、品牌认知度、品牌感知质量、品牌联想、其他专有资产(如商标、专利、渠道关系等),这些资产通过多种方式向消费者和企业提供价值。

品牌资产之所以有价值并能为企业创造巨大利润,是因为它在消费者心中产生了广泛而高度的知名度、良好且与预期一致的产品知觉质量、强有力且正面的品牌联想(相关性)以及稳定的顾客忠诚。品牌资产价值的存在使得企业的商标或者品牌不仅仅被看做是区别商品或服务出处的标志,而且还被认为是沉淀企业信誉、累积企业资产的载体,表现为相同质量的商品或服务之间的差价,体现的是品牌相对独立的自身价值。

所以,要想让品牌成为资产的一部分,就必须对品牌实施资产化管理,通过不断地对其进行投入来维护和巩固其价值。具体来讲包括建立品牌知名度、维持品牌忠诚度、建立品质认知度、建立品牌联想等工作。

五、品牌保护管理

企业必须有效保护自身的品牌,防范来自企业内外的各种损害和侵权行为,确保品牌应有的形象和价值得到维护。企业对品牌的保护主要包括四个方面,即设计保护、打击保护、自律保护和社会保护。

1. 设计保护

设计保护是指企业在进行品牌相关的图案、色彩、包装物等设计过程中,使用专业化的设计和防伪技术,使其他企业无法仿制品牌标识,或者仿制需要付出高昂的代价,从而起到保护品牌的效果。例如,培生公司在其出版发行或者授权出版发行的图书上,一律贴有防伪标识,这在一定程度上阻止了盗版图书的泛滥,起到了保护品牌的作用。实际上,现今世界上几乎所有的知名品牌都采用了独特的防伪标识。

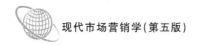
2. 打击保护

假冒伪劣是最主要的品牌侵权行为。仿制品不仅抢占企业的市场份额,而且因其质量、功能、服务等方面的缺陷严重损害企业的品牌形象。例如,在红塔山香烟风靡全国的时候,在一些地区居然出现了无人敢买的现象,原因是消费者常常发现买到的是不法商贩兜售的假货。

为了保护品牌,企业必须借助法律手段保护自身的品牌免受侵害和少受侵害。对于向企业提供假冒伪劣产品信息的部门和人员,企业要给予奖励;对于政府法律部门等开展的打假活动,企业要积极予以配合。同时,企业要主动出击,收集假冒伪劣信息,找寻假冒伪劣源头。必要时,甚至可以考虑成立打假办公室,专门负责打假工作。例如,娃哈哈集团和健力宝集团就曾专门成立从事打击假冒伪劣的内部机构。

3. 自律保护

企业自己树立的良好品牌还需要自身来努力维护,要特别防止企业自己砸牌子的事件发生。品牌综合体现了企业所有方面的工作,因此,企业也必须依靠所有部门和员工的自律行为来保护品牌,避免出现由于内部人员行为不当造成品牌形象受损。首先,企业必须严格控制产品质量,确保产品性能、功能、特色等的一惯性,坚决杜绝不合格产品流向市场。其次,企业在延展使用品牌过程中必须注意新产品要与品牌要求的特质保持高度一致。最后,企业必须坚持做一个遵纪守法、有良好的伦理道德和社会责任心的企业,避免因为一些不当的突发事件造成对品牌的侵害。另外,企业必须要求所有员工的日常行为应该处处展现企业的品牌形象,避免不适当的行为举止,特别要避免内部员工自我诋毁企业品牌形象。最后,企业要在动态中不断提升品牌的形象和价值,从动态来看,打造更好的品牌是对品牌的最佳保护。

4. 社会保护

政府部门、新闻媒体、社会舆论都是惩恶扬善强有力的武器,在保护品牌过程中发挥着十分重要的作用。企业不仅要利用政府的法律打击进行品牌保护,还应该充分利用政府部门拥有的行政权力,积极推动政府部门出台保护品牌的强有力措施,支持政府部门开展有效保护品牌的工作。新闻媒体在揭露侵害品牌的不当行为、宣传知名品牌方面发挥独特作用,企业应该充分利用媒体的喉舌作用监督和打击假冒伪劣等行为。另外,企业应该在全社会范围内努力营造一种尊重品牌、保护品牌的氛围,特别要让社会公众意识到保护品牌不仅仅是为了保护企业的利益,同时也是为了更好地保护消费者的合法权益。

第四节　品牌传播

在现代营销体系中,品牌几乎覆盖营销要素的所有环节,具有明显的系统性特点。作为一个复杂的系统,无论从消费者认知的角度,还是从企业创建的角度,品牌都是一个动态传播与发展的过程,在品牌、消费者、企业三者互动性交流和沟通中逐渐建立了一种品牌与顾客之间不可动摇的长期精神联系,即品牌关系。这也是品牌传播的本质所在。

一、品牌传播内涵

品牌传播融合了符号学、传播学和营销学等多个学科的强大势能,在品牌运营中,与品牌形象、品牌资产等概念一起成为企业品牌管理中的热点话题。关于品牌传播的内涵,目前最具代表性的观点分为两派:一是品牌资产导向论,即品牌传播的目标是提升品牌资产;二是品牌形象导向论,即品牌传播的目标是在消费者心目中建立品牌形象。

1. 品牌资产导向论

余阳明教授在 2005 年出版的国内第一本以"品牌传播学"命名的专著《品牌传播学》中明确指出:"品牌传播是品牌所有者通过各种品牌传播手段持续地与目标受众交流,最优化地增加品牌资产的过程。"

这一概念强调品牌传播的如下特点:一是明确了品牌传播主体——品牌所有者;二是着力强调了传播手段运用的特点——持续性;三是用"增加"来表述品牌资产的"提升",突出了品牌资产积累的过程性;四是用更简练的语言明确了品牌传播的目的就是"最优化地增加品牌资产"。显然,"品牌资产导向论"更多地接受了"品牌管理"理念中的资产论观点,把品牌资产作为品牌建设、管理以及传播活动的终极目标,具有一定的先进性和前瞻性。

2. 品牌形象导向论

"品牌形象导向论"也是目前比较有影响的一种品牌传播观点,其中具有代表性的观点可以总结为:品牌传播,是指企业以品牌的核心价值为原则,在品牌识别的整体框架下通过广告传播、公共关系、营销推广等手段将企业设计的品牌形象传递给目标消费者,以期获得消费者的认知和认同,并在其心目中确定一个企业刻意营造的形象的过程。

这个定义更加强调品牌形象的营造,认为塑造品牌形象是品牌传播的最终落脚点。品牌传播的过程也就成为从建立"感性印象"到巩固"品牌印记"的品牌认知和深化的过程。同时,"品牌识别"作为核心概念,被引入品牌传播中,成为统摄品牌传播实践的核心点。

二、品牌传播理论

传统的营销传播理论以 4Ps 理论为基础,得以发展和盛行的前提就是制造商和渠道商主要控制了营销和营销传播的主导权,从而形成了信息垄断和信息不对称。随着权力的下移,原来相对垄断的营销传播主导权逐渐分散为市场各个部分共有的权利。此时,基于 4Cs理论的整合营销传播更强调品牌传播的整体协调性,而融合多学科理论精华的声浪传播理论也为品牌传播的一致性轨迹提供了理论支撑,这些理论的发展和实践运用在很大程度上丰富了品牌传播的内容。

1. 4Cs 营销理论

随着市场竞争日趋激烈,媒介传播速度越来越快,传统的 4Ps 理论越来越受到挑战。1990 年,美国学者罗伯特·劳特朋教授提出了与传统营销的 4P 相对应的 4Cs 营销理论。4C 分别指代 Customer(顾客)、Cost(成本)、Convenience(便利)和 Communication(沟通)。顾客主要指顾客的需求。企业必须首先了解和研究顾客,根据顾客的需求来提供产品。同时,企业提供的不仅仅是产品和服务,更重要的是由此产生的客户价值;成本不单是企业的生产成本,它还包括顾客的购买成本,同时也意味着产品定价的理想情况,应该是既低于顾客的心理价格,亦能够让企业有所赢利。此外,这中间的顾客购买成本不仅包括其货币支出,还包括其为此耗费的时间、体力和精力消耗,以及购买风险;便利是指企业必须努力降低顾客购买的总成本,努力提高工作效率,通过多种渠道向顾客提供详尽的信息、为顾客提供各方面的便捷和良好的售后服务,力求顾客满意最大化;而沟通是指企业应通过同顾客进行积极有效的双向沟通,建立基于共同利益的新型企业-顾客关系,努力在双方的沟通中找到能同时实现各自目标的通途。

基于4Cs营销理论的品牌传播观认为,品牌的传播,也即品牌的互动性交流与沟通就是使个人介入个性化的品牌体验中,使品牌传播从利益驱动的服务向可回忆的个性化的体验发展,从单一的广告传播向与消费者每一个可能接触点的多渠道传播方向发展。

2. 整合营销传播理论

整合营销传播一方面把广告、促销、公关、直销、CI、包装、新闻媒体等一切传播活动都涵盖到营销活动的范围之内;另一方面则使企业能够将统一的传播资讯传达给消费者。整合营销理念下的品牌传播是一种观念,也是一种可实施的策略,它意味着策略性的品牌信息传播,既包含着对各种媒体的综合运用和发挥整体效应,传递一致信息和传播一个声音,也不排除在品牌沟通中选择最适合自己的传播沟通形式和传播沟通手段,但最终以体现传播的低成本性、整合性和传播效果最大化为目的。

整合营销传播思想的运用,使得品牌传播视野更为广阔,它代表了一种更成熟、全面、彻底的整合营销传播观念,即把消费者视为现行关系中的伙伴,将其作为参照对象,并接收消费者与品牌保持联系的多种方法。作为一种实战性极强的操作性理论,这一理论的纵深发展为品牌的整合传播奠定了坚实的理论基础。

3. 声浪传播理论

声浪传播理论是中国本土首个自成系统的品牌实战理论,它具有国际视野和本土实践的双重属性。针对企业如何建立自己独特的品牌,如何避免其他的产品声音将自己淹没等关键问题,声浪传播理论率先提出了"声浪圈"的概念,认为一个品牌就是一个生命,声浪传播就是试图描绘这个生命的成长轨迹,企业要通过品牌的内在力量构建发声体,继而再通过各种创意传播手段制造声音最终形成声浪,品牌的成长就是不断拓展声浪圈的过程。

更为可贵的是,声浪传播理论融合了营销学、广告学、新闻传播学的精华,强调品牌传播的战略思考,通过"消费者洞察"关注消费者的心声与共鸣,继而发出与众不同的声音,形成与消费者互动式的品牌声浪,使品牌与传播变得更加简单化、清晰化、形象化、生动化。

声浪传播理论为品牌提供了全新的理论框架,对品牌的传播策略提供了强有力的指导作用,但是一种新思想、新理论从产生到成熟,需要很长的过程。"声浪传播理论"作为我国首先提出的一种营销传播理念,仍需在不断的实践与运用中加以验证和完善。

三、品牌传播策略

品牌传播讲究策略,也就是我们必须搞清楚"做什么"的方向判断之后,再考虑"怎么做"的路径选择。品牌传播策略的基本思路就是紧紧围绕品牌规划的整体构想,在企业的品牌整合传播过程中既要保证整体形象传播的一致性,还要加强企业与顾客之间有意识的互动。

1."3W"策略的内涵

品牌传播是一个系统工程,需要长远规划,首先需要认识清楚要传递的品牌信息到底是什么,也即要弄明白品牌传播"3W"策略的内涵。

第一个 W 是"WHO"——我是谁,即让消费者记住你是一个什么品牌,主要包括品牌名称、品牌概况和品牌诉求等。

第二个 W 是"WHAT"——我做什么,即让消费者知道你的优势,包括品质、功能、技术创新和外观款式等方面的竞争优势。

第三个 W 是"WHY"——我为什么,即让消费者感受企业无微不至的关怀,感受企业为社会的付出;包括客户关系管理、客户关怀、为客户提供附加增值服务以及为社会做出贡献、创造效益等。

在 3W 构成的品牌传播进攻体系中,"WHO"与"WHAT"的传播都是攻击型的,形似尖刀,追求进攻的烈度(爆破性)与速度。"WHY"是组成品牌传播进攻三角形的底边,强调积极防御型和稳步推进型,注重潜移默化与深度沟通,目标是引起消费者的共鸣、感动,然后受共鸣与感动的消费者反过来推崇这个品牌。

2."3W"策略的实施

当前中国的很多品牌在广告战和价格战上可谓长袖善舞,而这成就了一批又一批的所谓知名品牌,也成就了中国外表喧嚣的市场经济。但一味的广告战与价格战,只知道"WHO"而不知道"WHAT"与"WHY"的传播,也造成了很多中国品牌的短命现象。成功的品牌传播应该准确把握"3W"策略的内在特点,不同的品牌成长阶段策略重点各不相同。

(1)品牌传播的"WHO"阶段

这个阶段品牌作为市场新进入者,营销没有任何基础,品牌的知名度、营销的网络、产品的稳定性等都不好,消费者对新品牌比较陌生,在购买上比较谨慎。因而这个阶段的传播任务就是告诉消费者"我是谁",使品牌在消费者心目中定性,并且能够与竞争对手产生区隔,劝说消费者尝试购买本品牌产品,从而抢占竞争对手的份额,保证品牌有一定的销量基础。

由于"WHO"阶段的目的是打知名度与做销量,所以这个阶段的传播重点包括以下几点:

①提炼和宣传区隔于竞争对手的品牌核心诉求。比如王老吉宣传"怕上火就喝王老吉";蒙牛酸酸乳宣传"酸酸甜甜就是我";动感地带宣传"我的地盘听我的"等。

②强化对受众心理的研究,做到传播有的放矢,切中要害,立竿见影。比如"孔府家酒,叫人想家"的情感诉求;纳爱斯"关爱母亲的感人画面"等。

③关注传播方式和方法的创新性。动感地带借助周杰伦的演唱会大获成功,因为其传播的创新意义;三棵树的"'神六'唯一搭载涂料品牌"的宣传也表现不俗,也是因为创新性。

④以"炸碉堡"的思维和力度传播,不管是广告还是价格都必须要有力度。361 度、特步、利郎、达利等晋江品牌选择强势媒体 CCTV5,通过"炸碉堡"式的广告轰炸迅速走红,打造了业界备受关注的晋江品牌。

(2)品牌传播的"WHAT"阶段

当品牌建立了一定的销量基础,营销网络也基本上建立、健全起来之后,品牌必须开始考虑自身的质量提升问题,即过渡到"WHAT"阶段。这时,着力打造品牌的创新力、终端力、管理内功、关怀力各方面的竞争优势,力争使品牌从市场的挑战者身份过渡到市场的领先者身份就显得比较重要了。这个阶段的目标主要是打造品牌的美誉度,其传播重在于以下几点。

①创新产品的传播推广是重中之重。必须全力整合各种传播手段将其创新产品打造成锋利的尖刀,使消费者通过认识和使用这个创新产品提升其对整个品牌的认知与好感,使品

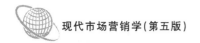
牌成长为行业领先者。比如雪津纯生啤酒、麦之初啤酒的推广;蒙牛特仑苏的推广等。

②注重打造传播品牌的"品质、品位、品格"。一个品牌只有当其拥有值得称道的"品质、品位、品格"的优势时,才能让消费者喜欢和推崇。比如海尔的"真诚到永远"的品质、洋河蓝色经典的品味;九牧王男装的品格,深入人心,经久不衰。

(3)品牌传播的"WHY"阶段

当品牌成为市场的领先者之后,当产品创新逐渐让消费者习以为常,不能产生之前的惊喜之后,此时应该考虑逐步导入"WHY"阶段的传播策略。这个阶段的目标是在继续打造美誉度的同时,打造品牌的忠诚度,所以要注重以下几点。

①传播品牌与众不同的服务理念。比如海尔在服务方面的宣传:从宣传售后"五个一工程",到空降空调安装工解客户燃眉之急的事件营销,到无尘安装创新等,海尔与众不同的服务意识得到了消费者的广泛认同。

②传播品牌对消费者的深度关怀。比如海尔俱乐部、万科会、全球通 VIP 俱乐部等特色营销活动巧妙地彰显了品牌的身份象征。

③传播品牌的公益和赞助活动。比如汶川大地震捐款中王老吉的巨额捐款以及事后的事件传播——"消灭王老吉",通过社会关怀活动,王老吉赢得了社会广泛的关注和客户忠诚。

"WHY"阶段的传播是针对消费者和社会公众的"攻心"工作,因此,必须做到真诚。不管是宣传服务,还是宣传客户关怀,抑或是宣传公益活动都必须立足于真诚。所以这个阶段的品牌传播应该尽量减少直接的广告行为,增加软性新闻等传播方式。

一个品牌可以靠广告战、价格战起家,但最终决定其生命力的却是品牌传播的第二、第三个 W,没有产品的高品质与高科技,没有服务的差异化等核心竞争力,品牌可能逞一时威风,但终究是没有根基站不住脚,最终只能落下"昙花一现"般的悲壮。

1. 什么是品牌?

2. 品牌在企业营销活动中发挥怎样的作用?

3. 企业主要可以使用哪些品牌营销策略?

4. 如何理解品牌传播的内涵与理论基础?

5. 品牌传播的常见策略有哪些? 如何实施?

361度:一个圆圈开启的品牌营销神话

福建省晋江市是有名的"体育品牌之都",361度、安踏、特步,人们对这些中国有名的体育运动品牌耳熟能详。

2003年,丁伍号在一家以生产与销售运动鞋为主的企业当职业经理人,生意最好的时候,可以卖到一两百万双,并且远销欧美。然而,国内市场的蓬勃发展,让丁伍号强烈感觉到,企业要做强做大,必须打造崭新的品牌。

品牌经营的思路定了下来,那么叫什么名字好呢? 公司决策层形成一个共识:希望新品牌能够迅速打开市场,并向国际化发展,这必须起一个让全世界都能够理解、认同,并牢牢记住的名字。阿拉伯数字,是世界上每一个民族共同的语言,通晓易懂,容易被人记住。最后,新公司及新品牌的名字定为:361度。

丁伍号说,361度中的"360°"代表了一个圆,一个句号,把过去的成就都归结为这个圆,361度中的"1°"象征着新品牌重新从"1"出发,去创造新的辉煌。361度的标识颜色定为明快的橙色,希望用这个代表青春年少和欢愉雀跃的色彩快速地被青少年认同。

2003年,新生的361度披着亮堂堂的橙色,开始了真正的品牌营销。

联手各大体育赛事,营销方式另辟蹊径

361度? 这个名字怪怪的,它是干什么的? 361度开始进入人们眼帘时,大家都有一种好奇。好奇不正是一种吸引力吗?

如何把人们的好奇变为品牌认同? 361度的做法与众不同。当许多企业热衷于巨资聘请明星当品牌代言人,在各媒体上大打广告时,361度却喜欢联手各大体育赛事。他们的想法是:新品牌刚推出,需要的是迅速提升品牌曝光率,增加公司知名度。"赛事资源不像普通的广告代言,只有几秒钟的时间。一个赛事有多场比赛,一场比赛打下来好几个小时。赞助转播率高的体育赛事,有助于增加品牌曝光度和提升品牌的公信度。"361度品牌管理中心副总监赵峰说。

2005年,361度在南京的一个代理商提供信息:南京几家大商场为吸引顾客眼球,请来青少年在商场门口玩街头篮球。恰巧从北京传来消息:中央电视台体育频道筹备"娱乐篮球全国大赛"。这是个争取青少年篮球爱好者的好机会! 361度紧急行动起来。年底,361度正式签约"娱乐篮球",3年总投入2700万元,携手中央电视台体育频道共同打造风靡全国的街头篮球赛事。2006年3月15日,"CCTV5-361度娱乐篮球全国大赛"在南京开赛,随后在全国多个城市进行了路演。该赛事历时半年多,全国12家电视台参与,CCTV5全程播放,在篮球爱好者中形成了强大的影响力,直接带动了产品销售。当年,361度春秋季新品订货会销售呈现井喷态势,3个月内实现了全年2/3的销售额。

这以后,361度相继赞助了中国乒乓球超级联赛、厦门国际马拉松赛、中国大学生篮球超级联赛(CUBS)等一系列赛事。

2008年,361度投入3.5亿元,签约广州2010年亚运会体育服装高级合作伙伴,成为中国首个赞助洲际运动会的体育用品品牌。2009年,361度签约亚奥理事会,荣膺亚奥理事会全球官方赞助商,是体育用品领域唯一获此殊荣的企业。

"成为2010广州亚运会高级合作伙伴,毫无疑问将提高361度的品牌形象、提升企业核心竞争力。361度将通过亚运会迈向国际大舞台。"丁伍号说。

电视网络一个不能少,媒体资源需要多元化

于寻常处抓住稍纵即逝的商机,这是企业家的过人之处。

丁伍号的儿子喜欢上QQ玩游戏。有一天晚上,忙了一天的丁伍号回家看见十几岁的儿子正全神贯注地玩游戏,连父亲走进房间都没有察觉。

"儿子,在玩什么? 这么着迷?"

"这你都不懂? 真老土! 这是QQ上最新的游戏,我和同学都喜欢玩。"

丁伍号饶有兴趣地在儿子身后看了一个小时,突然灵光一现:既然孩子们这么喜欢玩游戏,为什么不与网站合作呢?就找腾讯网!于是,361度就成了中国体育用品行业第一个涉足网络营销的品牌,开始了与腾讯网延续至今的战略合作,从单一的广告投放到植入式网络营销,再到体验互动式营销。当人们打开 QQ 想和好友聊天时,就会弹出 361 度广告界面;玩斗地主游戏,突然发现自己的身份竟变成了"361度商人";当看到其他玩家的虚拟形象是一身帅气的 361 度运动服打扮,又会忍不住到"商场"挑选 361 度牌的体育用品装备……

与中央电视台的合作,表明 361 度的营销平台和品位上升到了一个新的高度。2006 年11 月,在"中央电视台 2007—2008 体育赛事直播合作伙伴"招标中,361 度击败著名国际品牌中标,在奥运前的敏感期打破国际巨头垄断顶级媒体资源的局面,实现了民族品牌对抗国际品牌的一次突破;2008 年,361 度签约成为中央电视台体育频道主持人及出镜记者服装指定供应商,标志着一种高度整合的体育营销模式的开始,361 度借助中央电视台开始全面展示品牌国际化及产品专业化的形象。

从"勇敢"到"热爱",提升的不仅是品牌形象

在竞争激烈的体育用品行业,一个好的品牌口号对于提高品牌号召力意义重大。在不同的发展阶段,361 度的品牌口号不断在变化、在提升。

在 2008 年之前,361 度的品牌口号是:"勇敢做自己",突出一个"敢"字,强调张扬个性,吻合了青少年的心理需求,赢得了广大青少年的心;2008 年北京奥运会,361 度的品牌口号变成了:"中国,勇敢做自己",喊出了中国人的心声,喊出了中国人的自豪。那个夏天,守候在电视机前的观众每天都能听见 361 度的品牌广告语:"中国,勇敢做自己。"这个听起来有点特别的品牌给大家留下了深刻的印象。

2009 年,361 度成为 2010 广州亚运会高级合作伙伴后,推出了"亚洲,多一度热爱"的新的品牌口号。对此,丁伍号解释说,中国体育正在快速崛起,正走在由体育大国迈向体育强国的路上。361 度作为中国体育用品行业的一线品牌,应该以一种怎样的品牌态度与亚洲人乃至全世界的人去沟通?倘若在广州亚运会上再强调拿几块金牌,意义就不大了。而要有大国心态,呼吁大家热爱运动,享受运动,享受亚运会给人类带来的美好生活,这才是体育真谛所在,这就是"亚洲,多一度热爱"的内涵。所谓"多一度热爱",就是每个人心中对运动真诚而质朴的热爱,无论是工作、学习、生活,还是对待身边的人和事,只要再多那么"一度"的热爱,就一定能够获得成功。

361 度品牌口号的变迁,提升的不仅是品牌形象,更是企业的心态和价值观。

速度和执行力,传奇背后的故事

361 度的快速崛起、品牌营销的成功,支撑这一切的是 361 度的决策速度和强劲的执行力,是独特的企业文化。

2008 年 6 月,中国乒乓球超级联赛征求新的冠名赞助商。丁伍号获知信息,立即决定:志在必得,拿下这一赛事资源。时间紧迫,离递交项目征集书的最后期限只有一周的时间,361 度品牌管理中心的人员紧急行动,夜以继日,硬是及时递交了项目征集书,与同行开展了对冠名权的争夺。优厚的赞助额度、富有想象力的营销构想、强大的产品研发能力,使 361 度脱颖而出,成功获得乒超联赛冠名权。

随后两个月时间内,361 度的执行团队要完成针对乒超联赛的服装、运动鞋和配件的设计研发,赛事营销等事项,连乒超联赛组织者都觉得"不可能在这么短的时间里完成这么多的工作",但 361 度确实做到了,乒超联赛顺利按时开赛。

"对我来说,最难的事是决定一个项目做还是不做。一旦决定要做,我相信 361 度的执行团队一定能做到,只要满足提出的条件和必要的时间。"丁伍号说,"让我自豪的是:361 度成立 7 年来,我们想做的事都做到了,没有失败。"

这是严格制度的结果。361 度的法则是"以结果为导向",不问过程,一件事决定了要做,决定由某人去做,由某人提出条件和时间,管理层充分授权,不加丝毫干涉,直到项目完成。361 度强调的一句话是:"100 分的创意没有强劲的执行力,那就等于零;50 分的创意如果执行得好,那可能是 100 分。"

从一家家族企业成长为上市公司,从作坊式工厂成长为总部拥有员工 6 000 人、全国终端专卖店 6 500 家、年销售额过 40 亿元人民币的大企业,从鲜有名气成长为赫赫有名的中国民族体育服装的一线品牌。361 度国际有限公司用了不到 7 年的时间。

清晰的品牌战略又一次书写了中国企业的成长传奇。

(改编自品牌中国网:http://www.brandcn.com,2010 年 10 月)

案例思考

1. 361 度品牌神话的成功支撑点有哪些? 你认为最关键的支撑点是? 为什么?

2. 通过审视 361 度品牌的品牌故事,你如何理解品牌、品牌价值、品牌营销等的完整内涵?

3. 通过此案例的分析思考,谈谈你对中国运动品牌行业未来发展的战略思考。

第9章

价格策略

价格是商品价值的货币表现。以货币来表示的商品或劳务的价值就称之为该商品或劳务的价格。在商品经济条件下,任何商品或劳务都必须定出价格,供需双方才能进行交易。事实上,买卖双方是否能成交,往往取决于价格的高低。所以,价格是影响买卖双方达成交易的主要因素。

价格是反映市场供求变化最灵敏的因素,也是市场营销组合中最活泼的因素。一方面,商品价格是否定得适当,会影响市场需求,影响消费者购买,影响产品在市场上的竞争地位和市场占有率,进而直接影响企业的销售收入和利润;另一方面,恰当的定价又是企业营销组合的函数,能补充或影响营销组合的其他策略。

第一节　影响价格决策的主要因素

影响商品价格决策的因素很多,其中既有商品价值本身,也有企业目标和客观经济环境,国家政策、法律等其他因素。商品价值决定是经济学讨论的范畴,这里不再赘述。本节则从影响企业定价决策的角度将所有因素大致分为内部和外部两类,如图9-1所示。

图 9-1　影响价格决策的因素

一、内部因素

成本是影响定价的基本因素,通常也是企业在给产品定价时考虑的第一要素。传统上和现实中,许多企业采用成本加成定价方法,即在成本之上加一定的利润率。人们认为,通过定价收回产品的成本似乎是天经地义的,因此,成本通常被看做是产品价格的下限。

一般来说,成本是相对稳定并且可以预测的,成本加成定价使定价过程相对简单。但现实中,我们知道有若干不同的成本计算方法,如总成本、平均成本、边际成本、变动成本、固定成本等,用不同的成本定价,确定的价格也不同。从经济学关于商品价值的理论我们了解到,单个企业的生产成本不等于社会平均成本,如果企业定价的基础只是本企业的成本而不考虑社会平均成本,就会产生产品定价过高或过低的偏离,结果都会对企业经营造成不利影响。

企业目标是影响商品定价的第二个主要内部因素。看起来,企业定价目标似乎都是获取尽可能高的销售额和利润,但这充其量只能说是企业长远的整体目标,具体到某一时期为某一产品定价时,企业的目标是有差异的。设想一下某家电器公司的目标是使产品以"合理的价格"获取更大的市场份额,与目标为"下一年获取最大利润",其产品定价策略将会有很大不同。

归纳起来,企业有以下定价目标可供选择。

1. 以利润为中心的定价目标

(1) 最大利润目标

即企业以获取最大限度的利润为定价目标。为了达到这个目标,企业将采取高价政策。最大利润目标还有单个产品和全部产品之分,也有短期和长期之分。如果是追求单个产品的短期利润最大化,企业势必采取高价政策,以获取超额利润。如果是单个产品长期利润最大化,则不同时期的价格可能有高有低。如果是追求全部产品长期总利润最大化,则并不是每种产品都实行高价,都力图获取最大利润,而是每种产品的价格可能有高有低,最终实现长期总利润最大化的目标。采取利润最大化目标,适合企业产品在市场上处于绝对有利地位的情况,可实行高价、高利政策。但是这种目标不可能长期维持,否则必然遭到多方抵制、竞争、对抗,甚至政府干预。

(2) 投资收益率目标

企业以其投入资金的预期收益作为定价目标,它反映了企业的投资收益水平。计算投资收益率的公式为

$$投资收益率＝总投资额÷投资回收年限／总投资额$$

为达到这一目标,定价时需在产品成本的基础上加上预期收益。预期的投资收益率一般应高于银行存款利率。投资收益率目标也有长短期之分。要求短期内回收投资,则投资收益率高,定价也高;如果是在长期内回收投资,则投资收益率和定价相对降低。一般在行业中,实力雄厚、处于主导地位或拥有独家产品的企业采用投资收益率定价目标。

(3) 满意利润目标

企业以适当的基本满意的利润作为定价目标。也就是企业不求最大利润,满足于适当的利润,以减少风险。

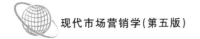

2. 以销售为定价目标

（1）销售增长率目标

即企业以销售收入增长率或销售量增长率为定价目标，以销售收入为目标，商品定价一般较高；若为增加销售量，则往往采取薄利多销的策略。

（2）提高市场占有率目标

企业以产品的市场占有率，或若干细分市场的渗透作为定价目标，一般采取低价策略，以求增加销售，提高市场占有率。

3. 以保持现状为定价目标

所谓保持现状是指保持企业现有的经营地位，保持销量，保持市场占有率，保持现有的利润水平等。企业为保持住现状，一般采取稳定价格策略，或采用非价格竞争手段。此定价目标一般适合已有了相当的市场占有率和利润保障的有实力的大企业。这些企业为保持现状、阻止带有风险的价格竞争而采用稳定价格的方针。

4. 以适应竞争为定价目标

企业为避免在激烈的市场竞争中发生价格竞争，两败俱伤，以适应竞争作为定价目标，即以略低于、略高于或等于竞争者的价格销售商品。此目标主要适于中小企业，或在竞争中处于追随者地位的企业。

营销组合中的其他要素是影响定价策略的第三大内部因素。例如，某计算机公司向大型机购买者提供一揽子的系统服务，包括现场技术指导，为公司高级管理人员举办数据处理发展趋势讲座，为公司提供系统解决方案。通过向用户提供高附加值的服务，企业可以为所售设备定较高价格。又如，个人计算机提供商只为用户提供有限的维修、担保服务，商品售价也必然低。又如，企业推出的时尚名牌服装定价一般较高，而推出的日常便装定价就低。

二、外部因素

一旦企业确定了自己的定价目标并制定了市场营销战略与营销组合，即完成了对企业内部因素的分析，下一步就要转向企业外部因素的分析。在影响企业价格决策的外部因素中，最重要的因素是消费者需求，或顾客对商品价值认可的水平，图 9-2 表示了这种影响与其他因素间的关系。

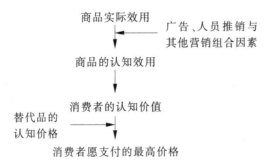

图 9-2 消费者认知价值与其他因素的关系

如图 9-2 所示，商品的认知效用是商品的实际效用借助于广告、人员推销等其他企业营销组合的作用转化而来。而消费者对商品的认知价值，又是在需求既定的情况下参照替代品的认知效用与价格确定的。在这一基础上,最终形成了消费者愿意为该产品支付的最高价格。因此,消费需求决定了商品价格的上限。当然,这里说的消费需求,不仅是对商品使用价值的需求,也不仅是建立在对商品实际效用的认知上,而且包含了心理因素,包含了通过企业整体营销策略对商品价值的提升。由此可见,消费者对商品的认知价值具有以下几个特点。

① 消费者对商品的认知价值在某种程度上受控于企业的营销努力。

② 对既定的消费者,他对某商品价值的认知随着对竞争产品的认知及其价格的变化而变化。

③ 不同消费者对同一商品可能有不同的认知价值。

上述分析已涉及了竞争对定价的影响,这也可称为一种生活常识,即相同或具有替代关系的产品的价格互为参考。如同为远程交通工具的火车、飞机的票价变动对客流的影响就是例证。行业内这种近乎"残酷"的价格竞争压力迫使企业不得不走产品差别化的经营之路。是什么因素造成某些行业价格竞争强度较其他行业更大呢? 首先,产品的差别化程度是重要原因之一;其次,在一些行业,消费者对产品或服务之间的差别不太在意,或认为这些差异意义不大;最后,对那些固定成本很高、变动成本很低,从而销售数量对利润影响极大的行业,价格的竞争也更为惨烈,航空、宾馆业即是典型。

最后一个重要的外部影响因素是法律。虽是市场经济,各国仍制定了针对企业定价行为的相关法律。如美国的反垄断法禁止企业间联手操纵价格,或一企业旨在排挤竞争对手的低价竞争。

第二节　定价方法

企业具体的定价方法基本可分为三大类。

一、以成本为导向的定价

以成本为中心的定价因素最为简便,也最为企业常用,具体方法又可分为四种。

1. 成本加成定价法

成本加成定价法是按单位产品总成本加上一定比例的预期利润或再加上税金的一种定价方法。单位产品的总成本由单位产品的固定成本与变动成本之和组成。固定成本是不随产量的变化而变化的成本。变动成本是随产品产量的变化而变化的成本。成本加成定价法具体的计算公式如下:

$$单位产品价格 = 单位产品总成本 \times (1 + 成本加成率) \div (1 - 税金率)$$

【例 9-1】 某产品的产量为 5 万件,所耗固定成本 15 万元,变动成本 10 万元,总成本为 25 万元,预期利润率为总成本的 20%,产品的税率为 5%,则该产品的售价应是:

(1) 只考虑预期利润

$$单位产品总成本 = (15 + 10) \div 5 = 5(元)$$
$$单位产品售价 = 5 \times (1 + 20\%) = 6(元)$$

(2) 加上对税金的考虑

$$单位产品售价 = 5 \times (1 + 20\%) \div (1 - 5\%) \approx 6.3(元)$$

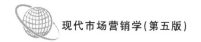

成本加成定价法简单易行,只要产品能销售出去就能实现预期利润。缺点是只考虑了产品成本,忽视了市场供求、竞争因素、季节和不同产品生命周期阶段的影响。

另外,成本加成率的确定必须认真分析产品性质、竞争程度、市场需求等情况,否则定价过高或过低对企业都不利。

2. 收支平衡定价法

又称盈亏平衡定价法。即以总成本和总销售收入保持平衡为定价原则。总销售收入等于总成本,此时利润为0,企业不盈不亏,收支平衡。其计算公式为

$$P = FCQ + VC$$

式中:P —— 单位产品售价;

Q —— 预计销售量;

FC —— 产品的固定成本;

VC —— 产品的单位变动成本。

【例 9-2】 某产品的固定成本为15万元,单位变动成本2元,预计销售5万件,该产品的销售价格应是

$$P = 15/5 + 2 = 5(元 / 件)$$

也就是说,该产品在达到收支平衡时(该产品的总成本和总销售收入均为25万元)的价格为5元。这种方法的优点是计算简便,可使企业明确在不盈不亏时的产品价格及最低销售量。缺点是要先预测产品销售量,若销售预测不准,成本算不准,价格就定不准;而且它是根据销售量倒过来推算出价格,但现实中,价格高低本身对销售量就有很大影响。

3. 目标利润定价法

这种方法以总成本和目标利润作为定价原则。使用时先估计未来可能达到的销售量和总成本,在保本分析(收支平衡)的基础上,加上预期的目标利润额,或是加上预期的投资报酬额,然后再计算出具体的价格。其计算公式为

单位产品价格=(总成本+目标利润额)÷预计销售量

投资报酬额=总投资额÷投资回收期

【例 9-3】 某产品预计销售量为5万件,总成本25万元,该产品的总投资约40万元,要求5年回收投资,投资回收率为20%,该产品的售价应为

年投资报酬额=40×20%=8(万元)

单位产品价格=(25+8)÷5=6.6(元)

这种方法简便易行,可提供获得预期利润时最低可能接受的价格和最低的销售量。它常为一些大型企业和公用事业单位采用。西方许多大型公用事业公司亦按此法定价。美国通用汽车公司就以总投资额的15%~20%作为每年的目标利润,计入汽车售价中。

这种方法的缺点与收支平衡定价法相同,都是以销售量倒过来推算出价格,而价格却是销售量的重要影响因素。

4. 变动成本定价法

又称边际贡献定价法。此法是在定价时不考虑价格对总成本的补偿,只考虑价格对变动成本的补偿,并争取更多的边际贡献来补偿固定成本。所谓边际贡献,就是只计算变动成本而不计算固定成本时的收益,其计算公式为

边际贡献=销售收入-变动成本

边际贡献＞变动成本,其超过部分的收益可用以补偿固定成本。若边际贡献能全部补偿固定成本,则企业不盈不亏;若边际贡献＞总成本,企业就赢利;若边际贡献＜总成本,只能补偿变动成本,不能全部补偿固定成本,企业就亏损。

【例 9-4】　某产品固定成本 40 万元,单位变动成本 5 元/件,产品年产量可达 8 万件,每件售价 12 元。目前订货量为 6 万件,生产能力有富余,现有用户出价每件 9 元订购 1.5 万件。企业经再三考虑认为接受订货比不接受为好,因为每件仍能获得 9 元－5 元＝4 元的边际贡献,短期内仍能使企业增加收入,减少损失。

这种方法在市场供过于求,企业生产任务不足,承接临时生产任务时,暂时不考虑以总成本定价,而采用变动成本定价,以期维持生产、保住市场。因此,它是可供短期内采用的一种灵活定价方法。

二、以需求为导向的定价

即按市场需求的强弱情况制定不同的价格。市场需求大,强度高,供不应求,定价就高;反之,需求量小,强度低,供大于求,定价就低。采取高定价,一般适于竞争者产品未上市前;愿付高价购买的人数相当多时;或即使高价格诱使竞争者进入市场风险也不大时。采取低定价,一般适于:① 市场对价格呈现高度敏感,降低价格,需求量将大幅提高;② 当低价可拒退已有或潜在竞争者时;③ 单位生产成本与销售成本能因大量生产和销售而降低时。

需求导向定价的做法主要有两种。

1. 理解价值定价法

该法以消费者对商品价值的认知和理解程度作为定价的依据。消费者对商品价值的认知和理解程度不同,形成不同的价格上限,如果恰好将价格定在这一限度内,消费者既能满意地购买,企业也更为有利可图。

实施这一方法的要点在提高消费者对商品的效用认知和价值理解度。企业可以通过实施产品差异化和适当的市场定位,突出企业产品特色,再辅之以整体营销组合策略,塑造企业和产品形象,使消费者感到购买这些产品能获取更多的相对利益,从而提高他们可接受的产品价格上限。

2. 需求差异定价法

这种方法根据销售对象、销售地点、销售时间不同而产生的需求差异对商品进行差别定价。例如,对饮料的需求,在旅游景点或舞厅中比在超市中的需求强度要高,因此在前种情况下可定较高价格。又如,旅游旺季对车票、机票和旅馆的需求强度大大高于旅游淡季,旅游旺季时可将价格调得高些。

实行差别定价是有条件的:第一,市场必须能细分,且不同的细分市场能显示不同的需求强度;第二,要确知并防止高价细分市场的竞争者不可能以较低的价格进行竞销;第三,要确保低价细分市场的买主不会向高价细分市场转售;第四,划分细分市场所增加的开支不能超过高价销售的所得;第五,差别定价不会引起顾客的反感;第六,差别定价是合法的。

三、以竞争为导向的定价

竞争导向定价以市场上相互竞争的同类产品为价格的基本尺度,并随竞争变化调整价

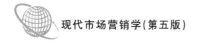

格水平。主要做法也有两种。

1. 通行价格定价法

即将竞争产品的价格作为本企业产品定价的基本依据。实施这种定价方法主要为避免挑起竞争。而且,通行价格在人们的观念中常被认为是"合理价格",一方面易为消费者接受;另一方面,也能保证企业获得合理、适度的利润。这种随行就市的定价方法也很普遍,有时是因为成本难以估算,有时是因为难以估计采取进攻性定价会引起对手什么反应。对小公司来说,追随大企业定价更是一条常规。

2. 密封投标定价法

即企业在投标时用的价格。企业的目的是中标,占领市场,因此,根据企业投标任务的成本、预期利润、中标的概率,以及预计竞争者投标的报价水平,确定自己的投标价格。为了中标,企业往往以低于预计竞争者报价的水平来确定自己的报价,而不是严格按照本公司的成本或顾客的需求。

对经常参与投标的公司,制定一个预期利润标准,然后以此为基础确定投标价格是最为合理的。但如果公司只是偶尔投一次,且志在必得,预期利润指标用处就不大了。

第三节　定价策略

在确定了基本的定价方法之后,还有许多定价策略可以选择,主要的有如下几种。

一、心理定价策略

心理定价策略是为适应消费者的购买心理所采用的定价策略,主要做法有以下几种。

1. 尾数定价策略

尾数定价策略是依据消费者以为零数价格比整数价格便宜的消费心理而采取的一种定价策略,这种策略又称奇数或非整数定价策略。例如,一件商品定价 49.5 元,给顾客的感觉是还不到 50 元钱,比较便宜,从而乐意购买,达到促进顾客购买、增加企业销售的目的。

2. 整数定价策略

整数定价策略是把商品定为一个整数,不带尾数。对高档商品、奢侈品常采用整数价格策略。如一辆高级小轿车,定价 50 万元,也不定价 49.9 万元,以给人一种"豪华"的感觉,满足一些消费者通过车显示自己能力、地位的心理。

3. 声望定价策略

声望定价策略是一种利用企业和产品的声誉对产品高定价的策略。这种策略有利于提高企业和产品的形象,有助于吸引注重名牌的顾客去购买。

4. 招徕定价策略

招徕定价策略是一种利用消费者求廉的心理,将少数几种商品价格暂时降至极低,借此吸引和招揽顾客购买的一种策略。这种策略有助于在招揽顾客购买特价品的同时,促其选购非特价商品。

二、产品组合定价策略

1. 同类产品分组定价

即把同类商品分为价格不同的数组,每组商品制定一个统一的价格。例如,将各种西装分为 1 000 元一件,800 元一件,500 元一件的三组。这样,同类商品的品种、规格、花色虽多,但只有几种价格,便于卖方结算货款,有助于消费者节省选购时间,迅速作出购买决定。缺点是每组的价差不易确定,且产品生产成本升高时,必须全面调整价格,使消费者有涨价的感觉而影响购买。

2. 副产品定价

副产品是在生产主要产品的过程中同时产出的产品。这些产品的定价一般低于主产品。

3. 关联产品定价

关联产品有时也称为互补产品,是指必须和主要产品一起使用的产品。例如,手电筒和电池、照相机和胶卷、录音机和录音带。一些既生产主要产品又生产关联产品的企业有时将主要产品的价格定低,而关联产品的定价较高,靠关联产品赚钱。如柯达公司将照相机价格压低,胶卷价格提高。

三、折扣与折让策略

这是一种减价策略,即在原定价格的基础上减收一定比例的货款。

1. 现金折扣

现金折扣是对按约定付款日期付款的顾客给予一定的折扣,对提前付款的顾客则给予更大的折扣。采用这种策略的目的是鼓励顾客提前付款,不拖欠货款,以加速资金周转。

2. 数量折扣

数量折扣是根据顾客购买货物数量或金额的多少,按其达到的标准给予一定的折扣,购买数量愈多,金额愈大,给予的折扣愈高。数量折扣可分为累计数量折扣与非累计数量折扣。

（1）累计数量折扣

规定在一定时期内顾客购买商品达到或超过一定数量或金额时,按其总量的多少给予不同的折扣。这种策略鼓励顾客长期向本企业采购,与顾客建立长期的、稳定的关系,因而有助于企业掌握销售规律,预测销售量。它还适于推销过时的和生鲜易腐的产品。

（2）非累计数量折扣

顾客一次购买的数量或金额达到一定标准时,即给予一定的折扣优待。采用这种策略不仅对顾客有利,企业也可以节省销售费用,因企业每销售一次商品,不论数量多少,其支付的费用都差不多。

3. 交易折扣

也称功能折扣,是由企业向中间商提供的一种折扣。不同的中间商,企业可根据其提供的各种不同服务和担负的不同功能给予不同的折扣优待。但对同一层次的渠道成员一般应提供同样的交易折扣,如对所有一级批发商均给予同样的折扣点。当然,同时还可以结合数量折扣等。

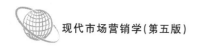

4. 季节性折扣

季节性折扣是生产季节性商品的企业向在季节前后购买非时令性商品或提前定购季节性商品的中间商给予一定的价格折扣。这对中间商有好处,也有利于企业安排生产。如一些季节性明显的服务行业在淡季时给予顾客一定的价格折扣;再如,圣诞节礼品季节性很强,中间商订购时间越早,给予的折扣将越大。这种做法,第一可以调节供求;第二对顾客有利;第三总体上企业仍有利可图。

5. 推广折扣

推广折扣是企业向为其产品进行广告宣传、橱窗布置、展销、促销活动的中间商提供的一定的价格折扣或让价,作为给中间商开展促销工作的补偿,以鼓励中间商积极为企业产品扩大宣传。

四、地理差价策略

这是根据买卖双方地理位置的差异,考虑买卖双方分担运输、装卸、仓储、保险等费用的一种价格策略。

1. 产地价格策略

产地价格又称离岸价格,是卖方在产地将货物送到买方指定的车船上,卖方只负担货物装到车、船上之前的一切费用和风险。交货后,商品所有权即归买方所有,商品的运杂费、保险费等亦全部由买方自行负担。这种价格策略实行单一价格,适合于各个地区的顾客,对卖方最便利省事,也节省费用,但有时对扩大销售和市场占有率不利。

2. 目的地交货价格

是按照合同规定,卖方产地价格加上到达买方指定目的地的一切运输、保险等费用所形成的价格。目的地交货价格在国际贸易中又分为目的地船上交货价格、目的地码头交货价格、买方指定地点交货价格。

3. 统一交货价格

又称到岸价格或送货制价格。即不分买方路途远近,一律由卖方将商品送到买方所在地,收取同样的价格,也就是运杂费、保险费等均由卖方承担。这种策略适用于重量轻、运杂费低廉、其占变动成本的比重较小的商品。它能使买方认为运送商品是一项免费的附加服务,从而乐意购买,以扩大产品辐射力和市场占有率。

4. 分区运送价格

也称地域价格,是卖主将市场划分为几个大的区域,根据每个区域与卖方所在地距离远近分别定价,在各个区域内则实行统一价格。

5. 津贴运费定价

主要为弥补产地价格策略的不足,减轻买方的运杂费、保险费等负担,由卖方补贴其一部分或全部运费。这种策略对扩大销售有利。

第四节 新产品定价与价格调整

一、新产品定价

新产品定价时面临较困难的境地,此时对消费者的认知价值难以确定,又无竞争者价格作参考,尤其对全新产品和革新型产品。新产品定价通常可采用以下几种基本定价策略。

1. 取脂定价

又称"撇奶油"定价,即在新产品刚进入市场的阶段(产品生命周期的引入期)采取高价政策,在短期内赚取最大利润,就好像在牛奶中撇取奶油一样,尽快获取产品利益。采取这种策略的理由是:首先,认为新产品刚投放市场,需求弹性小,竞争力弱,以高价刺激用户,再配合产品本身的特点,有助于提高产品地位,刺激需求,开拓市场。其次,采取这种定价策略,一旦发现高价使产品难以推销时容易改变策略,降低价格,迎合消费者,而如果一开始就实行低价以后再提价,就会影响销售量。最后,利润高,资金回收快。这些理由也是这种策略的优点。

取脂定价的缺点是:首先,新产品刚投放市场,产品声誉尚未建立,即以高价投入,不利于市场开拓,有可能影响销售量,甚至由于价格太高不能被顾客所接受,而使新产品夭折。其次,价格高,销售量可能达不到预期值,反而使利润更少。最后,高价带来的高额利润可能吸引众多竞争者迅速跟进,与之竞争的结果是价格迅速下跌。所以,取脂定价策略主要是一种短期价格策略。一般说,取脂定价适用于产品有明显创新或独特性,消费者对价格相对不敏感但对产品的认知价值要求高的市场。

2. 渗透定价

这是以低价投放市场的策略。这种策略的优点是:产品能很快被市场所接受,有利于迅速打开新产品的销路;由于是低价薄利,能有效地排斥竞争者进入市场,使企业较长期占据市场优势地位,竞争相对较弱。

缺点是:利润低,投资回收期长;当新产品大量上市时,不易再降价与竞争者竞争;若成本上升需调高价格时,也会引起顾客不满,影响销售量;由于低价出售新产品,会使顾客误认为产品质量不高,影响购买,还有可能影响企业和产品的形象。

渗透定价策略是一种长远的价格策略,适用于需求弹性较大、竞争对手较多、竞争者易进入市场和企业在成本方面有一定优势的产品。显然,当生产的规模经济性明显或存在竞争者进入的威胁时,采用以牺牲短期利润换取销售规模的渗透定价更为合适。

3. 满意定价

是介于以上两种策略之间的适中价格策略。在既不适合采取取脂定价策略,也不适合采取渗透定价策略时,可采用满意定价策略,达到产品价格能被顾客接受,企业又有一定利润的目的。

二、价格调整

调整价格指的是当公司经营环境或企业经营战略发生变化时面临的提价或降价问题。在以下几种情况发生时,企业可能主动降价。

① 生产能力过剩。如企业增加了新的生产线,生产能力大大提高但市场却是有限的,为挤占竞争对手的市场份额必然降价。近年我国家电业中一些大企业频繁挑起价格战即因这一点。

② 市场占有率下降。这通常发生在新进入的或已有的竞争对手采取了更具进攻性的营销策略,以挤占市场时。企业为防止市场份额继续丧失,不得不采取削价竞争。但此种策

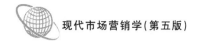

略可能风险很大,导致恶性循环,对中小企业来说难以持久。

③ 经济不景气,消费者购买意愿下降时。这在一些选择性商品上更为突出。一方面,经济不景气,消费者实际收入和预期收入均下降,对一些可买可不买的商品会推迟购买,或选择价格较低的商品,这就迫使企业不得不降价。

另一方面,当成本上升、市场供不应求或通货膨胀发生时,企业可能不得不提价。当然,企业也可以不采取直接提价的办法,而通过减少分量、用较便宜的配料或零件代替、换用较便宜的包装材料或加大包装规格、减少某些不太重要的服务等办法来降低成本。但其前提是不能降低产品质量,否则将会影响企业与产品的声誉,甚至失去市场。

不管企业打算提价还是降价,预先都应对顾客、竞争对手、供应商和分销商会有何反应做出估计,并准备好相应的对策。

1. 简单分析影响价格决策的主要因素。
2. 成本导向、需求导向和竞争导向定价的基本原理和方法有哪些?
3. 简述主要的定价策略。
4. 新产品定价有何策略?
5. 你怎么看国内市场频繁发生的价格战,你认为有办法减少价格战吗?

格兰仕:低价战略的得与失

从1995年开始,格兰仕微波炉成为中国"第一",1998年之后,格兰仕微波炉成为世界冠军。然而,"第一"和"冠军"似乎并没有带来相应的荣耀。

20多年来,秉承"总成本领先、摧毁产业投资价值"理念的格兰仕已经伤痕累累、身心俱疲。竭泽而渔的价格战无以为继,从价格到价值的战略转型却又步履蹒跚。始于2005年前后的战略转型和组织变革,目前仍阻碍重重。特别是在全球原材料上涨、人民币升值的前提下,格兰仕如何保持高速增长,已经成为其发展道路上的最大难题。

格兰仕变革,路在何方?

号称"价格屠夫"的格兰仕曾经高调宣布"要以低价战略把微波炉产业做绝、做穿、做烂,做到没有投资价值的格兰仕",如今,格兰仕实现了目标但缺失了自己,最终还是选择了多元化的道路。

低价制胜

1992年,广东顺德桂洲镇(现在的容桂镇),时年55岁的梁庆德毅然关闭了效益良好的桂洲羽绒厂,他要做一件更有前途的产品——微波炉。鸡毛掸子起家的格兰仕做家电,在当时是个天大的笑话,但是梁庆德力排众议、决意为之。

当时,中国本土微波炉市场的厂商数量很少,并且规模都不大。1992年,中国微波炉行业主要有蚬华、松下、飞跃、水仙4个品牌。1993年,国内市场份额最大的是蚬华,约占50%,但其在国内的年销量也不过12万台;松下是中国市场最大的外资微波炉品牌,产品价格多高于3000元。1994年,松下、日立相继在中国投资设立微波炉工厂,但设计产能均仅为 30 万台。1995 年,LG 在中国天津投资设立微波炉工厂,其 70% 左右的产能都用来满足国外需求。

1995 年是中国微波炉市场的一个分水岭。此前格兰仕并无任何优势可言,基本上跟着蚬华这样的知名品牌亦步亦趋,小心跟进、大胆模仿。

格兰仕这个时候选择的是做代工(original equipment manufacturer,OEM)。和其他OEM 不同的是,它将国外的生产线直接搬了回来,没有花钱,跟国际公司按照比例分成,在价值链的低端参与竞争。

1995 年 5 月,俞尧昌与格兰仕董事长兼总裁梁庆德会面。双方一见如故。俞尧昌是营销策划的好手,他提出了"价格驱动、引导消费"的概念,提倡文化营销。共同的理想、共同的语言很快使两人走到了一起。

当时,市场中常见的营销方式仍是电视广告,但这需要很高的资金投入。格兰仕一方面积极与报刊合作,采取宣传微波炉使用知识的"知识营销"手段;另一方面,在"供过于求、产品过剩"的市场现实下,格兰仕通过大幅降价引起媒体广泛关注,以制造轰动效应。资料显示,一些年销售额与格兰仕相当的家电企业投入广告上亿元,而格兰仕早期每年的广告费用仅 1 000 多万元。格兰仕"取胜"的秘诀,就是"价格战"。

按照梁庆德的思路,格兰仕要做到微波炉产品的全球市场垄断:"做绝、做穿、做烂,在单一产品上形成不可超越的绝对优势,这叫做铆足力气一个拳头打人。"而格兰仕副总裁俞尧昌则这样定位价格战:"为什么我们要这样做?就是要使这个产业没有投资价值。"

1996 年 8 月,格兰仕微波炉第一次降价,平均降幅达 40%,当年实现产销 65 万台,市场占有率一举超过 35%。格兰仕的"价格战"有两大特点:一是降价的频率高,每年至少降一次,1996 年至 2003 年的 7 年间,共进行了 9 次大规模降价;二是降价的幅度大,每次降价最低降幅为 25%,一般都在 30%~40%。从 1993 年格兰仕进入微波炉行业至今,微波炉的价格由每台 3 000 元以上降到每台 300 元左右。

格兰仕的多次大规模降价,的确使微波炉利润迅速下降,规模较小的企业根本无法支撑。据三星经济研究院的研究资料,格兰仕在当生产规模达到 125 万台时,就把出厂价定在规模为 80 万台的企业的成本价以下;当规模达到 300 万台时,又把出厂价调到规模为 200万台的企业的成本价以下。1997 年、1998 年,格兰仕微波炉的利润率分别为 11%、9%。1999 年,格兰仕主动将利润率调低到 6%,此时,中国市场的微波炉企业从 100 家减少到了不足 30 家,格兰仕的市场份额达 70% 以上。

转型困惑

2000 年是格兰仕事业发展的一个拐点。当年 6 月,梁庆德交棒,梁昭贤成为格兰仕集团执行总裁,开始全面掌管格兰仕。

那时格兰仕微波炉已经快触到了天花板。微波炉的市场空间难以支撑格兰仕的快速发展,格兰仕也因此迎来了一个发展瓶颈,要么死守微波炉大王的荣誉慢慢走向衰落,要么开辟新的领域进行转型,以实现二次跨越发展。

当时的空调领域被誉为家电行业里的"最后一块肥肉",空调产品的利润率达 20%~30%,且当时的空调业还处于群龙无首的状态。

2000 年,格兰仕宣布全面进军空调领域,并宣称要做"全球最大空调专业化制造中心",2001 年,格兰仕就实现产销量 50 万台。格兰仕想复制微波炉的成功模式,用价格战与规模化生产的模式切入空调领域。

但是意外发生了。2001 年,空调业一下子挤进来大量的新生力量,乐华、新飞、奥克斯等。接着,长虹、TCL、小鸭三大家电企业分别收购三荣、卓越、汇丰三家空调企业。资本的大举进入使空调业迅速由暴利转入微利,而这对格兰仕无疑是迎头一击。

尽管格兰仕实现了空调的快速投产,但其微波炉的微利模式当时在空调业根本无法施展。作为大家电之一的空调产品却有着完全不同于微波炉的技术、工艺、运营、销售等需求,而且空调领域需要的投资巨大,尽管格兰仕的成本控制能力很强,但是由于其规模受限,这种微弱优势很容易就被抵消了。

2005 年格兰仕向世界宣言:"我们要将空调产品做成格兰仕的第二个'世界第一'。"这句话再次掀起巨浪。

与微波炉业不同的是,2005 年,空调业巨头林立,行业产品的价格和利润已经很低了,格兰仕是在这种情况下起步,去挤占别人的市场,如何能够创造性地颠覆现有空调企业的运作模式,同时又不能破坏行业的健康发展,这是个问题。

格兰仕的老对手美的电器,同在顺德,与格兰仕相距不过 15 千米,却选择了一条与格兰仕完全相反的路。与梁庆德的排斥上市不同,美的创始人何享健认为,股份制改造能使企业更加规范,通过上市可以获得融资,有了资金,有了好的机制,企业何愁不能发展?

所以,在梁庆德忙着打价格战圈地之时,何享健则不断通过资本运作并购白电领域的企业,比如华凌、荣事达、小天鹅,拥有了洗衣机、冰箱、空调多品牌的全线白电产品线。

如今格兰仕从微波炉领域跨到空调领域已经 10 年了,梁昭贤多次坦言,在空调市场曾经走过不少弯路,对国内市场的复杂程度估计不足。截至目前,格兰仕空调仍旧在国内第四、第五的名次上徘徊。

价值回归

2004 年 7 月,梁庆德与曾和平在美国邂逅。在梁三顾茅庐的诚意邀请下,曾和平"空降"格兰仕担任副总裁兼新闻发言人。2006 年,以"价格屠夫"著称的俞尧昌以休假的名义暂时退出格兰仕的管理层。

曾和平曾是广东省外贸集团总经理,与梁庆德邂逅时,他刚刚结束在美国的 MBA 学习。记者与他有多年的交往,总结其人的特点为:对企业管理非常在行,对经济学理论也深知其道,然而其为人耿直,言语经常一针见血。

在此之前,格兰仕的经营出现了困难:2004 年 9 月,格兰仕出口亏损 2.19 亿元。在曾和平看来,格兰仕遭遇的困难表面上看是外部环境的恶化,实质上是企业多年粗放式管理弊端的总爆发;过去十多年格兰仕实行的是一种高度中央集权的管理模式。随着企业组织规模的不断扩大和经营品种的不断增多,这种高度集权的管理模式使得集团高层领导天天忙于事务性工作,无暇考虑企业的发展战略,问题就来了。

曾和平"空降"后做的第一件事就是提价。在他看来,低价策略意味着自杀,他希望通过"技术创新与价值提升"让格兰仕告别"价格屠夫"的形象,这被认为是格兰仕从价格战向价值战的转型。

"当时格兰仕的体系一直停留在以 OEM 和 ODM(original design manufacturer,原厂委托设计)为主的生产经营方式,一直处于低端参与国际的分工合作。"曾和平说,"基于这些考虑,整个集团痛定思痛,开始了一系列的大刀阔斧改革创新。"格兰仕终于做出从"世界工厂"

向"世界品牌"转型的决定。同时为了防止仅靠微波炉市场的薄利无以为继,决定成立中国的空调基地,并大力发展小家电,以平衡只有一条腿的桌子,用微波炉、空调和小家电形成"三个支点的一个面"。

格兰仕的战略转型收获了成果。2005—2006 年,在原材料价格上涨和人民币升值的双重压力下,格兰仕没有重蹈 2004 年的覆辙:2005 年销售额同比增长了 30.95%,利税总额同比增长了 67.88%;2006 年销售额同比增长了 12%,利税总额同比增长了 37.5%,并创下了格兰仕 29 年来最好的经营业绩。

2007 年 9 月 7 日,时任格兰仕副总裁的曾和平在央视《对话》栏目"对话格兰仕谋变"中,指出了格兰仕的诸多危机,包括价格摧毁政策增加销量却迎来亏损;企业内部管理混乱;员工酝酿大逃亡,现金流管理也一塌糊涂。曾和平其实是想传递"新的格兰仕正在破茧而出"的信息,以期在谋划上市之际赢得资本市场的信心。然而,曾和平却无意中道出了格兰仕的家丑。

颇具意味的是,"对话事件"不久,曾和平意外离开格兰仕,俞尧昌重新回来。在实施变革一年多之后,此举是否意味着格兰仕将重回"价格屠夫"的轨道?俞尧昌回归之后,对此予以了否认:"格兰仕不会进行简单的价格战,而是向高附加值的价值领域挺进。"

(改编自《企业观察家》,2011 年 9 月)

1. 结合格兰仕的案例,你是否赞同其"就是要使这个产业没有投资价值"的低价策略,为什么?

2. 通过此案例的分析思考,你如何理解价格策略与价值策略之间的关系?

3. 结合竞争激烈的中国家电市场特征,你认为格兰仕未来发展的出路在哪里?

第 *10* 章
渠道策略

在现代商品经济条件下,生产和消费在时间、空间、数量、品种结构上相分离,这一切矛盾以及商品所有权的转移和生产者、消费者之间的信息沟通,大都离不开中间商或其他中介机构。分销渠道决策就是企业如何对这些中介机构进行选择和管理。

第一节　分销渠道的作用

分销渠道(也称销售渠道或配销通道)是指产品从生产向消费者或用户转移中经过的通道,这一通道由一系列的市场中介机构或个人组成。换言之,一切与商品转移相关的中介机构或个人组成了商品的分销渠道。渠道的起点是生产者,终点是消费者或用户,中间环节有各类批发商、零售商、代理商、经纪人和实体分销机构。

中间商是人类社会分工的产物,并随社会分工和商品经济而发展。早期的原始部落内既没有交换,自然也没有专事商品专换的商业。人类社会分工,首先是农业部落从专事狩猎与畜牧的部落中分离出来;然后是手工业与农业分离。这种分离的结果是生产和消费相分离,交换产生。当私有制、商品生产和商品交换变得日趋复杂时,在专门化的商品生产者与消费者之间,商人作为商品交换的媒介出现。这就是人类社会的第三次大分工。

第一,中间商的介入看上去使交换变得复杂了,但实际上却减少了交易次数,提高了效率,使整个社会商品交换的总劳动得到节约(见图 10-1)。3 家制造企业,每家都向 6 个用户出售自己的产品,总计要发生 $3 \times 6 = 18$ 笔交易。而如果有一中间商介入,则只需发生 $3 + 6 = 9$ 笔交易。以此类推,卖者和买者数量越多,中间商介入所减少的交易次数及节约的社会总劳动就越多。这是中间商最重要的贡献。

第二,从功能看,一方面中间商分担了制造企业的市场营销职能;另一方面,对消费者或用户而言,中间商又为他们充当购买代理,将大批量购进的商品分解成适合消费者购买的多品种、小批量,送达便于消费者购买的地点,为消费者提供购买信息、产品质量担保和各种服

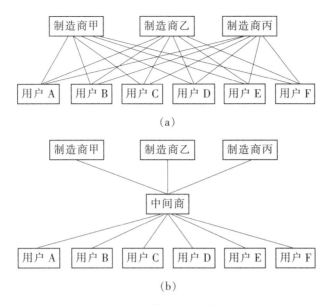

图 10-1 中间商节约社会总劳动示意图

务,并在生产者和消费者之间沟通信息,调解矛盾。

第三,作为社会分工的产物,中间商由从事某种市场营销职能的专业人员组成,他们更了解市场,更熟悉消费者,对各种营销技巧掌握得更熟练,更富营销实践经验,并握有更多的营销信息和交易关系。因此,由他们承担营销职能,工作将更有成效,营销费用相对较低。在改革之初,我们的一些生产企业不相信这一点,不管有条件没条件都纷纷自办销售,结果不久就发现缺乏相应人才,产品线范围太窄,规模小,市场需求波动大,产品畅销时好办、滞销时难办,最后不少生产企业的销售门市部不得不关门,或改为多种渠道进货的一般商业机构。

第四,中间商能为企业节省资金投入。作为一个独立的行业,中间商有自己独立的投资。如果生产企业自己承担营销职能,它必须为此投入资金、人力和设备;如果它将营销职能转给中间商,不仅可得到专业人员的工作效率,还能相应地节省资金投入,而将这笔资金用在新产品开发或扩大生产规模上。这很类似企业在其他方面购买的专业服务,如金融服务、医疗服务、清扫服务、安全保卫服务等。

第五,中间商能帮助生产企业开发市场。一般说,中间商更了解市场需要,有更广泛的市场业务联系面,尤其是企业打算进入某个陌生的地区市场或向市场推出新产品时,中间商的帮助更为重要,这就是中间商的所谓眼长、手长、腿长。现代商品社会,生产规模日益集中,这决定了企业市场的辐射面扩大,即潜在顾客分布在更广大的地理区域内。对这样广阔范围内的营销活动,一般规模的生产企业很难顾及到,因此需要大批当地的中间商帮助宣传商品、开拓市场、组织销售。

当然,也不是说所有企业都要使用中间商建立分销系统。面对产业市场的制造商,尤其是产品专业性强、用户面窄或用户采购批量很大时,通常可建立直接渠道。在消费市场上,一些财力雄厚、品牌知名度极高的大公司也可能自己组建高度垂直一体化的销售公司或专卖店。但对大多数规模不太大,市场又分散的企业来说,利用中间商组建分销假渠道是必不

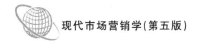

可少的,经济上也更为合理。

第二节　分销渠道的构成与中间商类型

如前所述,分销渠道由生产企业、最终用户和参与将商品从生产者转移到最终用户的各类中间商组成。不过,消费者市场和产业用户市场分销渠道的构成又有不同,如图 10-2 所示。总的来说,消费者市场分销渠道所含中间商的数目较产业用户市场要多;消费者市场分销渠道的出口是零售商而产业用户市场的分销渠道成员中没有零售商。

一、分销渠道结构

进一步考察分销渠道的结构,我们一般从有无中介环节、环节的多少及每一环节含中间商数量的多少几方面对分销渠道进行划分。

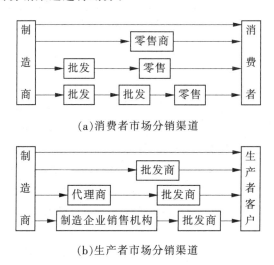

(a)消费者市场分销渠道

(b)生产者市场分销渠道

图 10-2　分销渠道结构

1. 直接渠道与间接渠道

按照商品在流通过程中是否经过中间商转卖,我们将分销渠道分为直接渠道和间接渠道。前者由生产企业直接将产品卖给用户,没有中间商介入。销售形式有:推销员上门推销、邮寄、定做、自设销售机构等。直接销售大多发生在产业用户市场上,但近年在消费者市场上也有发展,如通过电视、电话、互联网的直销、自动售货机等销售计算机、服装、珠宝、家庭用品、饮料等。

间接渠道指至少含有一层中介机构,是消费市场上占主导地位的渠道类型,它有以下几种结构:

① 一层渠道。制造商与用户之间只有一层中间环节,如只有零售商或只有批发商。在消费市场通常是零售商;在产业用户市场,则是批发商或代理商。

② 二层渠道。制造商与用户之间有两层中间环节,如消费者市场的批发与零售,产业用户市场的代理商与批发商。

③ 三层渠道。制造商与用户之间有三层中间环节,如消费者市场,在批发与零售之间

再加上一道批发。产业用户市场这种三层渠道的情况已较少见。

2. 长渠道和短渠道

根据商品在流通过程中所经中转环节的多少,我们将分销渠道分为长渠道和短渠道。显然,没有中间环节的直接渠道最短;中间层次或环节越多,渠道越长。我们通常又把三层和三层以上的渠道称为长渠道,三层以下的称为短渠道。不过,渠道的长与短只是相对而言,特别是不能由此断言孰优孰劣。实际上,企业往往采取多种分销渠道销售产品。同种产品,由于市场地理位置的远近不同,远处的需要长渠道,近处的可用短渠道;同种产品,在市场远近相似的情况下,中间商规模大小的不同也会影响渠道长短,如通过大型零售店销售渠道可相对较短,通过小型零售店销售渠道可能较长。

3. 宽渠道和窄渠道

渠道的宽与窄,取决于商品流通过程中每一层次选用中间商数目的多少。如生产便利品的企业通常选择许多批发商和零售商组成其分销渠道,以便分散的顾客都能方便地买到商品;反之,经营特殊品的企业在一个城市也许仅选择一家特约店为其经销商品,因为其目标顾客不在乎购买是否方便。前者我们称之为宽渠道,因为每一层次有众多的同类中间商;后者我们称之为窄渠道,每一层次中间商的数目少到了极限。当然,除了这些独家经销的情况,宽窄之分也是相对而言。

中间商由专门从事商品流通经营活动的企业和个人组成,他们的基本职能是作为生产和消费之间的媒介,促成商品交换。随着社会分工的发展,企业内部的职能分工也在划细,形成批发和零售两大类。批发的功能是将购进的商品批量转售给各类组织购买者,包括生产企业、服务企业、零售商、其他批发商和各种社会团体机构;零售的功能则是将商品卖给最终市场上的个人消费者。

二、批发商

以批发经营活动为主业的企业和个人称之为批发商。按职能特点分,批发商有四种类型。

1. 商业批发商

具有独立投资、专门从事批发经营活动的企业或个人。他们对经销的商品拥有所有权,并提供广泛的职能服务。如典型的完全职能的商业批发商,除从事商品买卖活动外,还承担商品储存、运输、挑选、拼配、分装、资金融通等职能。我们过去的国有批发企业大多属于这类批发商。当然,也有一些商业批发商除从事商品买卖活动外,只提供部分职能服务,如只承担送货,而将储存、拼配等工作委托给专业的仓储公司;或者甚至将所有与商品实体转移有关的活动均委托给物流公司,达到了商流与物流的彻底分离。不过,就我国目前而言,后一种情况还不太常见。

商业批发商可根据承担职能的多少分为完全职能批发商和部分职能批发商;按经营商品范围宽窄分为综合批发商和专业批发商;按市场覆盖地域大小分为全国性批发商和地区性批发商。

完全职能的批商又分为两类:

① 主要面向零售商销售并为零售商提供广泛服务的批发商。这类批发商的主要差别

在于他们经营商品范围的宽窄不同,如综合商品批发商、药品批发商、五金批发商和汽车零件批发商。

② 工业配销商,指那些向生产企业而非零售企业销售商品的批发商,经营内容主要是各种生产设备,如电动机、滚珠轴承、手动和电动工具、叉车、维修保养品等。

有限职能批发商有以下几种:

① 现购自运批发商,主要经营周转快的商品。顾客到批发商那里选购商品,当场付款,自行负责提货和运输。

② 卡车批发商,与上述现购自运批发商正好相反,主要行使送货职能,通常是易腐或半易腐商品(如牛奶、面包),经营者经常开着装满货物的卡车访问顾客,到小货杂店、超级市场、医院、餐馆和饭店巡回销售。

③ 承销批发商,一般经营木材、煤炭和重型设备等大宗商品,他们既不掌握商品实体(存货),也不负责运输,而是在收到订单后,与生产商联系,生产企业根据商定的交货条款和时间直接向顾客发货。看上去承销批发商有限的职能与代理商差不多,但二者有本质的区别:从收到订单时起,承销批发商就拥有了这批货物的所有权,并承担风险,直到将货送交顾客为止,这是代理商所不具备的。

④ 托售中间商。有些零售商不愿承担经销某些品类繁多小商品的风险和麻烦,于是有了托售中间商。他们派车送货上门,并布置货架、更新现场陈列、自行定价、记录商品销售情况。这里的零售商实际是一种代销关系,托售商一直拥有商品的所有权,待商品售出后才向零售商收款。托售中间商主要经营非食品的药品、书籍、小五金、保健美容用品等,都是已做了大量广告的品牌商品。

2. 代理商和经纪人

代理商与商业批发商相比有以下显著区别:① 对所经营商品没有所有权,与商品买方或卖方是代理关系,而无买卖关系,因此一般不需大量投资。② 商业批发商通过商品买进卖出,赚取购销差价,扣除商业费用后的所得为利润;代理商在买方卖方之间牵线搭桥,自己并不实际买进卖出商品,故所得为佣金。③ 代理商的经营范围一般较小,专业性较强,更不会承担商业批发商那么多的职能。

代理商和经纪人在一项交易中只能代表买方或代表卖方,不能同时代表买卖双方。一些经纪人则哪方也不代表,只在买方、卖方之间起牵线搭桥作用。代理商根据委托人的不同,可分为制造代理商、销售代理商、采购代理商等。计划经济体制时,我国明文取消了代理商和经纪人,现在,随着市场经济的建立和发展,代理商和经纪人已在流通领域合法存在,并有很大发展。

3. 生产企业的销售机构

生产企业组建有相对独立经营权的销售组织,近年无论在国际还是国内市场均有很大发展。这与制造企业规模扩张、产品品种规格众多及力图更有效地控制产品销售过程有关。当生产企业不打算采用独立的批发企业分担营销职能时,就自建销售分支机构。

生产企业销售机构的规模有大有小,独立程度也不同。有的可称为接近独立的销售公司,有自己的存货和庞大的销售网,几乎承担了企业全部的营销职能。如巨型的汽车制造厂商在世界各地设置数百上千的汽车销售商店和维修服务站,几乎控制了产品销售的全过程。IBM 公司在世界各地都设有销售办事处,不仅向计算机商店、办公用品经销商推销产品,还直接与政府机构、科研院所、大学打交道。中国目前多数大型家电企业也都组建了自己遍布全国的销售分公司，在许多城市都是直接向零售商推销产品。一些空调企业、名牌服务企业还直接开设了零售专卖店，如科龙、杉杉、鄂尔多斯。

4. 大宗商品的专业批发商

这类批发商的业务特点是将分散的货源收集组织起来，然后大宗地批发出去。最典型的是各类农产品收集商、石油商。他们的另一特点是业务范围窄而专一，配置有各种专用的仓库、运输设施，而活动范围或市场覆盖面却十分广大。如数十个大型专业批发商几乎垄断了世界谷物市场。石油、军火、木材等交易也有这一特点。

上述四类批发企业中，首先是商业批发商约占了整个批发销售额的 50%～60%；其次是制造企业的销售机构，约占 20%～30%；最后是代理商和经纪人，约占 10%。

未来批发商的发展，一方面将继续由少数专业大公司控制，其经营业务在地理区域上扩展；另一方面，也面临大型零售企业、连锁店自营批发的挑战。从现代技术在流通领域应用的角度看，计算机和现代通信网络的广泛应用，使生产企业与产业用户和零售商之间的直接联系更为容易；物流与商流的分离，则使提供完全职能的传统商业批发商面临着投资少、费用低的有限职能批发商甚至代理商、经纪人的挑战。

三、零售商

凡以零售经营活动为主的企业或个人称为零售商。零售商是将商品送达个人消费者手中的商品分销渠道的出口。由于消费者市场的分散，在所有商品经济发达的国家里，零售都是一个十分庞大的行业，拥有超过生产企业与批发企业之和的数量和众多的就业者。

零售企业数量多，形式也多，由于竞争激烈，零售业被公认为经营形式经常发生变化的行业。改革开放 30 多年，我国零售业的变化同样巨大：传统百货公司一方面向超大型、超豪华发展；另一方面又面临各类大型综合超市、专业家居、家电大卖场的激烈竞争。形形色色的食品超市、便利店代替了旧的副食店、菜市场、粮店。各种品牌专卖店如雨后春笋，将过去的综合型专业店细化……总的看来，在零售经营形式上，我们正走向与世界各发达国家相类似的道路。

从经营形式看，零售首先可分为有门店和无门店两类。有门店零售即我们大家熟悉的零售商店；无门店零售从邮购开始，消费者通过邮寄的商品目录、报刊、电话、电视和互联网获得商品信息，再通过电话、邮件、传真或网络直接向厂商订购商品或服务。无门店零售还包括上门推销和自动售货机等。有门店零售主要有以下几种经营形式：

① 百货公司。起源于 19 世纪中叶的欧美，商店规模较大，经营商品范围较宽，档次较高，属大型综合性商店。内部按照服装、饰品、家庭日用品、洗涤化妆品、五金商品、文化用品等分为不同的商品部。每一大类商品部经营着多个品种、规格的商品。通常在城市的最大商业中心都有 1～2 家大型百货公司，经营商品品种可达数万种到数十万种。在城市二级、三级商业中心或郊区购物中心，则有规模较小的 1～2 家百货公司。我国改革开放后的 20 世纪 80 年代末到 90 年代初，城市大型百货公司数量剧增，这一方面反映了消费者购买力的提高；另一方面也缘于商品品种的极大丰富。但目前无论中国还是发达国家的传统百货公司都正面临着新型零售形式竞争的巨大压力，而不得不调整自己的经营战略和商品结构。

② 专业商店。通常只经营某一大类商品,产品组合窄而深。如我们常见的服装店、鞋帽店、床上用品商店、照相器材商店、体育用品商店、书店。专业商店是组成各类商业中心和购物中心的主力,每个商业中心除有一两家百货公司外,主要由众多的专业商店组成。专业商店的经营要点是产品花色、品种、规格齐全,以供消费者选择。它的一大特色是往往经营同类商品的若干家专业商店聚集在一起,生意反而更兴旺。专业商店的数量众多,规模、档次也相差甚远,与综合型商店总是处于某种竞争中。

③ 超级市场。起源于 20 世纪 30 年代,但第二次世界大战后才在美国迅速发展起来,随后被推广到很多国家。超级市场是一种大规模、低成本、低毛利、消费者自我服务的零售经营方式,主要经营食品,后来又发展到经营洗涤用品、家庭日用杂品、药品、小五金等众多种类的日用小包装商品,以进一步扩大销售、降低成本。现在美国的超级市场的食品销售额几乎占到其销售总额的 75% 以上,单店最低年销售在 200 万美元以上。

我国在 20 世纪 80 年代初就曾开办了超级市场,因主要突出了开架售货,故称自选商场。但那时的自选商场大多规模很小,经营成本较高,普通居民的收入水平难以承受各种小包装商品的高价位,因此大多数自选商场都未能生存下来。到 20 世纪 90 年代初,超市又重新红火起来。短短几年间,城市居民已接受了这种新的经营和购物方式,综合性的食品超市在大中城市已取代了传统的副食店、粮店、菜店,并向中小城镇发展。

④ 超级商店。国内又称大卖场,是在超级市场经营食品的基础上增加非食品项目的经营,营业面积更大,经营品种更多,可满足消费者一次购齐食品和日常用品的需要。法国的家乐福和现在中国的沃尔玛超级中心就是典型的超级商店。

⑤ 批发俱乐部。起初主要面对小型公司、个体企业的批量购买,后来逐渐扩大到一般消费者,但采取会员制,定期缴纳会费,凭卡进店采购。单店的面积巨大(上万平方米),年销售额在千万美元以上,店址偏僻,经营产品线宽,但每类商品品种不多,以周转快的全国性品牌商品为主。店内商品均直接码放在货架上,很少店内装修,最低购买包装较大,与一般零售店比可称得上是批量购买。沃尔玛公司的"山姆俱乐部"和德国的"麦德隆"是典型的批发俱乐部商店,它们都已在我国京、沪、穗等大城市开有分店,也带动了国内各种仓储俱乐部式商店的发展。

零售业在 20 世纪的另一重要发展是连锁商店。连锁商店少则两家、多则数千家,它们有同一的所有者,实施统一管理、销售同类商品,集中采购。连锁商店可以是超级市场的连锁、专业商店的连锁、百货公司连锁,也可以是旅店连锁、快餐连锁。严格说,连锁是一种组织形式,而非经营方式。

有时连锁商店的成员也并不都属同一所有者,或服从同样程度的统一管理。根据所有权和集中管理程度的不同,有直营连锁商店(corporate chain)、自愿连锁(voluntary chain)和零售合作社(retailer cooperative)之分。其中,直营连锁商店为同一所有者,统一店名,统一管理;自愿连锁是独立商店通过契约形式建立连锁关系,通常由一批发商牵头,统一管理,统一采购;零售合作社主要是一群独立的零售商组成一个集中采购组织。20 世纪 90 年代以来,连锁商店在我国也获得了迅速发展。最初是在超市和便民店,代表性的有上海华联超市、北京好邻居,随后发展到众多行业,如餐饮业、药店、鞋店、百货公司、书店等。现在国内非常有名的大型连锁公司有上海的联华和华联,北京的物美、国美、大中等。

连锁公司的发展有助于克服零售企业由于顾客分散造成的店址固定、单店规模小、经营成本高的限制,使企业通过统一进货、统一的标准化管理和统一做广告宣传形成规模效益,无论对大公司还是小公司都适合,在未来中国将很有发展前途。

另外,随着城市化的发展,人们收入水平提高,生活方式变化,特别是现代计算机通信网络、电视等媒体的发展,各种能节省人们购物时间的无店铺零售方式将会逐步发展,虽然人们买的商品品种更多,数量更大了,但花在逛商店购物上的时间将减少。

第三节 分销渠道选择

企业怎样为自己选择分销渠道呢?

一、要决策是否需要中间商

如果不需要,为直接销售;如果需要,为间接销售。当然,不需要也是一种选择。一种商品的分销是否需中间商参与,或需要几个层次的中间商,取决于以下几方面的因素。

① 产品特性。一般来说,鲜活易腐商品、时尚品宜直接销售,因这类产品在流通中时间因素特别重要,环节越少,从生产到达消费的速度越快;技术复杂、专用性强的商品宜直销,因中间商一般不具备所需的专业知识和技术;体积大、分量重、移动不方便的商品也适于直销,以减少中转的麻烦;制造成本与销售价格之间价差大、单价昂贵又需充分演示或较多附加服务的商品可直销。

② 市场条件。市场越分散,流通成本高、耗时长,越需要中间商;反之,用户规模大、位置集中、一次购买批量大,则可直销或采用短渠道。因此,一般说,对产业用户市场的用户可采用直销,对消费者市场则大多需相对长的渠道;当零售商规模庞大时,可采取一层渠道或至多两层渠道;当零售商十分细小时,中介环节自然要多些。

③ 生产企业状况。企业的规模大、声誉高、财力雄厚,具备市场营销所需的人员、设施、技术和经验,亦可采取直销,或短渠道;否则,只有采用间接渠道。此外,还要看企业的战略和目标。如果生产企业十分看重自己对最终市场的控制,或十分关注自己产品在最终市场上的销售情况,或认为由自己直接承担各项营销职能将比中间商更有效,那么,可以选择直销或短渠道。

最终,是否需要中间商取决于企业怎样做才能获得较高的利润。

假定某制造企业预计通过零售商可以销出 1 万件产品,出厂价每件 10 元,估计单位成本 8 元,则净利润 2 万元。如改为直销,假定也能销 1 万件,单价可增至 13 元,单位成本也因增加了流通费用增至每件 10.5 元,则净利润为 2.5 万元,在这种情况下,直销是更好的选择。但假如直销量到不了 1 万件,或单价卖不到 13 元,或流通加价不止每件 2.5 元,则可能出现不同的结果。总之,生产企业在做出是否利用中间商的决定前,务必先作一番计算。

二、确定所用中间商类型并选择具体的中间商

如果企业决定通过中间商分销其产品,就要决策所用中间商类型:是批发商还是零售商?什么样的批发商和零售商?用不用代理商?具体选择哪些中间商?

一个企业可采用本行业传统的分销渠道和中间商类型,也可开辟新渠道,选择新型中间

商。如第二次世界大战前,钟表作为精密的工艺制品在西方国家多通过珠宝店销售;第二次世界大战后,随着钟表工业大规模生产体制的发展,大量由机械制作的中低档钟表已不被珠宝店接受,开始通过百货商店和杂货店出售,这种大批量销售体制与大批量流通和大众化消费相适应,取得了成功。今天,随着钟表品种、规格、档次、花色、款式的多样化,还有了经营钟表的专业商店。再如我国市场上的家电,过去主要由百货公司经营;后来,一些大型专业家电连锁店建立,与百货公司展开竞争;现在,百货公司已基本退出了大型家电的经营。

现代商品经济条件下中间商的经营形式在不断变化、相互渗透,新的经营形式时常被创造出来,任何一家生产企业都不应囿于传统的渠道结构,而应不仅在产品上创新,而且在分销渠道决策上也要创新。

此外,选择中间商时还要考虑以下因素。

① 市场覆盖面。一是中间商的市场覆盖面是否与生产企业的目标市场一致,如北京的某企业打算在东北地区开辟市场,所选择中间商的经营范围必须包括东北三省。二是消费者的购买习惯,如减肥片、苗条霜一类商品可能最好是在药店出售,而不是选择百货商店的化妆品柜台。

② 中间商是否具有经销该种产品必要的专门经验、市场知识、营销技术和专业设施。如经销计算机、照相机等高技术产品,要求中间商具备必需的技术人才;一些中间商在销售食品方面极富经验,另一些在经营丝绸、呢绒方面历史悠久;有些产品需要人员推销,还有些产品需要独具魅力的现场演示。总之,不同中间商的经验范围和经营方式不同,能够胜任的职能也不同,制造企业必须根据自己的目标对中间商完成某项产品营销的能力进行综合评价之后才能做出选择。

③ 预期合作程度。有些中间商与制造企业合作得比其他中间商好,能积极主动为企业推销产品,并相信这符合他们自己的利益。有些中间商希望制造厂能为产品做广告或其他促销活动,扩大市场的潜在需求,使中间商更易于销售。还有些中间商希望供购双方建立长期稳定的商业关系,制造商能为自己提供随时补充货源的服务,特别是在产品紧俏时也能保证供货。当然,也有些中间商不希望与某一家制造商保持过于密切的关系。具体选择谁,就取决于生产企业的目标与策略了。

中间商类型的选择实际上也就决定了分销渠道的长度。因不同类型中间商承担营销职能的范围不同,而每一产品在整个营销过程中所需完成的销售工作量是不变的,如果选择了能承担大部分职能的中间商,环节就可相应减少;反之,如果选择的中间商只能完成有限的营销职能,其他职能必须得由另外的中间商承担,环节必然就多。如同样的啤酒,选择大饭店做客户和选择小杂货店做客户,所需环节就不同。大饭店有大量销售的能力,可由生产厂直接每日送货上门;小杂货店每日销量有限,又没有储存、运输能力,中间就需专业批发商介入,满足这类小店分散、小批量的进货要求。

分销强度或渠道宽度选择主要取决于产品类型:便利品显然需密集分销;选购品一般适合选择性分销;特殊品可选独家分销。归纳起来,在渠道宽度决策上有三种策略可供选择。

① 密集分销。是最宽的渠道。即选择尽可能多的批发、零售商推销产品,重心在扩大市场覆盖率或迅速进入某个新市场,让消费者能随时随地方便地买到产品。特别适于消费品中的便利品和各种服务。缺点是分销成本相应也较高,且不易控制。

② 独家分销。是最窄的渠道。即在一地区范围内只选择一家中间商经销产品,通常双

方协商签订某种独家经销或代理合同。独家分销对生产者的好处是有利于控制市场,加强对中间商的管理,并能加强产品形象,增加利润,但通常只对特殊品、专业技术性强的商品或名牌才适用,对便利品、选购品可能限制了市场覆盖面和销量。

③ 选择分销。介于密集分销与独家分销之间,即有条件地选择若干最适合的中间商经销自己的产品。这种做法适合于各类产品,特别是选购品。一方面,它比独家分销面广,有利于拓展市场,增加销售;另一方面,比密集分销节省费用,便于管理和控制,并加强与经销商之间的相互了解和联系,帮助经销商提高销售水平。不过,企业在刚刚进入市场及以后的不同阶段,可调整采用不同的渠道宽度策略。

第四节　分销渠道的管理

选好渠道成员后,企业还要决策如何管理渠道。一般说,制造企业不可能像它们控制产品、定价和促销那样直接控制分销渠道,因为中间商都是独立的经营者,他们要考虑自身的利益,有权在无利可图或不满意时拒绝合作。客观上,制造企业和中间商之间也存在诸多矛盾,如零售商希望存货尽可能少些为好,以节约空间和减少资金占用,一旦发生断档,又要求制造企业紧急发货,以抓住市场机会;而频繁供货使制造企业增加了送货成本,特别是小批量的紧急送货,增加的成本将减少企业利润。又如,制造商希望中间商全心全意,特别卖力地为自己推销产品,忽视或干脆拒绝经销其他企业的同类产品;中间商则希望多经销几种可供顾客选择的同类产品,而且要求制造商为自己的产品提供广告促销。

一方面,这些矛盾导致制造商和中间商相互竞争,在双方的关系中力争主动,取得更大的控制权。但另一方面,从根本上说,制造商和经销商的利益又是一致的,二者都只有通过将商品顺畅地卖给使用者才能获得效益,因此又要加强渠道内部各成员之间的协调与合作。为此,企业必须安排专人负责分销渠道的管理,其职责包括:

① 对每个渠道成员的工作效能进行评估。

② 了解中间商的要求并制定加强与中间商合作的措施。

③ 调整并减少与中间商在业务上的矛盾。

④ 保证对中间商的及时供货。

⑤ 必要时对分销渠道作出调整。

具体的管理程序为:

① 确定中间商的要求。中间商总会对制造企业抱有这样那样的希望,满足中间商的要求是鼓励中间商与企业保持良好合作关系的重要措施。企业应了解中间商具体有哪些要求,然后考虑怎样满足中间商的要求并使之满意。企业可以考虑以下诸方面的问题:

● 中间商对生产企业提供的产品价格有何期望。

● 对从发出订单到收到产品的时间长短有何要求。

● 中间商希望的送货频次。

● 在推销商品时,需要制造企业给予哪些帮助,如广告和公关方面的帮助。

● 希望生产企业提供市场调查所获信息的范围。

● 是否希望制造商帮助训练中间商的推销员或提供某些技术、维修方面的帮助。

● 企业推销员应为中间商提供哪些服务。

知道了中间商需要什么、哪些需要是关键后,还应了解目前中间商在该方面的满意程度。如不满意,是否需采取某些措施,使其得到满足。

② 激励渠道成员,减少生产厂与中间商的矛盾。生产企业对中间商应以"利益均沾,风险分担"的原则,密切双方的合作关系,共同搞好营销。有必要规定一些考核和奖罚办法,对中间商的工作及时考核,经营效果好的给予奖励或优惠待遇,并建立长期合作关系。

在减少矛盾方面,一是定期举行中间商与生产企业高层管理人员之间的会谈,及时沟通,消除分歧。二是制造商从各方面主动为经销商提供方便,如通过广告协助推销;价格合理并给予折扣优惠;提供销路好的产品和营销调研获得的有用信息;给予货售出后再付款的信贷优惠;在存货方面提供方便等。

③ 定期对渠道成员的工作进行评估。包括以下内容:

- 检查每位渠道成员完成的销售量、利润额。
- 查明哪些经销商积极努力推销本企业的产品,哪些不积极。
- 检查每位渠道成员同时经销了多少种与本企业相竞争的产品。
- 计算每位经销商订单的平均订货量。
- 检查每位经销商给商品定价的合理程度。
- 检查每位渠道成员为用户服务的态度和能力,以及它们是否令用户满意。
- 计算每位渠道成员的销量在企业整个销量中所占比重。

通过上述诸方面的评估,企业可鉴别出那些贡献较大、工作努力的渠道成员,对这些中间商企业将给予特别的关注,建立更亲密的伙伴关系。通过评估也可鉴别出那些不胜任的渠道成员,必要时可做出相应调整。

第五节　实体分销决策

实体分销即通过计划、实施与控制原材料和制成品,从生产地到达使用者,在满足顾客时间、地点及服务水准需要的基础上使企业赢利。实体分销由六方面的职能组成:运输、仓储、物料搬运、存货控制、保护性包装和订单处理。有效的实体分销管理被看做是企业获取利润、扩大销售、降低成本最有效的途径之一。现代科学技术的发展为提高实体分销效率提供了巨大的潜力,如计算机的广泛应用,高架、自动化仓库、巨型货轮、大载重量卡车和飞机、集装系统提供的水、陆、空联运等。

实体分销管理与市场营销其他领域的管理有所不同,它有自己一些特殊的规律。

首先,实体分销涉及大量的工程技术问题,现代化的运输、仓储、包装、装卸技术紧密地与实体分销的效率联结在一起。要提高实体分销效率、降低成本仅靠先进的管理方法不够,还必须有先进的物质手段。日本在20世纪60～80年代完成了这个转变,在国内建起标准化的现代物流系统。我国近20年来在通信、运输等方面也取得了长足的进步。

其次,物流管理的系统性十分突出。从企业内部看,物流组织与产品设计、渠道策略等相互影响,如无库存生产方式对物流水准提出了更高要求,而生产过程直接完成商品的小包装又能节省物流中分装、拼配等工作量,也减少了运输、储存中的麻烦。实体分销过程自身也是一个大系统,其中的各功能子系统相互依存、相互作用。如运输速度影响到库存规模,即运速快,较少的库存量也能满足周转的需要;反之,运速慢,库存量大,费用也高。再如,装卸搬运的机械化水平影响包装。若使用几乎可以免装卸的集装系统,商品包装显然要相对简化;粉粒状货物如水泥、谷物,用散装车、船运输,并储存在专门的筒仓中,更可以大大减少包装的费用。再从企业外部的角度看,单个企业实体分销的效率离不开整个国民经济发展水平的制约,交通运输、码头、航空港以及整个物流系统的标准化、社会化是全社会的大课题。为将社会库存及必要的物流量压至最低,必须依靠现代网络、通信信息技术,即只有能迅速、充分地沟通信息,并预测供求,才谈得上将物流量压至最低。

　　再次,实体分销管理中有大量需要权衡选择的问题,即当某个目标能较好地达到时,另一项目标却不能达到;或某项费用减少时,另一项费用却增加。如缩短送货周期、提供紧急订货可提高服务水准,吸引顾客增加订货,但频繁发货也带来运送成本的增加。又如,企业选择运量大、运费低的铁路运输方式节省了运费,但由于铁路运输货物在途时间长,不能实现门对门的直达运输需支付装卸搬运费,对货物包装要求较高,发生磕碰损失的风险大,造成的费用总和也许并不比其他运输方式低。由于客观上存在上述权衡关系,因此在决策时需选最优方案:在成本之间权衡时,选择总成本最低的;在成本与销售额之间权衡时,选择利润最大的。

　　最后,在实体分销决策中需要定量化的分析模型,尤其是在对物流过程实现自动化管理时,可以说处处离不开数学模型与计算机的结合。如实体分销中常见的送货路线决策、仓库选址决策、库存控制决策,都离不开相应的数学模型。

　　存货水平控制是实体分销决策中非常重要的一项。存货水平高,能更好地满足顾客提出的订单,增加销售,但需占用较大的仓储面积和较多的商品资金,仓储费用也相对较高。

　　在决定存货水平时,要将不同的存货水平与满足顾客订单的服务水平、销售量进行对比,再与存货费、订货费相比较。如某企业库存水平 200 万元时有 3% 的订单有误期交货的可能,库存水平降至 120 万元订单的服务率仍可达 96%,此时,显然可考虑降低库存至120 万元。

　　在补充库存时,订货费用和存货费用又是一对需权衡抉择的矛盾。当订货批量小时,订货频次增加,仓储费下降,订货手续费或运费却上升。反之,订货批量大,订货费用减少,但因仓储量增加,存货费上升。解决这一矛盾最常用的是经济订货批量模型。该模型的数学方程如下:

$$EOQ = \sqrt{\frac{2AB}{CD}}$$

式中:EOQ—— 经济订货批量;
　　A—— 年需要量;
　　B—— 每次订货费用;
　　C—— 单位购价;
　　D—— 存货费用率(等于储存费 / 全部存货价值)。

　　展望未来,恐怕没有哪一个领域比得上实体分销领域的变化大。我国正在大规模投资修建高速公路、高等级公路网,修建、扩建航空港、海港、铁路中转站,发展汽车制造、造船工业,但这些都还只是硬件,相比之下,我们可能更需要花大力气提高我们的管理水平,在实体分销领域首先推行标准化,然后是社会化、系统化,提高整体运营效率。

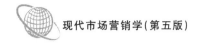

第六节 供应链管理

随着经济的全球化程度越来越高,社会分工越来越细化,企业的成功越来越依赖于其所在供应链的成功以及其参与所在供应链的运作的程度。

一、供应链管理的含义

供应链是由企业内部和外部为顾客制造产品和提供服务的各职能部门所形成的价值链,包括企业从原材料和零部件采购、运输、加工制造、分销直至最终送到顾客手中的完整环节。而供应链管理就是指对整个供应链系统进行计划、协调、操作、控制和优化的各种活动和过程,其目的就是要在总成本最小的前提下达到 7R,即在正确的时间(right time)将正确的产品(right product)按照正确的数量(right quantity)、正确的质量(right quality)和正确的状态(right status)运送到正确的地点(right place)、正确的顾客(right customer)。供应链管理是企业的有效性管理,表现了企业在战略和战术上对企业整个作业流程的优化,整合并优化了供应商、制造商、零售商的业务效率。

二、供应链管理的目标

通过建立供应商与制造商之间的战略合作关系,实施供应链管理,可以达到以下目标。

1. 对于制造商(买主)

降低成本、实现数量折扣和稳定而有竞争力的价格、提高产品质量和降低库存水平、改善时间管理、缩短交货提前期和提高可靠性、更好的产品设计和对产品变化更快的反应速度、强化数据信息的获取和管理控制。

2. 对于供应商(卖主)

保证有稳定的市场需求、对用户需求更好地了解和理解、提高运作质量、提高零部件生产质量、降低生产成本、提高对买主交货期改变的反应速度和柔性、获得更高的(比非战略合作关系的供应商)利润。

3. 对于双方

改善相互之间的交流、实现共同的期望和目标、共担风险和共享利益、共同参与产品和工艺开发,实现相互之间的工艺集成、技术和物理集成、减少外在因素的影响及其造成的风险、降低机会主义影响和投机概率、增强解决矛盾和冲突的能力,在订单、生产、运输上实现规模效益以降低成本、减少管理成本、提高资产利用率。

三、供应链管理的模式

在供应链中必须对各个成员的优势和资源进行整合,在这种状况下需要一个供应链的集成者或管理者,以确保供应链发挥整体优势。一般而言,只有那些具备别的企业所没有而又必须依赖其核心能力的企业才可能成为主导企业,使所有成员凝聚在其周围。而这种核心能力或竞争力却是随着消费者需求和环境的变化而变化的,从而导致了供应链中主导企业的不断变化,最终表现出供应链管理模式的不断变化。

1. 以生产企业为主导的供应链管理模式

这种模式主要在中间商实力还比较小或制造企业的实力比较强大的情况下产生,其主要原因是制造企业内部资源的挖掘空间已相当小,而企业产品的销售渠道又难以控制。哪个企业能有效地控制和管理好这个产品通道,将会获得各种成本的节约。因此,许多制造企业开始通过建立自己的销售渠道或严格控制原有的渠道成员,从而形成了制造企业为主导的供应链。这种供应链是在生产为导向的大背景下出现的,是比较传统的供应链模式。

2. 以零售商为主导的供应链管理模式

产品市场从卖方市场转变为买方市场时,消费者的力量日益强大,企业不可能再按照自己对消费者需求预测来生产产品,而必须以消费者的实际需求为基础。然而,制造企业由于远离消费者而无法及时、正确地了解消费者的需求,同时又加上消费者需求的多样化和需求更新速度的不断加快,更使制造企业无力顾及。这为贴近消费者的零售商提供了有利机会,他们通过将顾客关系管理、一对一营销等先进的理论和信息系统及信息技术等先进的方法技术相结合,密切注视着消费者的显性需求并不断地满足它们,同时还不断地挖掘消费者的潜在需求或创造新的需求,从而积聚起一定量的忠诚顾客,甚至还在顾客中享有强大的品牌优势。这就提升了零售商在供应链中的地位,最终使供应链中的原有力量关系发生变化,零售商的主导地位得以确立。一些强大的零售商就会通过自己的品牌优势来重新建立一个以自己为中心的供应链。

3. 以第三方物流公司为主导的供应链管理模式

这是一种适应新形势并有很大发展前途的供应链管理新模式。第三方物流公司主导的供应链管理模式分为三个阶段。

第一阶段:由完全或主要提供物流服务的第三方物流公司主导的供应链管理模式。这种模式中第三方物流公司基本业务是物流,也提供少量的供应链整合方案。但这种整合方案是相对独立的,物流企业本身并不真正地参与到供应链中去,只是依靠物流方面的特色服务,在消费者中建立起一定的品牌优势,形成消费者对这种物流产品需求的拉动力,最终使得制造企业或零售企业对其产生一种依赖性。这种模式比较容易在产品同质化程度比较严重并对物流依赖性较高的行业或部门出现,如新鲜蔬菜、水果、书等。

第二阶段:由既提供物流又提供供应链整合方案的第三方物流公司主导的供应链管理模式。在这种主导模式中,第三方物流公司不再处于被动的无意识地位,而是以一种积极的姿态借助于自己特色服务的核心地位优势去组织和管理整个供应链,即物流公司已经将供应链的整合方案与自身的物流优势结合起来并发挥出更大的作用,通过统一的规划和调配来节约很多不必要的交易费用,因此这种模式是真正主导的开始。但是这种模式必须有一个前提条件,那就是各企业(包括物流企业本身)必须首先改变物流企业作为供应链辅助者的观念,而应该将其认为是供应链的参与者,而且是主要的参与者。

第三阶段:由完全提供供应链整合方案的第三方物流公司主导的供应链管理模式。这种模式实际上也可以称为第四方物流公司主导的供应链管理模式,因为它所从事的主要是第四方物流的职能。但由于这种公司是由第三方物流公司转变而来的,而且这种模式的品牌也是以原来第三方物流公司的品牌为基础的,所以仍就称其为第三方物流公司主导的供应链管理模式。这种模式实际也是一种真正的虚拟企业。从现实来看,这种模式需要观念、技术等各方面条件的具备,是供应链管理未来发展的主体趋势。

如果说 20 世纪 70 年代消费者注重的是产品价格的话,那么 80 年代消费者注重的是质量,到了 90 年代消费者开始重视服务,而在 21 世纪消费者关注的却是产品配送的速度如何。也就是说,以供应链管理为核心的现代物流将成为未来企业竞争的焦点。

1. 简述中间商的作用和类型。

2. 有哪些主要的渠道结构,它们一般适合在什么情况下采用?

3. 分析批发商和零售商的基本类型与功能。

4. 结合实际案例,描述渠道选择过程。

5. 实体分销领域有哪些特殊规律?

6. 你如何理解供应链管理在渠道策略中的重要作用?

7. 常见的供应链管理模式有哪些?

苏宁:不只是家电零售商

2020 年,再造线上新苏宁。这是 2011 年 6 月苏宁集团发布的新十年规划中至关重要的一环。毫无疑问,这一宏伟蓝图背后透露出的,是苏宁对电子商务所给予的厚望。按照计划,到 2020 年,苏宁线下实体店的销售额将会达到 3 500 亿元,与此同时,苏宁的电子商务平台苏宁易购将实现超过 3 000 亿元人民币的销售额。

这样的数字着实令人感到振奋,然而我们更感兴趣的是,互联网、电子商务对苏宁而言究竟意味着什么? 苏宁是否会因此发生质的变化? 为了实现 2020 年再造线上新苏宁的目标,苏宁正进行着哪些努力与调整?

互联网上的 10 年探索

关于苏宁涉足电子商务,多数人首先想到的是 2010 年 2 月正式上线的苏宁易购。事实上,苏宁从 1998 年就开始关注互联网和电子商务,到最终苏宁易购的正式上线,苏宁在这一领域至少经历了 10 年的探索。然而鉴于当时的客观条件,苏宁对互联网的尝试与探索还仅仅停留在初级阶段,更多着眼点还在于企业 ERP(enterprise resource planning,企业资源计划)建设方面。至于电子商务,苏宁所做的充其量只是一些思考与探索而已。

当时的苏宁还处于由单纯的空调销售向综合电器销售的转型阶段,空调行业之外的很多方面尚在开拓之中。至于物流,除了在南京已经有了比较成熟的配送体系之外,全国其他地方基本还是盲点。除此之外,当时基于互联网的 B2C(business-to-customer,商家对顾客)交易条件也不成熟,带宽问题、电脑普及程度、网络支付手段等,都时刻制约着苏宁电子商务战略的纵深发展。

1999 年苏宁参与到新浪网上商城,在上面挂了一年多的时间,但其产品每件都要比实体店贵 500 元,故意不卖出去,只是起到展示作用。之所以这样做,主要还是因为当时物流成本太高,每卖出一件就意味着亏损。

鉴于上述原因,在 1998 年、1999 年这段时间,苏宁无论是自建中国电器网,还是加入当时的新浪网上商城,主要还是将其作为企业形象推广、品牌宣传的途径,对于销售,没有丝毫的要求。这样的情况延续了很长一段时间,2002 年、2005 年,苏宁先后两次在集团信息系统进行调整的同时,也对 B2C 电子商务平台进行了改进,但由于主客观多方面条件的不成熟,苏宁 B2C 电子商务平台依然还只是主要扮演企业形象推广与产品展示的作用。

一直到 2008 年前后,随着电脑的普及,网络交易的基本规则逐步形成,一部分消费者逐渐养成网上购物的习惯,苏宁开始意识到,到了在电子商务领域发力的时候了。2009 年 8 月18 日,苏宁易购上线试运营,与之前几次在电子商务方面的尝试完全不同的是,易购最大的特点便是它的独立性,这一点主要体现在两个层面。一方面,苏宁易购是作为一个独立的公司来进行运作,单独采购,自主运营,而在此之前,苏宁所有的电子商务业务,都是只属于总部层面的一个部门。另一方面,苏宁易购在经营范围上已不仅仅局限于电器领域,百货、图书等都是他们的经营范围。

苏宁易购,独立中伴随着共享

关于苏宁易购的发展模式,经过这两年来的实践,苏宁已经有了大致的轮廓,那就是需要独立的,就毫不犹豫地独立;可以共享的,就绝无保留地共享。

首先是独立。2011 年 2 月,在上线一年之后,苏宁易购成立独立的公司进行单独运作。除了建立独立的组织体系,苏宁易购还在资金、产品采购、销售策略制定、市场推广、团队建设等方面均享有高度自主权。高度的独立性还体现在集团对苏宁易购给予的与实体店经营完全不同的理念与目标。集团公司对苏宁易购的要求是,"业务拓展是第一位的,销售额是第二位的,利润是第三位的。没有利润也没关系。拓展商品品类,这个是最重要的"。这样的情况下,苏宁易购得以更多按照互联网消费者的特点,实施与传统渠道不一样的运作模式。如今,当你进入苏宁易购的首页,秒杀、团购,诸如此类的营销手段在其中举目可见。而这些,都是地地道道的网络招数。

如果说独立性保证了苏宁易购的发展速度,那么与传统渠道之间的资源共享则使得苏宁易购在快速发展的过程中,没有失去苏宁一贯的稳健与扎实。多年苦心建立起来的物流配送体系和丰富的供应链管理经验,这是苏宁易购相比其他电商平台的最大优势。事实上,无论是京东、当当,还是淘宝,这些纯电商企业近两年来都在物流体系的建设中投入巨大,而这一切,苏宁早在 10 多年前就开始了。其如今遍布全国的物流配送网络保证了苏宁易购在物流配送上的巨大优势。"我们现在在规划实体店的物流体系时,也会把苏宁易购的配送体系一并考虑。苏宁的实体店在承担线下销售任务的同时,还将发挥其位于城区,距离消费者较近的优势,扮演物流配送中转站的角色。我们会用汽车将需要配送的货物运到那里,然后再由配送人员用电动车将它们送到消费者手里。此外,消费者也可以直接到苏宁的实体店中自提货物。"苏宁的优势显现无疑。

于不变中巨变

"苏宁对电子商务的观点一直未变,它是趋势,但不可能取代实体店。对于这个问题的看法,我们至今并没有实质的变化,在我们看来,互联网还只是一个工具,并不是商业的本质,电子商务归根到底还是商务。"苏宁总裁孙为民说道,"苏宁从不排斥互联网、电子商务,这从我们在 1998 年、1999 年就开始对这个问题进行思考探索就可以看出。但是我们并不认为电子商务是一种真正的突破性的商业模式,真正突破性的商业模式是要让你能够比别人更有效率地赚到钱,而电子商务的模式到目前为止,并没有让人看到这一点。"

基于此,苏宁始终坚信,电子商务的成败与否,在很大程度上还是要依靠线下的苦心经营。如上文中所提及的那样,在苏宁看来,只有在线下做足功课的情况下,线上才有可能取得真正的突破。所以,苏宁现在最大的投资还是在线下,其中就包括加快网上交易物流配送体系的建设。

坚持着力于线下基础的打磨,并不意味着互联网、电子商务对于苏宁没有丝毫的影响与改变,事实上,在坚持自身对于电子商务基本看法的同时,互联网、电子商务也时刻影响着苏宁,在潜移默化中改变着这个庞然大物。

与苏宁实体店经营家电为主不同,苏宁易购自上线伊始,就将自身定位为一个综合类的B2C平台。对此有分析人士认为,苏宁之所以这样做,就是希望能够借助易购这个平台,用较低的试错成本来尝试百货品类的经营,为日后线下开展百货经营奠定基础。

显然,苏宁对于在实体店拓展百货经营并非毫无想法,通过易购涉足百货经营,借助互联网相对较低的试错成本,在电商平台实现成功的百货销售的同时,为日后涉足实体店百货经营奠定基础,这无疑是一步以电子商务来带动实体经营的好棋。

事实上,电子商务所带来的影响绝不仅限于对于经营品类的拓展,互联网、电子商务中的一些先进技术也逐渐开始被苏宁通过各种手段,在实体经营中进行运用。

数据分析的高效与快捷,这无疑是电子商务的优势所在,消费者是从什么途径进入易购的平台,他在每天的什么时候来逛这个电商平台,浏览了哪几类产品,在每个页面到底停留了多久,看完了这件商品之后紧接着又去看了哪件商品,每次的客单价到底是多少?诸如此类的问题,通过电子商务的相关信息技术,都可以得到高效而准确的反馈。

同样的技术现在苏宁也正在尝试着运用于实体店中。在苏宁的实体店里,他们会给部分商品配备连接线,消费者拿起来一次,就相当于网络上点击了一次。同时,他们还会对实体店进行数字化的监控。比如在彩电销售的区域当中,会有很多的人走过,其中有人是一走而过,那么很清楚,他只是过路的。另有一些人在这个区域中停留了若干时间,比如30秒、1分钟,那么他们可能就是真正对彩电有兴趣的人。通过对相关数据进行分析,苏宁就能有针对性地去调整产品的摆放、店面的布置等,以实现最好的客户体验和销售效果。

"智慧苏宁,科技转型",这是苏宁对于未来10年发展的重要规划,毫无疑问,电子商务将会成为其渠道革新的重要一环。

(选编自《世界经理人》,2011年10月)

案例思考

1. 针对传统零售企业,苏宁从10多年前就开始了电子商务战略的探索和布局,对此你如何评价?

2. 结合此案例,你如何理解"苏宁不只是家电零售商"的完整含义?

3. 通过此案例的分析思考,你认为中国传统零售企业是否应该大力发展电子商务,实施"线上与线下共同发力"的双线作战策略,为什么?

第**11**章
促销策略

促销活动实质上是一个沟通过程,它的主要任务是将有关企业和产品的信息传递给目标市场上的顾客,以达到扩大销售的目的。在今天这样一个"信息爆炸"的时代,如何开展有效的促销活动对企业生存发展至关重要。

企业可供选择的促销方式有四大类:广告、人员推销、营业推广和公共关系。本章在对促销组合作总体论述后将重点分析广告和人员推销两种方式。

第一节　促销组合

促销是促进销售的简称,意指营销人员通过各种方式将有关企业及产品的信息传递给消费者或用户,影响并说服其购买某项产品或服务,或至少是促使潜在顾客对该企业及其产品产生信任和好感的活动。促销的实质是卖方企业与现实和潜在顾客之间进行信息沟通的过程,因此近年越来越多的教科书已将促销策略改称沟通策略(communication)。

现代促销方式可分为人员促销和非人员促销两大类。人员促销指派出推销员直接访问潜在顾客;非人员促销又分为广告、营业推广和公共关系等多种。促销组合,是对这几种促销方式进行选择、运用与搭配的策略,同时还要决定促销预算的分配。

现代企业处于一个复杂的市场信息沟通系统之中。企业要将信息传递给中间商、消费者和公众,中间商也要与其顾客及各种社会公众保持信息沟通,同时,各组织、群体又要对来自其他群体的信息给予反馈,整个营销大系统中各个单位之间活跃着频繁的信息往来。为科学地开展促销活动,我们有必要首先了解信息沟通的一般过程。

一、信息沟通过程

一个信息沟通模式应能回答五个问题:① 信息发送者;② 说什么;③ 通过什么渠道或媒介;④对谁说;⑤ 有何效果。据此,我们可用如图 11-1 所示的信息沟通模型图表示。

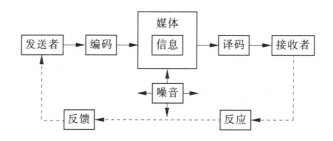

图 11-1　信息沟通模型

由图 11-1 可见该模式由九个要素组成：

① 发送者，也称信息源，在促销活动中，信息发送者是卖方企业及其营销人员。

② 编码，指将打算传递的事实或意图转换成可供传播的信息或符号。信息或符号可以是语言、文字、音像、图片，视信息发送者意图的内容、设计者的选择和传递途径的不同而定。

③ 信息，即发送者传送的整套信号。

④ 媒体，指信息从发送者到接收人所经过的渠道或途径，即促销信息的载体，如报纸、广播、电视、互联网等。

⑤ 译码，指信息接收者对发送者所传信号进行解释的过程。

⑥ 接收者，接收信息的一方，也称目标受众。在促销信息传递中主要指目标市场上的现实和潜在的顾客及其周边那些对他们的购买行为可能产生影响的人群。

⑦ 反应，接收者在受该信息影响后采取的有关行动。如目标顾客看到广告以后，决定购买某种产品。

⑧ 反馈，被返回给信息发送者的那部分信息接收者的反应。当然，反馈有些是信息接收者主动对发送者的反向沟通，如顾客向开展促销活动的企业提出对产品的意见和要求；另一些则是信息发送企业通过市场调研收集到的顾客反应。

⑨ 噪音，指在信息沟通过程中发生的意外干扰和失真，以致接收者收到的信息与发送者发出的信息不一样。

九个要素中，发送者和接收者是信息沟通的两个主要方面：发送者是信息传递的主体，接收者是信息沟通的对象；媒体和信息是沟通的手段。为达到有效沟通的目的，发送者必须清楚他们打算将信息传给谁，他们希望得到什么反应；在编码的时候，他们必须考虑到目标受众通常会如何解码，以免二者不相吻合；他们还须熟悉通过何种媒体可使信息顺利到达目标受众；最后，他们还要广开反馈渠道，才能尽可能多地了解接收者对信息的反应。

二、促销组合决策过程

既然促销的实质是信息沟通，促销决策的过程也就是制订沟通计划的过程。这个过程一般包括以下步骤。

1. 确定目标受众

在促销决策中指确定企业产品或服务的目标顾客，包括实际使用者、影响者、购买决策者等与购买活动有关的人员，他们都是企业促销的目标受众。发送信息的企业应了解谁参与购买决策,及他们的需要、偏好、态度和各方面的特点,以做到有的放矢。

2. 确定沟通目标

发送信息的企业要确定自己希望从目标顾客那里得到什么反应,即沟通的目标。当然,最好的反应是购买行动,但我们通过研究消费者购买决策的心理活动过程知道,实际的购买行为是一个漫长决策过程的最终结果,你不能指望顾客初次接触有关某种商品的信息就马上决定购买。所以,促销活动的目标实际是使潜在顾客从目前的心理准备阶段进入更接近做出购买决策的下一个层次。为此,信息发送者首先要了解目标顾客现在处于购买准备过程的哪一个层次;然后,促其转入下一层次便成为促销的目标。

有各种模型试图说明购买者决策的准备过程,我们这里仅以一种为例。该模型认为购买决策的准备过程包括五个层次。

① 认知。如果大多数目标顾客对该企业或产品还一无所知,那么,促销的任务就是使他们知晓。换言之,建立认知度也是要花时间的,如企业可以将使品牌认知度从 10% 的家庭提高到 40% 的家庭作为沟通目标。

② 了解。目标顾客可能仅仅是知晓了某公司及其产品的名称,而对进一步的情况了解甚少,此时的促销目标是使目标顾客对产品性能、特点等有清楚的了解或认识。

③ 偏好。如果目标顾客已对产品有一定的了解,此时企业最关心的是他们的感觉如何,是喜欢还是不喜欢,这个阶段的促销活动应着重宣传本企业及产品的特色和长处,使目标顾客形成对某一特定企业或产品的特殊偏好。

④ 确信。目标顾客已经形成了对某个企业或产品的偏爱,但不一定会下决心购买,此时的促销目标是促使目标顾客建立或强化购买的信念。

⑤ 购买。已下定了购买决心的目标顾客仍不一定会马上购买,他们可能还要观望一段时间再采取行动,这时的促销目标应是采取必要措施促使购买行为发生,如提供试用、降价、分期付款等优惠。

3. 信息设计

理想的设计应能引起目标顾客对促销信息的注意,产生兴趣,引起购买欲望,直至采取购买行动。信息设计需要解决以下问题:要有一个极富感染力和说服力的主题;表达要合乎逻辑;表达的形式要引人注目;必要时选择可信度高的专家或名人充当信息发送者,请名人做广告即是一例。

4. 选择信息传播媒体

主要有人员和非人员两大类信息沟通渠道。人员沟通渠道通过面对面交谈或电话访问达到信息的传递,这是一种双向的沟通,能立即得到对方的反馈,因此效果较好。非人员渠道是一种单向沟通,包括大众传播媒介和为向目标顾客传递促销信息而设计的各种活动,如新闻发布会、开幕式、展销会等。

5. 制定促销预算

即决定在促销方面花多少钱。这是企业面临的最难制定的营销决策之一。曾有著名的企业巨头说过:我知道我的一半广告是白费的,但问题在我不知道是哪一半。下面是几种常见的促销预算制定方法。

① 量力支出法。即企业根据财力决定促销预算的大小。优点是简便易行;缺点是预算额可能随销售变化忽高忽低,难以制订长期的促销计划,同时,完全忽视了促销支出作为一

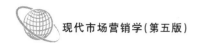

种投资对销售量的直接影响。

② 销售额百分比法。也是一种简便易行的办法;缺点是将促销费用与销售额的因果关系弄颠倒了,而且系数也很难确定,多是参考过去的习惯或竞争者的比率。

③ 与竞争者保持平衡法。即与竞争对手保持大体相等的促销预算,以维持平衡,避免促销大战。不过,谁也无法证明竞争对手的促销预算水平是合理的,或者势均力敌就不会发生促销大战。

④ 目标任务法。是最科学的方法,做法是先确定通过促销要达到的销售增长率、市场占有率、品牌知名度等目标,然后确定为达到这些目标所要做的促销工作,再根据工作量估算所需费用。这种方法将促销费用与所要达到的目标联系在一起,进行成本—效益分析,逻辑上最为合理,但前提是企业须对市场情况有充分的了解,方可能制定出合理、可靠的促销目标,确定促销工作量和预算水平。

6. 制定促销组合

即如何将人员推销、广告、营业推广和公共关系几种促销方式既经济又有效地配合起来,发挥最大作用。为此,营销人员应了解各种促销方式的特点、适用性及影响组合决策的其他因素。

广告是一种高度大众化的信息传递方式,可多次重复,并因充分利用文字、音像和色彩而极富表现力,特别适合向分散在各地的众多目标顾客传递销售信息。就向单个目标顾客传递信息而言,其成本也是很低的。

人员推销是面对面的直接信息传递,说服的效果最好。与广告相比,它有三个最显著的特点:一是灵活,由于是直接接触,可就近观察到目标顾客的态度和需要,随时调整自己,对产品做尽可能详尽的解释;二是促进买卖双方建立友谊,保持长期联系;三是推销人员能及时得到购买与否的反馈。因此,对某些产品来说,人员推销是最有效的促销方式,特别在取得顾客信任、建立顾客偏好和促成购买行为方面,效果更为突出。不过,人员推销也是一种最昂贵的促销方式。

营业推广是企业在某一段时间内采用特殊的手段或方法对消费者或中间商进行强刺激,以激励他们对特定产品或服务较快或较大量地购买。与其他促销方式不同,营业推广多用于短时期的特别促销。可以说,广告提供了购买理由,营业推广提供的是购买刺激,推动顾客快买、多买。营业推广有多种具体做法,包括针对消费者的促销工具(样品、优惠券、以旧换新、减价、免费试用、保证、示范、竞赛等);对中间商的促销工具(购买折扣、免费商品、商品津贴、合作广告、广告和展示津贴、经销商销售竞赛等)。营业推广一方面对消费者和中间商产生强大的吸引力,有"机不可失,时不再来"的紧迫感,促其当机立断、马上购买;但另一方面营业推广的许多做法显示了卖者急于出售商品的意图,过于频繁的营业推广还将降低商品的身价。所以,企业在运用营业推广前必须慎重考虑。

公共关系是一种间接的促销方式,并不要求达到直接的销售目标,但它对企业仍具有特殊意义,主要因为多数人认为新闻报道较广告更为客观、可信。通过公关,企业可有效地将营销信息传递给那些避开推销员和广告的顾客,并特别有助于提升企业形象。如自洛杉矶奥运会以后,越来越多的企业加入了奥运会赞助商的行列。

在促销计划付诸实施之后,企业还须对其效果进行评估,即评估促销投资是否带来了预期的收益。评估主要通过向目标受众或促销对象询问获得第一手资料,如询问他们是否注意到这则信息,见到过几次;他们是否能识别或记起这则信息;他们对该信息的感觉如何;他们接收信息前后对该企业及产品的态度是否发生了变化;有多少人买了该产品,有多少人向其他人谈到了该产品等。促销效果的评估是一件颇复杂的工作,需要根据实际情况制定适当的方法。值得注意的是,现在许多企业在广告、公关方面花了大笔的钱,却没有在效果评估上投入多少,导致许多钱实际上是白花了。

三、制定促销组合时应考虑的因素

1. 促销目标

促销目标有企业试图刺激的需求类型之别。如目标为树立企业形象、提高产品知名度,促销重点应在广告,同时辅之以公关宣传;如目标是让顾客充分了解某种产品的性能和使用方法,印刷广告、人员推销或现场展示是好办法;如促销目标为在近期内迅速增加销售,则营业推广最易立竿见影,并辅以人员推销和适量的零售、卖场广告。从整体看,广告和公关宣传在顾客购买决策过程的初级阶段成本效益最优,因其最大优点为广而告之;而人员推销和营业推广在较后阶段更具成效。

2. 市场类型与产品特点

产业市场和消费者市场在顾客数量、购买量和分布范围上相差甚远,各种促销方式的效果也不同,最大的区别是产业市场上更多采用人员推销,而消费者市场上大量采用广告。因为产业市场上的顾客数量少,分布集中,购买批量大,适宜人员推销;相反,消费者市场顾客数量多而分散,通过广告可以以较低的相对成本达到广而告之。

从产品特点看,技术复杂、单价昂贵的商品适合人员推销,如生产设备、系统集成、房屋装修。一方面,因为需要懂技术的推销人员做专门的介绍、演示操作、售后技术保障;另一方面,价格昂贵才能承担相对昂贵的人员推销成本。反之,结构简单、标准化程度较高、价格低廉的产品适合广告及促销,如绝大多数消费品。

3. "推"与"拉"的策略

企业促销活动的总构想有"推"与"拉"之分,如图 11-2 所示。显然,如果采取"推"的策略,生产企业将积极把产品推销给批发商,批发商再积极推销给零售商,零售商再向顾客推销。这种策略必以人员推销和适当的营业推广方式为主。此策略的目的是使中间商产生"利益分享意识",促使他们向那些打算购买但没有明确品牌偏好的消费者推荐本企业产品。如果采取"拉"的做法,则最终消费者是主要的促销对象,即首先靠广告、公共关系等方式引起潜在顾客对该产品的注意,刺激他们产生购买的欲望和动机。当消费者纷纷向中间商指名询购这一商品时,中间商自然会找到生产厂家积极进货。

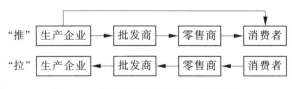

图 11-2　"推"与"拉"促销策略的区别

4. 产品生命周期所处阶段

对处于生命周期不同阶段的产品,促销目标通常有所不同,适合采取的促销方式自然也不同。一般来说,在产品引入阶段需要广泛宣传,以提高知名度,广告和公关宣传覆盖面广,成本效益最优,同时辅以营业推广和人员推销,促成顾客首次购买。在成长阶段,通过消费者相互口传信息,需求会保持自然增长的势头,促销仍可以广告为主,但内容上应突出宣传本企业产品的品牌、特色和优势。进到成熟期,促销强度要加大,营业推广的效果超过广告,因为此时大多数目标顾客已了解这一产品,只需做少量提示性广告即可。对产业用户,这一阶段则要大力进行人员推销,以与竞争者争夺客户。到衰退期,促销规模要降到最低限度,公共宣传可完全停止,只保留提示性广告和各种营业推广即可。

第二节　广告策略

广告是诸多促销方式中采用最为普遍的一种,也是改革开放以来我国发展速度最快的促销方式。广告业已成为发展迅速的一项大行业。从定义上看,广告是利用大众传播媒介传递信息的促销方式,因此,随着大众传播媒体的发展和深入社会生活的各个角落,广告亦以空前的速度发展起来。

一、广告的概念

广义的广告指一切利用大众传媒向公众传递信息的活动,包括经济的和非经济的两大类,后者如公益广告。狭义的广告专指企业通过各种付费传媒向目标市场和社会公众进行的非人式信息传递活动。广告的目的是传播有关企业及产品的信息,促进目标顾客增加购买。

理解广告的定义有几个要点:

① 广告由明确的广告主公开支付费用,这一点与一般的新闻报道不同。

② 广告要通过诸如电视、广播、报刊、网络等传播媒体来实现,是一种非个人间的信息传递,这一点不同于人与人之间面对面的人员推销和口传信息。

③ 广告是一种有计划的信息传播、说服活动,有特定的受众、明确的主题和目标,并在广告设计、推出时机选择、媒体、效果评估等方面进行了周密的策划。

制订广告计划时,企业首先须确定目标市场及购买者动机,然后据此作出所需的五项主要决策,即 5M:广告目标(mission)、广告预算(money)、所传送信息(message)、媒体(media)和评估效果的方法(measurement)。

二、确定广告目标

广告的最终目标无疑是增加产品销量和企业利润,但它们不能笼统地被确定为企业每一具体广告计划的目标。广告目标取决于企业整体的营销组合战略,还取决于企业面对的客观市场情况,如前述目标顾客处于购买准备过程的哪个阶段。换言之,企业在实现其整体营销目标时,需分为若干阶段一步一步往前走,在每一阶段,广告起着不同的作用,即有着不同的目标。归纳起来,企业的广告目标有以下几类。

① 告知。当一种新产品刚上市时,广告的目标主要是将此信息告诉目标顾客,使之知晓并产生兴趣,促成初始需求。如说明产品名称、效用、价格、使用方法、企业提供的各项附

加服务等。

② 说服。当目标顾客已经产生了购买某种产品的兴趣,但还没有形成对特定品牌的偏好时,说服性广告的目的在于促其形成选择性需求,即购买本企业的产品。说服性广告突出介绍本企业产品、品牌的特色,或通过与其他品牌产品进行比较来建立一种品牌优势。

③ 提示。提示性广告主要用于产品成熟阶段,目的不在于提供信息或说服人们去购买,因为此阶段中的目标顾客们对该产品已了如指掌,形成了固定的信念和态度,广告的目的只是随时提示人们别忘了购买某种他们十分熟悉的"老"产品。

综上所述,广告目标的选择不是随意的,而应建立在对市场营销实际透彻分析的基础之上。

三、确定广告预算

确定广告目标后,企业即可为每一产品编制广告预算。制定广告预算的方法可参考前述促销预算的几种基本方法。当然,其中最为合理的是目标任务法。此外,制定广告预算时还要考虑以下因素的影响:

① 产品生命周期的阶段。即在产品生命周期不同阶段,所需广告支出水平不同。一般来说,引入期需较高的广告预算,以建立市场知名度;已建立了认知度且处于成熟期产品的广告预算可以在销售额中占较低的比例。

② 竞争情况。在一个有众多竞争对手且竞争激烈的市场上,广告预算必然要高,这样才能压过竞争对手,尤其是在企业打算扩大市场占有率、销售上一个台阶时。

③ 产品的替代性。同一商品类中不同品牌的产品越多,越需要大量做广告,通过宣传本企业产品的优越性将其在目标顾客心目中与竞争对手的同类产品区别开来。反之,一种产品若很少具有替代性的竞争产品,或确实独具特色,广告预算则可相对较低。

④ 产品需求特点及目标顾客对广告的态度。例如,青少年对时尚品的追求需要大量广告投入,而中老年人对日用消费品的需求广告过多可能反而引起疑虑。

四、广告制作

广告制作即设计广告内容,包括收集、确定广告所要传递的事实,以及将这些事实和广告发送者的意图编制成具体的音像、图片、语言、文字等。

广告制作中要特别强调创新性。不少学者花时间研究广告预算对销售的影响,但忽略了虽然许多公司的广告预算相差不多,却只有少数公司的广告给消费者留下了深刻印象,这就是广告制作的差异或创意的成功。正如一位学者所说:"光有事实是不够的……不要忘记莎士比亚曾使用了一些陈旧而拙劣的故事情节,但他的生花妙笔却将腐朽化为神奇。"研究表明,在广告活动中,创意比所花金钱数额更重要,因为只有给人以深刻印象的广告才能引起目标顾客注意,进而增加产品销量。

广告制作的第一步是收集素材,提出供选择的若干广告主题。广告主题最重要的是突出产品能够给买者带来的利益,因此,收集素材可通过与目标顾客、中间商、经销商、专家,甚至竞争对手谈话,归纳出目标顾客期望从购买中获得利益的内容,再结合本企业产品特点确定广告主题。广告创作人员可提出多个供选择的广告主题,每一主题突出一种买主强调的利益。如人们购买软饮料时期望获得的利益包括:营养、卫生,有利健康;口感好,是一种享受;符合潮流,被认为是现代生活方式的一个侧面等。不同的顾客强调的利益可能有所不同,这正是市场细分的基础。一种产品不可能满足所有顾客的意愿,因此一个广告最好只突出一种买主利益,强调一个主题,即使不只涵盖一种利益,也必须分清主次。

广告公司应在收集素材和选择广告主题上花更多的时间和精力,以找到最好且最有吸引力的主题。企业甚至可同时聘请多家广告公司为自己制作广告,最后从中选择最佳者。而现实是,许多企业往往忽视了广告制作,却在购买媒体上大把大把地花钱。

广告制作的第二步是对提出的各广告主题进行评价和选择。评价的标准可归纳为三点:

① 具有吸引力,能引起目标顾客的购买兴趣。

② 具有独特性,即具有其他品牌产品没有的优点或特色。

③ 广告内容具有可信性,能够被证实。评价可通过市场调查来进行,如召开意见征求会或散发问卷。

最后,还要考虑信息的表达,即通过什么形式将广告主题及事实、意图表达出来。如果说前两步是决策"说什么",这一步就是决定"怎么说"了。特别是那些差异性不大的产品,如啤酒、洗涤剂、化妆品,广告的表达方式在吸引目标顾客、树立产品独特形象方面就显得更为重要了。应该说,再好的广告主题也要寓于一定的表达形式之中,标题、语言、音像、图片的不同可使广告产生完全不同的效果,创意的重要在这里得以延伸。

五、广告媒体选择

广告最显著的特点之一是广而告之。在传播业发达的今日,企业可选择多种传播媒介传递广告信息,达到迅速、准确和低成本。

广告媒介的种类很多,主要的有报纸、广播、杂志、电视、直接邮寄、户外广告和近年增加的网络。每种媒介各有其特点,在时间性、灵活性、视觉效果、传播面、成本等方面相差甚远,各有长短。了解不同媒体的优点和局限性,对正确的选择媒体十分重要。

① 报纸。报纸是最重要的传播媒介,它的优点是读者稳定、面广,传播覆盖面大;时效性强,特别是日报,可将广告及时登出,并马上送抵读者;地理选择性好;制作简单、灵活;收费较低。缺点主要是保留时间短,读者很少传阅,表现力差,印刷质量不能保障,多数报纸不能表现彩色画面或色彩很简单。因此,刊登形象化的广告效果较差。

② 期刊。期刊也是一种印刷媒体,与报纸相比,杂志的专业性较强,读者更为稳定、集中,特别适合刊登各种专业产品的广告。由于针对性强、保留时间长、传阅者众多、名声好、画面印刷效果好等优点,广告效果较好。缺点是一般发行量不如报纸,因此广告覆盖面小;由于多为月刊,广告截稿时间早,信息传递速度不如报纸、广播、电视及时。

③ 电视。电视是现代最重要的视听型广告媒体。它将视觉影像和听觉综合一起,充分运用各种艺术手法,能最直观、最形象地传递产品信息,具有丰富的表现力和感染力,因此是近年增长最快的广告媒体。电视广告播放及时,覆盖面广,选择性强,收视率高,且能反复播出,加深收视者印象。但缺点也很明显:一是绝对成本高;二是展露瞬间即逝,无法保留;三

是众多广告一起拥挤在黄金时间,混杂而容易被收视者忽视。

④ 广播。是一种大量、广泛使用的听觉媒介,地理和目标顾客选择性强,成本低,但随着电视的普及电视广告的大幅增长使其相对重要性大大下降。另外,广播也有展露瞬间即逝、信息无法保留的缺点。不过,在城市,随着今后家用汽车的普及,人们在车上听广告的机会有可能大大增加,如在交通拥挤的城市交通台现在就很受欢迎。

⑤ 直接邮寄。即将印刷的广告物,如商品目录、商品说明书、样本、订单、信函、明信片等通过邮政系统直接寄给目标买主、中间商或代理人,也有直接寄给个人消费者的。邮寄广告最显著的优点是地理选择性和目标顾客针对性都极好、灵活,提供信息全面,反馈快;缺点是可信度低,如目标顾客为个人消费者,成本也较高。

⑥ 互联网广告。为最新的广告媒体,因其成本低、针对性强、近年得到迅速发展。今后随着上网人数增加和网上购物的发展,还会有更大的发展。

⑦ 其他媒体。包括户外广告,如广告牌、招贴、广告标语、霓虹灯广告等;交通广告,如车身广告、车内广告、站牌广告及车站、码头、机场广告等;空中广告,如利用气球或其他悬浮物带动的广告;卖场广告。这些广告多利用了灯光色彩、艺术造型等手段,又集中于闹市区、交通要道或公共场所,故一般显得鲜明、醒目、引人注意,又因内容简明、易记,使人印象深刻,展露重复率高,成本低,因此近年发展很快,甚至有时在与电视争夺。缺点是传播范围有限,传播内容不宜复杂,且难以选择目标受众。

在选择广告媒体时,企业须综合考虑以下因素,方可做出最好的选择。

① 企业对广告传播频次、范围和效果的要求。广告频次,指在一定时间内平均使每位受众接触广告多少次。传播范围又称接触人数,指在一定时期内使占多大比例的目标顾客接触或收看到广告。效果是一种定性的估计,如电视媒介比广播媒介的效果好;即使同是选择期刊,一种期刊与另一种期刊发行量和声望相差甚远,刊登广告的效果也不一样。广告媒体选择的本质就是在媒体成本与广告展露频次、范围和效果之间进行权衡,故在选择媒体前务必先就传播频次、接触人数和预期广告效果做出决策。

② 目标顾客接收媒体的习惯。广告是做给目标顾客看的,而不同顾客接触各种传播媒体的习惯不同,如青少年更多接触电视、互联网,中老年人爱看报纸,专业人员阅读杂志。不仅如此,即便是决定了选择报纸,全国有数百份报纸,同一地区也有若干种报纸发行,还要综合成本和效果考虑具体选择哪个报纸,哪个版面。

③ 产品特点。产品的特点不同,选择媒体也不同。如技术复杂的产品,适合在专业杂志或通过邮寄做广告;色彩鲜艳的服装和装饰品,适合在电视或杂志上用彩色画面表现;中、低档的消费品适于选择以大众为对象的报刊读物作媒体。

④ 信息内容。媒体的选择还取决于信息自身的内容特点。如一项包含大量技术参数的信息,需要印刷邮寄或杂志广告;宣布某项展销活动或推出某种新产品,当然是电视和广播最及时、覆盖面最广。

⑤ 媒体的成本和企业支付能力。不同媒体的成本不同,不同企业的支付能力也不同,企业不仅要分析广告成本与效果之间的关系,更受预算和广告绝对成本的限制。如一般而言,电视广告非常昂贵,而报纸广告相对较便宜。当然,企业决策时不仅要考虑总成本,还要考虑每千人平均展露成本。

对各种媒体的影响、广告效果和成本要定期审查,因为环境在变化,新媒体在不断涌现。

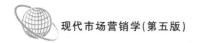

例如,随着人们上网时间的增加,电视广告的效益在下降,而户外广告和卖场广告的影响在上升。

六、广告效果评估

很多企业都希望对广告效果做出可信的评价,但实际真正去做的却很少。企业只是大把地将钱花在广告制作和媒体上,却并不真正清楚哪笔钱花得合适,哪笔钱实际上得不偿失。正确地评估广告效果可帮助企业在降低广告费用的同时,获得更好的广告效益。在各种促销手段中广告的效果最难把握,因为它是单向的信息沟通,广告主只是发出了广告,并不能直接得到反馈,而通过市场调查持续地了解广告效果正是建立有效反馈系统的途径。

对广告进行评估的内容很多,就效果而言,主要有两方面:一是销售效果;二是传播效果。

① 广告传播效果测定,即评估广告是否将信息有效地传递给了目标顾客,具体表现为受众对广告注意、理解和记忆的程度。这种测试可在广告播出前也可在广告播出后进行。具体做法:一是阅读率、视听率、记忆率测定;二是在事后找一些看过或听过的人请他们回忆广告内容;三是在刊登广告的报刊读者中抽取若干读者,看有多少人阅读并记住了该广告;四是直接请顾客对广告依次打分。西方国家也有利用仪器在实验室测量消费者对广告的心理反应的,如心跳、血压、瞳孔放大及流汗情况。

② 广告促销效果研究。研究广告的传播效果并不能准确揭示其对销售增长的影响,企业当然更希望知道某一广告到底带来了多少销售增长。但客观上,销售增长除受广告影响外,还受其他众多因素影响,而且很难把这些因素的影响一一剔除。一般来说,其他因素的影响越少或可控制的程度越高,对广告销售效果的评估越容易。另外,邮购广告的效果较易估测,而树立品牌或公司形象的广告促销效果最难估测。

在实践中,企业尝试着采用实验法和历史资料分析法评估广告的促销效果。实验方法如在不同地区支付不同水平的广告费用,或广告费用相同但选择不同的广告媒体,然后将销售结果进行比较。历史资料法则是将企业历年的销售额与广告支出额用统计学方法进行处理,得出二者之间的相关关系。

第三节　人员推销

人员推销是最古老的促销方式,并且直至今天仍是最重要的促销方式。许多国家广告业的经营额虽扶摇直上,但总量仍不比人员推销的开支大,特别是在组织市场上。

一、人员推销的作用与任务

人员推销之所以长盛不衰,关键是其具有不可替代的优点和作用。这些优点和作用可归纳如下。

① 人员推销是面对面的双向信息沟通,因此有很大的灵活性。一方面,推销人员将有关产品特性、用途、使用方法、价格等方面的信息传递给潜在的目标顾客;另一方面,又将顾客对产品性能、规格、质量、价格、交货时间等的要求及时反馈给企业。推销人员可根据每位

潜在客户购买动机、要求和问题的不同,随时调整自己的策略和方法,有针对性地进行推销,充分地说服顾客,使客户的要求得到最好的满足。

② 人员推销的选择性强。推销员大多是一次访问一位潜在客户,完全可以根据目标顾客的特点选择每位受访者,并在访问前对其作一番研究,拟订具体的推销方案,而广告对目标顾客的选择性就差得多。所以,尽管广告的覆盖面远较人员推销大得多,但成功的概率却比后者小得多,因为广告的受众中有相当部分的人根本不可能购买该产品。

③ 人员推销具有完整性。推销人员的任务不仅是访问客户,传递信息,说服顾客购买,还包括提供各种服务,达成实际的交易。如签订购买合同,协助安排资金融通,准时交货,甚至承担安装、调试、技术指导、维修服务的任务,特别是一些结构复杂的产品,人员推销的效果更优。此外,推销员大多还承担为企业收集市场信息的任务。

④ 人员推销具有公关作用。好的推销员善于与客户建立起超出单纯买卖关系的友谊和信任,为企业赢得一批忠实的客户,实际上起到了公关或客户经理的作用。

不过,人员推销并非处处适用,它的最大问题在于访问客户的数量受到时间和费用的限制,因此主要用于买主数量有限、分布区域集中或购买批量大的情况。而在买者众多、分布范围广的消费者市场上,显然不可能大量采用人员推销。

推销人员的任务可归纳为六方面的内容:①寻找潜在顾客,确定访问对象,培养新客户;②向目标顾客传递有关企业和产品的信息;③ 推销产品,包括接近顾客,回答顾客的问题,解除顾客疑虑,促成交易达成;④提供服务,推销员有责任为顾客提供各种服务,包括咨询服务、技术帮助、安排交货事宜等;⑤收集信息,主要是为企业进行市场调研和情报收集工作;⑥ 分配货源,主要在货源短缺时,根据顾客的信誉和急需程度合理分配货源,调剂余缺。

企业对人员推销的管理主要反映在两方面:一是确定推销队伍的组织结构;二是对推销员的招聘、训练、督促与激励。

二、推销队伍的组织

推销队伍的组织结构,也是一个推销员如何分工最有效率的问题。有三种主要的组织方式。

① 地区式组织。即按地理区域划分推销队伍,是最常见、最简单的组织结构。通常给每位推销员划分一个地区,全面负责该地区内所有客户和产品的推销。不过,由于不同地区的顾客密度、销售潜量和工作量不等,每位推销员负责地区的面积并不相同。除此之外,划分销售地区时还要考虑到自然界限的位置、交通是否便利等。今天的企业已可利用计算机程序来划分销售区域,力图在工作量、销售潜量、出差时间和费用的合理匹配方面达到最佳。

② 产品式组织。地区式组织主要适用于产品和市场都较单纯的企业。当企业经营众多各不相同的产品且这些产品的技术性较强、差异较大时,选择产品式组织更为适合,即由一位或几位推销员负责一种产品在所有地区的销售。

③ 客户式组织。对采取多角化经营战略的企业来说,产品式组织并不一定都是最好的选择,如果该企业生产的多种产品都被相同的顾客买去了,按产品分工就会出现分属不同部门的推销员都跑到同一位客户那里去推销产品的情况,此时,按用户行业或为某个大用户单独组建销售队伍更为合理。如 IBM 公司分别为金融业和经纪人设立销售处,在底特律专为

通用公司设立一个销售处,在附近的迪邦又为福特公司设立了另一个销售处。

有时企业还可采取复式推销组织结构,即混合运用上述三种推销结构,并根据市场和经营范围的变化重新调整其推销组织结构。

在销售组织的最新发展模式中还出现了功能式组织和团队式组织。功能式组织是一种高度专业分工的营销团队,图11-3就是一个典型的功能式组织。当企业面临各种不同的任务,且要完成的任务需要不同的知识与技能时,功能式组织特别有用。它的优点是可以让各种专业人员各司其职,整体效率达到最高。特别是能充分发挥销售人员的个人能力,将时间和精力全部用在向顾客推销上。缺点一是细致的分工要求更多的人员,若协调不好,可能反而会增加成本;二是客户面对销售代表、技术代表、服务代表等卖方若干人员,可能会感到困惑和不便;三是对销售人员的要求相应提高;四是需要管理一个更为复杂的系统。

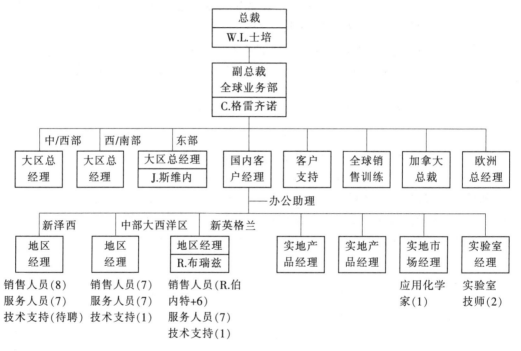

图11-3 功能式销售组织

团队式推销指将一组专业人士,如销售人员、工程师、生产经理与来自客户组织的人员组合在一起开展工作。这使企业能为客户参与购买决策的每个人提供各种专业的支持。在具备以下条件时可采用团队销售:产品非常复杂或非常个性化;产品需要多方面的售后服务;公司目标顾客采用团队采购。团队式推销同样需要高度的协调和多方面的管理技能,如果组织不当,团队缺少凝聚力,事情会更糟。本章蒙牛公司的案例就是关于团队式销售的。

三、推销人员的招聘与训练

推销人员素质的高低对实现企业目标、开拓市场、扩大销售的影响举足轻重。研究表明,普通推销员和优秀推销员的业务水准与销售实绩都相差甚远。因此,企业不能不十分重视推销员的招聘与训练。

理想的推销员应具备什么特质？一般认为他们应该富有自信、精力充沛、工作热情、性格外向、能说会道，但实际上，也有很多成功的推销员性格内向、温文尔雅、不善言辞，故关于特质问题的研究还在继续进行之中。不过，企业在招聘推销员之前总要根据工作职责的要求制定若干标准，如学历、智商、口才、仪表、年龄等。

应聘的推销员仅有较好的个人素质还不够，今日的企业在推销员上岗前大多还要对他们进行系统的知识和技能培训。培训内容主要有：

① 关于公司的情况，如公司的历史、目标、职能机构、财务状况、主要产品和设施。

② 关于产品的情况，如产品的性能、结构、质量、制作过程、用途和使用方法等。

③ 关于市场的情况，包括目标顾客的类型、需求特点、购买动机与购买行为。

④ 竞争对手的情况，如竞争者的产品、实力、营销策略。

⑤ 推销技巧，包括了解推销员的工作任务，推销工作程序，如何制订推销计划和分配时间，如何选择访问对象，如何介绍产品、说服顾客、揣摩顾客心理和讲究语言艺术等。

⑥ 必要的法律知识和商务知识。

四、对推销员工作的督促、激励与评估

对推销员的管理不仅是招聘、培训、分给一个销售区域就完了，还有日常工作中的监督、激励和业绩评估。

企业可从以下方面督促推销员的工作：

① 规定对客户访问次数的标准。一般来说，销售量的增长与访问客户的次数成正比，企业可根据购买潜力给客户分类，然后规定一定时期内对各类客户的访问次数。

② 规定访问新客户的定额。企业只有不断发展新客户才能有效地增加销售，若听其自然，推销员可能会把大部分时间用于访问老客户，因此有必要规定发展新客户的任务。

③ 制定访问客户和组织专门活动的时间表，督促推销人员提高时间利用率。

推销员自身的积极性对其工作成效有极大的影响，适当的激励将使他们更努力地工作。企业有必要规定奖励的方式和标准，使推销人员认识到，通过更加努力地工作，他们将获得额外的奖励，包括加薪、提升、受到表扬、享受休假、公费外出旅行等。

然而，对推销人员的报酬要建立在对其工作实绩做出正确评估的基础上，为此，需建立有效的评价标准。常见的评价标准有：完成的销售额、毛利、销售访问次数、访问成功率、每次访问成本、平均客户数、新客户数、丧失客户数、销售总费用与费用率等。不过，由于各销售区域的销售潜力及单个客户购买规模、分布状况不同，很难用同一数量标准衡量不同推销员的工作，因此，通常配合使用以下方法：

① 横向比较，即将不同推销员在同一时期完成的销售额等进行比较，但只有在他们各自负责区域的市场潜量、工作量、竞争情况、公司促销努力程度均差别不大的情况下，这种比较才有意义。

② 纵向比较，是将同一推销员现在与过去达到的销售额等指标进行比较。这种比较能反映出该推销员工作的改进程度。

③ 对推销员的工作态度、品行、素质等进行评价，包括他对本公司、产品、顾客、竞争对

手、所负责区域与工作职责的了解程度,言谈举止是否合乎要求等。

推销人员的报酬有三种形式:

① 薪金制,即固定工资制,适用于非推销工作占很大比重的情况。这种形式的优点是便于管理,给推销员以安全感,情况发生变化时容易根据企业需要调整推销员的工作。缺点是激励作用差,容易导致效率低下,能人离开。

② 佣金制,即推销员按销售额或利润额的一定比例获得佣金。佣金制可最大限度地调动推销人员的工作积极性,形成竞争机制。缺点是可能造成推销员只顾追求高销售额,忽视各种销售服务和企业长期利益等短期行为,以致损害了企业声誉。

③ 薪金与佣金混合制。此形式将薪金制和佣金制结合起来,力图避免两者的缺点而兼有两者的优点。至于两者各占多大比例,则依具体情况而定。据资料显示,美国约50%的企业采取薪金与佣金混合制。

第四节　交叉销售

市场竞争的日趋激烈,使得现代企业越来越难以单纯依靠获得新顾客的方式来开展经营活动并实现赢利。因此很多企业不得不将更多的注意力放在现有顾客身上,期望从现有顾客身上挖掘出更大的价值。与此同时,数据挖掘和数据处理技术的广泛应用使得企业可以用更加系统的方式来进行日常管理,并且在很大程度上降低信息处理的成本,使赢利成为可能。基于此,很多企业在实施客户关系管理(customer relationship management,CRM)时都开始考虑如何实现交叉销售。

一、客户关系管理

这是一种顾客导向的企业营销理念,是企业面向顾客优化市场、服务、销售业务流程,增强企业部门间集成协同能力,加快顾客服务的响应速度,提高顾客满意度和忠诚度的一整套解决方案。客户关系管理(CRM)集成各种营销理念、战略和策略,强调借助顾客数据分析顾客行为方式的变化,并据此完成产品及服务的开发,制定恰如其分的价格,安排合理的分销渠道,规划和实施促销策略等。

二、交叉销售的内涵

交叉销售(cross selling)是借助客户关系管理,发现顾客的多种需求,并通过满足其需求而销售多种相关服务或产品的一种新兴促销方式。其实质是客户资源在各产品及服务间的共享,是企业在拥有一定营销资源的情况下向自己的客户或者合作伙伴的客户进行的一种推销手段,是一种以“交叉”为灵魂的销售思想。在这种思想的指引下,企业可以对自己所拥有的一切资源进行交叉,最终为客户提供一套整体的解决方案,满足客户整体化需求,从而巩固客户关系,并使客户价值最大化。对其完整的理解包含以下几个方面。

① 交叉销售是以客户利益为导向的一种商业策略。交叉销售从客户的真正需求出发,通过各种技术手段,深度挖掘现有客户的多种相关需求,并竭力通过提供多种符合客户利益的产品和服务来满足其需求,最终目的在于提升现有客户的忠诚度,开发客户资产。

② 交叉销售的实施对象是企业的现有客户。交叉销售并不是通过获得新客户的方式来展开营销活动,其出发点是深度地关注和理解企业的现有客户。与客户已经建立起来的联系,对于企业来说是一种宝贵的资源。交叉销售的目的就是要充分利用这种既有资源,并在实施交叉销售的过程中加强这种已有的关系,从而在交易中达到买卖各方的共赢。

③ 交叉销售是从横向、纵向两个维度来开发其客户资源的。横向维度是指在现有时刻,对某个特定的顾客而言,他还可能购买何种产品或服务,主要关注"购买 A 产品的客户是否会同时购买 B 产品?"纵向角度是指在接下来的某个时刻,对某个特定的顾客而言,他可能会购买何种产品或服务,主要关注"购买产品 A 的客户在下一个时刻是否会购买产品 B?"对这两个问题的探讨,构成了交叉销售的基本形式:一是以提供整体解决方案(产品组合)满足整体需求的捆绑销售形式;二是针对消费者购买行为呈现出的序列性销售不同的产品。

三、交叉销售的功能

从某种意义上而言,交叉销售是以数据库营销为基础的,是对 CRM 的深度挖掘和应用,或者说是 CRM 的一个派生功能。具体来讲,交叉销售具备以下功能。

① 提升销售的成功率。交叉销售借助已有的数据库,对客户的需要、要求和个人特点有了充分的了解,并在此基础上针对客户的特殊需求和问题制订相应的客户服务计划,从而增加了服务推销的成功率。

② 降低边际销售成本,提高利润率。由于交叉销售是对现有客户资源的深度开发,同现有客户已经建立的关系基础为企业节约了很大的新客户挖掘及培育成本和重建关系所需要的各项投资成本,使得将一种产品和服务推销给一个现有客户的成本远低于吸收一个新客户的成本,从而在有效降低产品边际销售成本的同时提高了产品的利润率。

③ 通过增加客户的转移成本,从而增强客户忠诚度。交叉销售可以提高企业满足客户多种个性化需求的能力、增加客户向竞争对手转换的成本,因而可以提高客户的忠诚度,增加客户对企业的终生价值。来自银行的数据显示:购买两种产品的客户的流失率是 55%,而拥有四种或更多产品或服务的流失率几乎为零。

四、如何成功实施交叉销售

① 建立高效的客户数据库。通过对客户数据库的整理、分析和挖掘,能够帮助企业从中发现交叉销售的机会,有针对性地进行市场营销,从而提高交叉销售效率。通过对客户的交叉销售,客户从企业获得更多的产品和服务,使得客户与企业的接触点增加,企业就越有机会更深入地了解客户的偏好和购买行为,也就有能力建立更为有效的客户数据库,从而进一步提高满足客户需求的能力。

② 建立专业化队伍,开展顾问式营销。满足客户多样化、个性化的需求,需要企业具备相关配套的专业服务能力。企业要想留住客户,并深度开发其相关需求,就必须着手打造自身具备吸引力的特色。这就首先要求其销售人员具备较高的专业素养,能够综合考虑客户的个性化需求,通过顾问式营销为客户推介其定制的产品或服务,并赢得客户满意和忠诚。

③ 加大产品创新与推广力度。树立大营销的理念,在新产品的推荐和上市期配置强大的营销力量,整合各个渠道的营销资源,在每个新产品的上市销售过程中逐步锻炼队伍的交

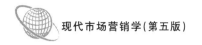

叉销售能力。

④ 注重整体协同,开展团队销售。交叉销售的过程要努力使客户获得一种完整、连续的体验。无论是产品交叉销售,交易渠道交叉销售,还是细分市场交叉销售,当针对顾客的交叉销售需要专业的产品与技术支持时,组建一个团队的办法将会对推动交叉销售的开展十分有效,都能有效增加公司的财务回报,提高顾客的保有率,削减营销成本。

1. 简述促销组合决策过程。

2. 如何确定促销预算?

3. 确定促销组合应考虑的因素有哪些?

4. 什么是广告?如何选择广告媒体?

5. 简述人员推销的作用和任务。

6. 有哪些主要的销售组织模式,比较它们的长处和短处。

7. 如何有效地对推销员的工作进行监督和激励?

8. 你如何理解交叉销售的特殊价值?

伊利 VS 蒙牛:充满智慧的奥运攻略

2005 年 11 月,伊利正式成为 2008 北京奥运会乳业独家赞助商。2008 年 5 月,根据新生代市场监测机构发布的《2008 奥运媒介行为与奥运营销效果研究报告》,在中国消费者印象最深的奥运赞助商 Top10 中,非奥运赞助商的蒙牛乳业竟然以 15.5% 的认知比率排在第三,伊利以 14.6% 的认知率紧随其后……

央视招标,舞台?擂台?

成为奥运赞助商的伊利顺理成章地以奥运之名,制定和实施着"伊利式"的整合传播策略,用奥运概念来提升品牌的美誉度,和其他竞争对手品牌形成更加明显的区隔。

从 2005 年到 2007 年,伊利一直不惜重金,坚持购买中央电视台的黄金资源广告产品。而作为非奥运赞助商的蒙牛,只能避开直接试用奥运概念的话题,转而使用其他概念,和伊利一样,蒙牛也把中央电视台作为信息传播的最大平台。但与伊利不同的是,"名不正言不顺"的蒙牛更需要科学规划,整合线上、线下资源,对他们而言,只能打奥运"擦边球"。

2005 年 11 月 18 日,伊利以 4 000 万元的价格拿下央视 A 特段广告全年第一标,接着将 2006 年全年 A 特段的正数第一条广告通吃,投标总额共计 2.04 亿元,成为"标王"宝洁之后的"榜眼"。与此同时,蒙牛却显得低调许多,8 000 多万元的竞标额和伊利形成了强烈的对比,但原蒙牛副总裁孙先红强调,蒙牛的低调其实是因为另有打算。2006 年 11 月 18 日,继伊利以 8 008 万元拿下奥运广告产品"圣火耀星途"后,在随后的 A 特段广告招标中,蒙牛开始全面出击,对伊利参与的几乎每个标的物出价。而伊利所持的 115 号和蒙牛所持的 109 号竞价牌,也成为当天上午出镜率最高的两个号牌。最终蒙牛购买到 12 个月的 A 特段广告,并以 1.004 亿元中标 2007 年上半年电视剧特约剧场独家特约。2007 年 9 月 18 日,中央电视台单独针对各级奥运赞助商召开了奥运广告产品认购会,会上,伊利再次成为话题的焦点,以 2 008 万元的价格购买了奥运会开幕式、闭幕式前后的 4 条 15 秒广告,平均每秒 33.5 万元,创造了中国广告单价最高的 15 秒广告。2007 年 11 月 18 日,伊利和蒙牛对于 A 特段的争夺依然激烈。

　　蒙牛与伊利不同,一方面,蒙牛也十分重视中央电视台 A 特段的广告效果;另一方面,蒙牛不仅仅在中央电视台的黄金资源上下注,同时分流了一部分广告预算转向其他频道的栏目。2006 年 6 月 8 日,蒙牛与中央电视台体育频道达成战略合作关系,并独家冠名了《城市之间》栏目,随后,蒙牛在全国 113 个城市开展了大规模的地面活动,其广告预算更多地分配到了公关活动等线下活动中,相比伊利的集中广告投放,蒙牛的广告投放更加分散灵活。

全明星阵营——伊利出招

　　综观伊利的奥运营销之路,其品牌传播策略大概可以总结为"奥运赞助商＋明星代言＋重金央视广告投放＋新媒体概念活动"。从品牌主张的层面看,从确定奥运赞助商身份以来,伊利的品牌主张为:"为梦想创造可能",根据伊利自己的解释,这个品牌主张来源于 2008 北京奥运会的主题"同一个世界,同一个梦想"。

　　在此品牌主张的引导下,2006 年 4 月 22 日,伊利董事长潘刚在博鳌亚洲论坛上宣布启动"健康中国计划",2007 年年底至今,伊利将广告语改为"有我,中国强",这种改变的出发点应该是源于中国消费者因奥运而提升的民族自豪感和民族自信心。为了凸显伊利的奥运赞助商身份,伊利选择了大量的奥运冠军和体育明星作为代言人。从明星代言策略看,2006 年 2 月 27 日,伊利与刘翔正式签约,宣布从即日起刘翔在三年内成为该公司的形象代言人。同时,与国家田径队签订合作协议,成为该队独家乳制品赞助商。之后,伊利连续签约郭晶晶、易建联、国家羽毛球队、国家乒乓球队、国家跳水队、艺术体操队等奥运冠军和体育明星作为其品牌代言人。伊利希望通过对明星本身影响力资源的开发,带来社会的足够关注,继而形成社会话题。刘翔和易建联同时推荐伊利奥运专供奶,刘翔代言伊利金典系列,易建联和刘亦菲等娱乐明星代言伊利优酸乳,易建联和郭晶晶代言营养舒化奶,郭晶晶代言 LGG 酸奶新品,刘翔、王励勤、张怡宁等奥运明星代言伊利冰品全产品系列,易建联代言伊利冰工厂等。很显然,伊利之所以如此大规模地使用明星代言策略,是希望"奥运军团"的形象能够集合伊利自身的品牌内涵,强化"有我,中国强"的概念。

全民健身——蒙牛发力

　　相对于伊利"轰轰烈烈"的明星代言策略,蒙牛的品牌传播策略则显得更加平实。在品牌主张上,蒙牛一直坚持"只为优质生活"的品牌宣言,主要的广告语是"每天一斤奶,强壮中国人"。在代言人的选择上,蒙牛没有采用真人代言,而是使用了三维动画的牛奶小人——"多多",借此形象,摆出各种运动项目造型,暗示蒙牛和奥运的相关性。同时,蒙牛强调其产品是中国航天员和中国体育总局训练局运动员专用奶,并力推"全民健身"概念。但是在奥组委重重的规定和规则之下,蒙牛不得不做一个"带着镣铐的舞者"。

　　蒙牛的"全民健身"概念并非空穴来风,而是以中央电视台体育频道的《城市之间》栏目作为基础的。《城市之间》栏目采取蒙牛惯常的"娱乐＋选秀"模式,在 113 个城市进行路演,是蒙牛接触消费者的奥运营销机会。蒙牛根据消费者心理,在不出现奥运字眼和标识的前提下,时时处处暗示消费者蒙牛和奥运的相关性。例如,蒙牛宣传《城市之间》的广告语为"集结 13 亿中国队员的力量,奔向北京"、"健康蒙牛,鼓动 08"等,这些广告语都有意识地和"北京"、"2008"这些奥运的关键词相联系。既然无缘奥运赞助商,为了让蒙牛的品牌和体育加强联系,2007 年 1 月 22 日,蒙牛与 NBA(national basketball association,美国职业篮球联赛)在北京宣布结盟,蒙牛成为 NBA 中国官方合作伙伴,以及 NBA 在中国的唯一指定乳品供应商,这让蒙牛终于拥有了体育项目赞助商的正规名分,也让品牌的宣传有了亮点。无论如何,蒙牛高举"全民健身"大旗,打着奥运的"擦边球",让伊利高高在上的明星策略倍感压力,2007 年 4 月 9 日,伊利推出了"伊利奥运健康中国行"活动。伊利称,该活动无论是从覆盖城市范围还是路演场次,都超过了蒙牛。同时,为了加强活动的影响力,伊利联合中央电视台经济频道以及全国 13 家省市电视台,共同推出了《圣火耀神州》栏目,海选奥运健康大使。伊利的这些举动意在对其传播策略进行一定的调整,拉近与消费者的距离,反击蒙牛的"全民健身"概念与活动。

伊利的 2.0 野心

2007 年,伊利试水新媒体营销,逐步开展了 Web2.0 新媒体整合传播策略。策略计划贯穿于奥运会前期、中期、后期,主要包括这样几个层面:创造健康,追求品质,关爱青少年,重视农村,促进环保。2007 年 11 月 10 日,伊利与 CCTV.COM 合作开展"有我中国强——寻找我的奥运坐标"网络公益签名活动。从架设虚拟空间到互动签名,再到与 MSN(microsoft service network,微软网络服务)、Skype、大旗网、酷 6 网等媒体合作,兼具使用 MSN 动漫传情、腾讯 QQ 秀等即时通信工具,伊利几乎整合了所有流行的新媒体。浏览该活动的专门网站可以发现,一方面,伊利把其明星代言资源全方位纳入 Web2.0 的新媒体传播策略之中;另一方面,伊利把网下促销和网上活动相结合,通过集卡片等活动,力图吸引消费者兴趣,推动销售。

公益活动也是伊利 2.0 概念战略的组成部分。2007 年 7 月 29 日,伊利集团、商务部研究院联合发布了《伊利 2006 年企业公民报告》,报告的主题是"责任的力量";2007 年 11 月 20 日,伊利正式启动"蒲公英计划",这一公益计划将延续伊利于 2006 年创建的"中国青少年发展伊利梦想基金",中国体育代表团在奥运会期间每获得一块金牌,伊利将向基金注入 20 万元。"健康公益日"和"社区公益梦想"也是伊利 2008 年公益营销的热点。"健康中国公益日"是伊利在四川汶川大地震后的公益行动,而"社区公益梦想"则是伊利继 2007 年"伊利奥运健康中国行"之后的再一次落地。

蒙牛的公益之名

一向长袖善舞的蒙牛也没有停止公益活动的步伐,2007 年 6 月 6 日,蒙牛的捐奶助学工程——"中国牛奶爱心行动"正式启动,蒙牛将向 1 000 所小学进行为期 1 年的免费捐赠,这个助学活动从表面上看和奥运营销并无关系,但实际上,蒙牛的奥运营销用心一刻未停。

从蒙牛的爱心大使主要构成可以明显看到,除了在一些革命老区邀请革命先辈以外,在各大、中城市的爱心大使基本和体育,尤其是与奥运相关的人物为主。比如,上海的爱心大使是前中国女足名将孙雯,长沙的爱心大使是中国第一个女子体操冠军奎媛媛,福建的爱心大使是世界举重冠军王国华和万建辉等。这些爱心大使本身和奥运的联系在无形中使消费者将蒙牛品牌和奥运相联系,这种与奥运冠军的近距离接触,也为消费者带来了直观的品牌体验。因为这些奥运冠军和奥运相关人物本身就具有一定的新闻性,在当地都十分容易形成新闻点,便于蒙牛活动信息的传播。此次蒙牛公益活动的新异之处还在于蒙牛和牛奶爱心伙伴的通力合作。在蒙牛专门的蒙牛乳业公益营销网站上,还有肯德基、NBA 关怀行动、中国银行、联想、微软、新浪、搜狐、华润万家、易初莲花和中国国家体育总局训练局等企事业

单位等的 LOGO。

　　奥运是个大而空泛的概念,而奥运整合传播却是伊利和蒙牛产品营销的必由之路,伊利和蒙牛这两个对手之间的微妙关系,似乎用 2008 北京奥运会的口号来诠释再合适不过了——"同一个世界,同一个梦想"。

(改编自《成功营销》,2008 年 9 月)

案例思考

　　1. 针对伊利与蒙牛奥运营销中的促销推广策略,你更欣赏哪一种,为什么?

　　2. 结合学习过的相关理论,试着对伊利与蒙牛的奥运攻略优缺点予以分析和总结。

　　3. 通过此案例的分析思考,你预测一下伊利与蒙牛,谁会成为中国液态奶市场上的牛老大? 为什么?

第*12*章
国际市场营销

国际市场或全球营销指企业跨出国境,在本国以外的市场进行的营销活动。随着世界经济一体化趋势增强,跨国贸易和投资数不断增加,国际市场营销问题越来越引人注目。同时,中国企业也面临从封闭的国内市场逐步走向开放的国际市场,参与国际竞争的新形势,进一步研究国际营销问题就显得更为必要。

本章的目的即在遵循市场营销一般原理的基础上,探讨企业开展国际市场营销时将面临的特殊决策。

第一节　开拓国际市场营销的动因

第二次世界大战结束以来,世界经济中最显著的变化之一即企业经营活动国际化。跨国公司的发展便是一例;国际贸易额成倍增长是另一例。不必谈德国、日本这类历来重视海外市场的国家,就是素来以国内市场巨大、充满机会自诩的美国公司,也纷纷转向国际市场,更有东亚新兴工业化国家以出口贸易带动国内经济起飞的成功经验。而榜样的力量是无穷的。

为什么企业纷纷进入国际市场? 国际市场营销能给企业带来哪些利益? 这正是当代国际贸易理论试图回答的问题。从企业营销实践的角度看,它至少可获得以下好处。

① 从逻辑上讲,国际市场总比任何一国的国内市场大,如美国被公认为世界上容量最大的市场,但世界人口的 95% 和购买力的 3/4 仍在美国之外。特别是在那些消费倾向趋同的领域里,采取市场国际化比产品多样化更有利可图,可口可乐、柯达胶卷、麦当劳快餐等就是成功的例子。

② 国际分工的发展和国际贸易壁垒的削弱,使得企业在某些国家从事生产经营活动比在另一些国家或国内获得更大利益。即通过国际营销活动,充分利用不同国家的资源优势、劳动力优势或资本优势,取得更大的经济利益。

③ 国际市场的形成。某些外国企业打入本国市场,迫使该国企业不能再高枕无忧,而不得不进入他国市场,以提高企业竞争力。如在日本企业的攻势下,美国企业在国内市场上几乎丧失了全部家用电器和部分汽车阵地,唯一的补偿办法就是更多的美国公司要学会向外发展。如今,可口可乐、IBM、波音、施乐、福特、柯达、固特异等都成了在国际市场上获得了巨大成功的美国公司。从总体来看,这既是竞争国际化的结果,也是国际分工更新一轮的发展。

④ 延长产品生命周期的需要。一些产品在本国市场上已处于产品生命周期的成熟阶段,甚至处于衰退阶段,但在某些国家的市场上却还处于引入期或成长期,此时若将产品打入国际市场,等于延长了该产品的生命周期,企业显然将受益匪浅。20 世纪 80 年代日本家电产品大量进入中国市场就是一例。接下去,进口国的企业也开始生产该产品。随着经验的积累、产品品质的改进,加上成本一般较低,进口国企业逐渐占据本国市场,并逐步向国外出口该商品,甚至进入原出口国市场,与原出口国的企业展开竞争。日本对美国,韩国对日本,中国的海尔、康佳、TCL、联想等大型家电、IT 企业产品纷纷外销,甚至在海外建厂就是很好的例子。

此外,还有一些其他因素促使企业进入国际市场。如可以使企业获得外汇收入(对外汇短缺的发展中国家尤其重要);从事国际营销能给企业带来声誉等。然而,进入国际市场并要取得成功又非易事。首先,国际市场范围大,要求企业有更强有力的管理、控制能力和效率;其次,国际市场与国内市场差异甚大,其中有许多是原企业不熟悉、不了解的,有些在国内市场营销中可以控制的因素到了国际市场上则变成了难以控制的因素;最后,进入任何国家的市场都有其具体的准入条件和贸易惯例,必须对此有所了解。

总之,从事国际市场营销的风险要比国内营销大得多,因此决策更要慎重。下面我们将讨论企业在考虑国际营销时面临的基本决策。

第二节 评析国际市场营销环境

国际市场营销的基本理论和方法与国内市场营销大体相同,并无本质区别。但跨越国界,毕竟又决定了国际市场营销面对一个更广大、更复杂,有更多差异性和风险性的环境,而环境的巨大差别必然给国际营销带来众多新问题,需要采取若干有别于国内营销的策略。

国际市场营销的第一步是对国际市场营销环境做出正确的评价与分析,唯此才能不失时机地抓住国际营销的机会,选择恰当的目标市场,制定有效的营销组合策略。

国际市场营销环境处在经常变动,有时还是十分剧烈的变动之中。如世界贸易和海外直接投资迅速增长;大国经济实力此消彼长;一些新兴发展中国家的经济实力也在此消彼长。总之,各个国家的市场对企业是否具有吸引力,取决于对其政治、法律、经济、文化和贸易环境的分析。

一、经济环境

经济环境是决策国际市场营销时要优先考虑的因素之一。有四方面的特征足以说明一个国家作为国际营销对象有多大的吸引力。

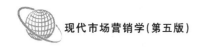

1. 人口与收入

一国的市场规模大致等于该国人口与人均收入的乘积。所以，人口多的比人口少的、人均国民收入高的比收入低的国家更有吸引力。其中，生活必需品受人口基数影响较大，奢侈品受收入水平影响较大。

2. 收入的分配

国民收入不仅有高低之分，还有分布或构成的不同，也影响到消费需求构成的不同。它有以下几种类型：① 家庭收入低而平均，如改革开放前的中国；② 家庭收入高低悬殊，极少数人极为富有；③ 家庭收入较均匀地分为高、中、低三档；④ 大部分家庭收入中等。显然，收入结构不同会影响一国市场对商品需求的构成，如在第一种情况下，人们的需求会非常趋同，且所需商品品种十分有限；而在第三种情况下，市场需求会形成明显的层次和递进关系，对商品、服务的需求范围很广。

3. 资源配置及一国的产业结构

各国自然资源禀赋差异形成的比较优势一直是国际贸易的动因之一。在现代，包括自然、技术、资金及劳动力等各种生产要素在内的资源的配置，更是影响到一国的产业结构及其对外资的吸引力。从当前看，各国的产业结构可分为四种类型。

① 生存型经济。这类国家中，自给自足型的传统农业占国民生产总值的绝大部分，只有少量工业，市场封闭，进出口额都很小，如许多发展中国家。

② 原材料或能源出口型经济。这类国家的一般生产力水平并不高，但因有一种或几种较丰富的自然资源，通过出口换汇维持较高甚至很高的国民收入水平，同时又要大量进口维持其"支柱产业"所需的技术设备、运输工具和生活消费品。如石油输出国组织中的许多国家。

③ 新兴工业化经济。这类国家的工业发展已初具规模，并迅速增长。它们迫切需要进口先进技术和设备，武装自己，同时也开始出口一些技术含量较低的轻纺产品、传统的机电产品和一些相对劳动力较密集的通信、电子类产品，如东南亚地区的一些国家。这类国家居民的收入在迅速增长，他们需要的某些高档消费品也要通过进口满足。

④ 发达型经济。这类国家已实现了产业现代化，拥有先进的科学技术和雄厚的工业基础，它们大量出口各种工业制成品、技术和服务，因此也有很强的进口能力。这类国家的个人消费者、企业和政府都有巨大的购买潜力，因而被各国企业家视作最具吸引力的市场。尤其是近年随着国际分工的发展，这些国家的制造业大量外移，使之更成为国际市场上制成品的大量购买者。

4. 经济运行状况

除上述特征外，在制定近期国际营销策略时，考察一国的经济运行状况也十分必要。简而言之，一国经济处于繁荣或恢复期，市场潜力较大；反之，一国经济处于衰退期或萧条期，市场潜力较小。一国通货膨胀严重又得不到控制，或连年贸易逆差，国际收支状况恶化，都会增加国际营销的风险，从而削弱该国市场的吸引力。

二、政治、法律环境

政治与法律是一国政府及国民整体意志的集中体现，它们对企业的营销活动正在产生越来越广泛的影响。鉴于国际间并无一个统一的政治和法律制度,企业在进入某一国开展营销活动前,有必要先对该国的政治、法律环境作一番考察。

1. 政局的稳定性

国际营销者最关心的是目标国的政局稳定。因为政局的动荡和政府的更迭可能干扰该国经济的正常运转,可能影响该国有关政策的连续性,从而大大增加经营风险,如企业的财产和人员得不到保护、合同被终止、货款收不回、资金被冻结等。

2. 政府之间的关系

国家之间的良好关系是鼓励企业进入一国市场的因素之一;反之,若两国关系紧张,阻力要大些。

3. 政府对国际营销的态度与政策

一国政府对进出口贸易和外资投入的政策与态度极大地影响外国企业在该国从事营销活动的效果。如一国政府可以通过进口配额、外汇控制使所需物资商品不能自由进口,利润和资本不能任意汇回;通过要求有本国资本参与、本国人参加管理等规定阻止外国企业进入。也可以通过税收减免,允许盈余资金自由流入、流出,提高办事效率,鼓励和吸引外国投资。

4. 法律

各国的法律千差万别,而法律又是现代社会维持商品交易活动秩序的主要手段,其中与国际营销活动有关的主要是保护正当竞争和消费者权益的各种法律条例,如专利法、商标法、合同法、反垄断法、环境保护法、投资法、商品卫生检疫和技术标准条例等,还有一些国家特殊的法令条规。由于法律条文的繁杂和各国法律在具体内容上的千差万别,为谨慎起见,企业在决策参与国际营销活动前最好求得通晓国际商法问题的律师们的帮助。

三、社会文化环境

每个国家有各自不同的社会结构、价值观念、语言、风俗和禁忌,这些不同影响到各国消费者在购买、需求、偏好、态度和行为方面有很大差异。

1. 社会因素

如社会阶层的划分,在各国差异很大,各阶层的消费倾向也有很大不同。又如家庭结构、家庭成员结合的紧密程度、家庭内的决策模式、男女在家庭和社会中的地位与角色及社会群体行为等,亦因国别而不同。

2. 语言与审美

各国语言文字的差异构成了国际营销的一大障碍,如果不能娴熟、准确地使用国际通用的语言文字或目标国的语言文字,就可能丧失营销机会,甚至闹出笑话,特别是在广告、促销活动中。人与人之间的沟通除了语言交流外,还有人类学家称之为身体语言的姿势、手势和表情等,这些差异在上门推销或洽谈合同时需十分注意。不同文化背景下的民族对音乐、色彩、造型等的审美偏好也有差异,在产品、包装、商标和广告的设计上需考虑到这些不同。

3. 教育水准和物质文明程度

世界各国居民受教育的水准和物质文明的发展程度也相差甚远。如日、韩等国成年居民的识字率高达 99%,一些落后国的成人识字率仅 20%～30%;发达国家大学生和科技人员占人口的百分比高于落后国数十倍、上百倍。文明和受教育水准的差异影响到不同国家对所需产品的种类、性能、数量的不同,还影响到企业所需提供的售后服务内容、促销方式、媒体,甚至市场调查方式的选择。

4. 宗教信仰与价值观念

世界上有许多不同的宗教,而且宗教目前在许多国家和地区都有极大的影响力。宗教影响人们生活和活动方式、信仰和价值观念,从而影响人们的消费选择和购买行为。如各国的节假日大多有宗教背景,而一些节假日演变成了购物的旺季。各种宗教又都有一些禁忌,这些也是从事国际营销时要特别注意的。

四、国际贸易和金融环境

国际贸易和金融环境中有一些会对企业进入国际营销起限制作用的因素,从而增加了国际营销的难度。最主要的限制因素是各国采取的各种贸易保护措施、各种经济一体化组织的发展及国际汇兑问题。

1. 贸易保护

第二次世界大战后,国际贸易的总趋势是成长迅速,但各国也没有放弃适当保护自己的国内市场。

关税是古往今来最常见的一种贸易保护措施,即政府对进出口商品征税。征税的目的在于增加财政收入或保护国内市场。关税的种类有进口税、出口税和过境税。还有临时性的进口附加税、差价税等。其中,进口税是进口国海关在外国商品输入时对本国进口商征收的关税;出口税是出口国海关对本国输出的商品向出口商征收的关税;过境税也称转口税,是向由他国出口通过本国运往另一国的货物征的税;进口附加税是进口国为对付国际收支危机、抵制外国商品倾销、维持贸易平衡或实行报复而临时加征的进口税,目的在于更有力地限制进口;差价税也是在正常进口税外加征的一种浮动关税,当国内产品在国内市场上的价格高于同类进口产品的价格时,为保护国内的生产和产品销路,针对其差价征税。显然,上述税种中,进口税、进口附加税、差价税均会大大影响企业在国际营销中的竞争力。

不过,第二次世界大战后,随着国际贸易的发展,关税已逐渐调低,但关税以外的各种贸易保护措施却日益盛行,它们通称为非关税壁垒,包括除关税外一切旨在限制进口的法律上和行政上的措施。与关税相比,非关税壁垒的名目更多、限制范围更广、形式更复杂。主要有:

① 进口配额。指一国政府限定在一定时期内特定商品的进口数量或进口金额,达到此限就不准再进口,或课以高税、高罚款。目的同样是保护国内工业和就业。不过,进口配额目前也在削减之列。

② 进口许可证。指一国政府规定对特定商品的进口必须持有许可证,否则一概不许进口。而许可证由进口国外贸主管部门根据一些并不公开的标准发给本国的进口商,特别是其中的特种许可证,需进口商向主管部门提出申请,由其逐笔审批,因而增加了难度。

③ 外汇管制。指国家对一切国际结算和外汇买卖实行管制,规定可使用的外汇额度和汇率。因此,出口商须将所赚外汇按国家规定的牌价卖给政府指定的外汇银行,进口商所需外汇也要得到政府外汇管理机构的批准,并在指定的外汇银行购买所需外汇,据此,政府就

能有效地控制商品进口数额、种类和地区。

其他限制进口的非关税壁垒措施还有政府采购政策（优先采购本国产品）、最低限价（政府对某种进口商品规定最低价格,否则就要征收进口附加税）、海关估价（估高进口商品海关价格,以增加进口商的关税负担）、"自动"出口限额（出口国在进口国要求下,"自动"限制某些产品向该国的出口）及各种产品技术标准、卫生检疫规定、商品包装和标签规定等。所有这些,都或多或少地增加了国际营销的难度。

2. 经济一体化组织

第二次世界大战后,世界上出现了许多国际性或地区性的经济组织,这些组织的存在和发展趋向均对企业的国际营销活动产生极大影响。

（1）关贸总协定与世界贸易组织

关贸总协定是 1947 年由 23 个国家签订,现其成员已达 120 多个国家的多边国际贸易协定,它也指执行这个协定的国际经济组织或为此所进行的谈判。关贸总协定的目的是促使缔约国之间降低关税,减少贸易壁垒,平等互惠,协商解决贸易摩擦。现在,世界贸易总额的 85% 在关贸总协定的范围内进行,该协定制定的贸易规则和达成的协议对世界贸易起着重要的影响作用。1995 年 1 月 1 日,乌拉圭回合谈判中签订的全部文件正式生效,至此关贸总协定更名为世界贸易组织（WTO）,统一的经贸规则开始实施。经多年谈判后,自 2001 年起,中国正式加入这一组织。

（2）地区性经济组织

地区性经济组织的目的:一是寻求成员国之间的经济合作;二是在成员国之间实行自由贸易,以使成员国企业获得更大的市场和经济规模,增加竞争力,同时对外构筑起同一道贸易壁垒。

根据经济结合及相互依存关系的紧密程度,地区性经济组织又可分为四种形式:自由贸易区、关税同盟、共同市场和经济同盟。

自由贸易区被认为是经济合作程度最低的形式。在自由贸易区内取消了关税和配额限制,商品及劳务可在成员国之间自由移动。如欧洲自由贸易区（European Free Trade Area）和拉丁美洲一体化组织（Latin American Integration Assciation）。

关税同盟的国际经济合作程度高于自由贸易区,除成员国之间消除了所有贸易壁垒外,还对非成员国设置了共同的贸易壁垒。最著名的关税同盟是原来的欧共体。

共同市场比关税同盟更进一步开通了资本、劳动力等生产要素在成员国之间的流动,形成了统一的大市场。欧共体和欧洲自由贸易区各国已达成并实现了建立统一的欧洲共同市场,现正向一体化程度更高的经济同盟发展。

20 世纪 90 年代后,区域性经济一体化的趋势再次盛行,如欧洲统一市场的建立、北美自由贸易区协定的签订、东南亚联盟的加强合作等。这意味着少量的区域集团将取代分散的各国市场。在区域内,由于市场扩大,差别减少,企业的活力和竞争力加强,但对区域外的贸易对象则将带来不利影响,也会影响成员国企业与一体化组织以外的国家发展贸易。中国近年也开始积极倡导和加入各种地区性贸易组织,如东南亚联盟、东北亚经济圈。

3. 国际汇兑

世界上有 100 多种通货,且一种货币与他种货币之间的兑换比率即汇率又在不断变动之中。企业在从事国际营销活动时,必然涉及国际结算、产品定价和资金融通,由此产生了货币选择和预测汇率变动的问题。汇率的变动无疑增加了企业国际营销的风险,使得产品价格的确定和对经营成果的评定变得十分困难。

第三节 国际市场进入决策

并非每家企业都有必要成为外向型企业,实际上中国的多数企业可以很好地在当地或在国内市场上从事经营活动。但也有一些企业,其行业特点或国际竞争趋势决定了只有从事全球经营才能获得竞争优势,如计算机、汽车、飞机、家电等。当然,也有一些行业,一国在世界市场上享有某方面资源的相对或绝对优势,或可从品种、款式上在他国市场上起拾遗补阙的作用,这时,需要就怎样进入国际市场做出决策。决策内容大致有以下几方面。

1. 确定从事国际营销的规模

从事国际营销的规模即国外销售额在总销售额中的比重。一般来说,多数公司在开始向外发展时规模都不大。有些想继续维持小规模——只是对国内市场不足的补充;有些公司打算大力发展海外经营规模,与国内并驾齐驱,甚至比国内份额更大。

2. 确定进入国家的个数和类型

当然,在初始阶段多数公司都选择少数国家作为国际营销对象,以控制进入成本,减少风险,积累经验。不过,即便是成熟的大公司,也有一个选择进入少数还是多数国家的决策问题。选择少数国家,可挑选那些条件最好、潜力最大的国家,企业可获得较优厚的投资回报,但其范围和规模毕竟有限。

此外,还要确定进入什么类型的国家,要考虑其经济结构、政治制度、地理位置、资源条件、人口和居民收入、竞争状况和风险等。一种主要的分类方式是根据经济发展程度,如美、日、欧被认为是"三强市场",东南亚诸国被看做是新兴工业国,多数亚、非、拉美国家被看做是第三世界。

3. 选择具体国家

确定了进入哪一类型国家的市场后,还要选择具体的进入国。这时要对备选国逐一进行评价,包括评估现有市场潜量,预测未来市场潜量、风险、成本、利润和投资报酬率等,然后从中选出最佳者作为企业国际营销的对象国。

在决策的这一阶段,企业不能只是凭经验、个人好恶、语言和文化的一致性或距离的远近就匆匆做出决定,而要收集大量的客观资料,请有关机构和专家进行认真的分析和预测,谨慎从事。一般来说,市场吸引力、竞争优势和风险是最基本的三大标准。

4. 选择进入方式

企业进入国际市场的方式有多种,如图 12-1 所示。虽然我们传统上最为熟知的是商品出口,但第二次世界大战后,为绕开各种各样的贸易壁垒,或者充分利用他国人力和资源的优势,越来越多的企业开始采用对外直接投资方式进入国际市场,其表现之一即现代跨国公司的兴起。企业可根据自身资源实力、预期目标、风险和希望达到的对市场控制的程度等因素,选择适合自己的进入方式。一般来说,在本国生产,然后出口国际市场的方式相对比较简单、风险较小,并因有助于扩大就业机会和赚取外汇而受到本国政府支持。但随着出口规模的扩大,有可能引起进口国的反倾销抵制。海外直接投资风险较大,但可以带动国内产品出口,利用国外资金、技术、劳力和资源优势,使产品成本更低而更具竞争力。

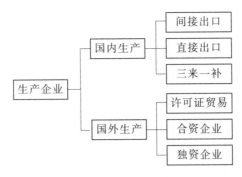

图 12-1　进入国际市场的方式

① 间接出口。即企业将产品卖给或委托给国内独立的中间商,由他们负责外销。间接出口的最大好处是企业不必自己设置一套出口机构,而且风险很小。因此,多数企业都是从间接出口开始进行国际营销的。

② 直接出口。即由企业独立完成出口业务。为此,企业要建立专营出口的机构,拥有出口权并与外国进口商、企业或政府建立业务关系。直接出口投资较多,风险较大,但企业更接近市场,能及时获得信息反馈,收益也较高。

直接出口的途径有:与国外用户直接签合同;通过国外进口商或代理商销售产品。企业可以定期向海外派销售代表,寻找商业机会,也可以在国外设置销售分公司全面负责在该国的营销活动。

③ 三来一补。即通过来料加工、来样加工、来零部件装配和补偿贸易的方式将产品推入国际市场。前三种由外方向国内企业提供原料、样品、零部件,企业加工后收取加工费,产品则由外方负责返销国际市场。后一种则先由外方向国内企业出口技术或设备,国内企业利用这种技术或设备生产出产品,然后用这些产品或劳务去抵补购进技术或设备的贷款。

④ 许可证贸易。由许可方企业与外国被许可方企业达成协议,有偿转让某制造工艺、商标、专利、技术诀窍或专门知识的使用权,收取提成费或使用费。许可证贸易使许可人在进入国际市场时几乎不承担什么风险,而被许可人也不必从头开始就可直接获得所需的专门技术或名牌商标。缺点是许可人很难对被许可人的营销活动进行控制,后者甚至可能很快成为许可人的有力竞争对手。解决问题的最好办法是许可方不断开发创新,使被许可人不得不继续依赖许可方。

⑤ 合资企业。即企业进入外国与当地投资者合作办企业,共同享有对企业的所有权、经营权。合资经营有利于双方在资金、技术、资源、管理等方面相互弥补和借鉴。有时,当某国政府要求将合资经营作为外资进入该国市场的必要条件时,这也是唯一的选择。合资经营的缺点是合作诸方可能在投资、营销或其他目标、政策上存在分歧,以致不能协调合作。

⑥ 独资企业。企业进入国际市场的最终形式即在国外直接投资,组建独资公司,从而达到对其海外营销活动的完全控制。

综上所述,企业走向国际市场营销的过程可归纳为以下几个阶段:

① 被动、偶然的出口业务。

② 通过独立的中间商(代理商)出口。

③ 建销售子公司,自营全部出口业务。

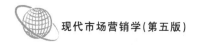

④ 在国外直接投资生产。

至此,该企业已成为一家跨国公司,随着跨国经营业务量的扩大,该考虑如何在全球市场最有效地从事营销活动了。

第四节 国际市场营销组合决策

企业进行国际市场营销时还需考虑是否调整其市场营销组合策略。国际营销环境与国内环境不同,国与国之间亦有不同,企业在国际营销中遇到众多在国内营销中不存在的障碍,为此,企业的国际市场营销组合策略要有新的内容。

一、产品策略

产品策略在国际市场营销组合决策中处于首位。如果产品决策不当,其他决策将成为无本之木而不可能成功。

国际营销的产品决策有三种选择:不做任何改变,将产品直接推向国外;部分更改产品,使之适合进口国市场所需;开发新产品。

1. 直接推广

指把国内成功的产品不做任何变动直接推入国际市场。这种策略的优点是可以充分发挥现有设备的生产能力,降低成本,获得规模经济效益,管理也相对简单。如仅通过出口方式进入国际市场的企业通常采取直接推广;代表一国独有特性或传统特色的产品可直接推广;为满足在异国的本国侨民、驻外人员、旅游者生活所需的商品和服务也可直接推广,使他们能在当地买到国内的名牌商品或习惯使用的商品。但这两类商品的需求量都有限。真正适宜于大量采用直接推广策略的主要是原材料、资源性产品和某些技术含量高或消费偏好趋同的产品,前者如石油、钢材、谷物,后者如某些成套工业设备等。而多数消费品则因各国经济发展水平、居民收入、社会文化背景的差异等原因,很难通过直接推广在国际营销中获得成功。日本企业在这方面做得较好。当它们打算进入某一外国市场时,非常注意分析该国市场需求的特点,如果该国市场潜力较大,即专门为该国市场生产经过改进的产品。

不过,在经济趋向全球化的今天,越来越多的成功企业开始追求全球营销,即开发那些能为全球消费者接受的产品,如斯沃奇手表、奔驰汽车、麦当劳汉堡。

2. 产品更新

即根据对象国市场需求的特殊性,对产品的某些方面予以适当调整、改变的策略。这种改变可以是功能、外观、包装、品牌商标或服务等一方面或几方面的改变。多数情况下,各国对产品所需基本功能的要求相似,如电视机、汽车、咖啡饮料。但产品的使用情况、消费者的收入水平、经济技术发展状况、社会文化背景和政府的要求从一国到另一国可能有较大差异。如气候和路面条件不同,对车内是否安装电热设备、空调和使用什么样的轮胎有不同要求;收入水平不同使在各国适销小汽车的档次要求不同;文化和宗教差异使麦当劳在印度不得不将牛肉汉堡改为鸡肉汉堡。再如一些国家对汽车燃油、发动机尺寸、废气污染有税收要求或其他严格规定,向这些国家销售的企业均不能不依此对产品做出调整。

从本质上看,产品更新即产品差异化策略,是为更好地适合不同国家消费者需求的特殊偏好,也是为适应各国政府不同规章制度的要求。但企业决策的最终目标是利润,因此在做出产品更改决策前,先要进行成本效益分析,确信更改产品的费用小于可能取得的销售额增幅,此策略方可成立。

3. 产品创新

当企业现有产品不适合国际营销时,就要采取产品创新策略了。何谓产品创新?结合产品生命周期理论和新产品的概念,判断一产品是否为创新,只能从进口国市场的角度出发,因此有前向发明和后向发明两种创新形式。

后向发明,主要指发达国家向发展中国家出口商品。由于后者经济、技术、文化发展水平较低,发达国家企业可将在本国已过时但仍适合发展程度较低国家需要的产品销往这些国家,如美国某收银机公司重新推出售价只及现代收银机一半的手摇收银机,在发展中国家,甚至包括西班牙都获得了可观的销售量;再如改革开放初期,日本企业向中国市场销售的电视机、录音机及大批工业设备、日用消费品也是此策略。

前向发明,指开发一种全新产品以满足营销对象国市场的特殊需要。如欧美的化妆品公司研究中国人皮肤的特点,开发适合中国人使用的护肤化妆品;中国企业也根据欧美人的体质和偏好特点,开发适合欧美市场需要的保健用品。前向发明需开发全新的产品,风险较大,投资代价高,一般企业要有一定实力和国际营销经验后方可采用。

二、定价策略

国际营销中的产品定价远比国内复杂,这主要因其面对的特殊环境因素影响。

① 价格升级现象。绝大多数企业的产品在国外市场的销价高于国内市场的价格,原因在于增加了包装、运输成本、关税、进口国的分销成本、中间商利润,以及汇率波动、通货膨胀等风险。这笔因国际营销带来的费用高得惊人。有人认为,产品在外国的销价应是国内售价的 2～5 倍,生产企业才能获得同样多的利润。

② 进入国政府及工商团体对价格的管制。当今世界各市场经济国家政府对价格的管制或干预普遍存在,如规定利率水平、规定最高或最低限价、调节关税、实行补贴及规定贸易形式等。目标国内占据着垄断地位的工商团体为保护其既得利益,也会直接采取若干价格控制办法,或向政府施加压力,以维护行业内有利于其成员的价格水平或价格结构。除此之外,还有一些国际组织制定的限价措施也需企业遵守。

企业在制定产品国际营销价格时,有三种可能的选择:

① 全球统一定价。如可口可乐公司就曾长期采取全球统一定价策略。这样做的最大好处是简便易行;便于回答对各国海关的询问,不会惹麻烦;也可防止中间商利用地区差价在各国之间转移商品牟取不正当利润。缺点是同一价格,在穷国就是高价,为开拓市场设置了障碍;在富国则是低价,也未必有利于企业形象。

② 根据各国成本定价。也是一种可行且相对简便的办法。一些大公司通常在世界各国使用统一的成本标准加成率给产品定价。缺点是在成本高的国家这种定价方法可能使企业失去市场,还有一般成本加成定价固有的不足。

③ 根据各国市场的需求或消费者的承受能力定价。这种做法突出了需求导向,同时也适当考虑竞争因素,能够针对各国具体情况制定使总收入达最优的价格;缺点是忽视了各国

之间实际成本的差异。

从理论上讲,根据各国市场需求定价是最科学的,因消费者需求、偏好、市场竞争状况、企业定价目标的不同客观存在,大多数企业也确实为同一产品在不同国家制定了不同价格。但从发展看,随着各国经济往来日益密切,伴随高度发达的信息系统、销售网络和人员往来,加上各国政府和海关的作用,又要求企业在国际营销中采取统一价格策略。结果通常是,企业两方面都要考虑,尽力使之协调,在可能的情况下,使同一产品在不同国家的价格尽量靠近。

在跨国公司迅猛发展,制造业的国际分工深入到跨国公司内部的今天,利用转移定价或公司内部调拨价格增加赢利已成为跨国公司的重要经营策略之一。此时企业关注的不是出口产品的定价,也不是某一子公司或在某一国的赢利,而是企业的整体利益最优。转移价格,是国际企业内部各部门、各子公司、分公司之间交换商品和劳务时应用的价格。当这些部门或分公司位于不同国家时,跨国公司内部的转移价格实际就涉及了国际间的商品与劳务交换。

除了国际分工和实施有效内部管理的需要外,跨国公司广泛采用转移价格的主要动力是为逃减赋税,也为便于将利润收回本国和防止进入国货币贬值的损失。转移定价帮助跨国企业增加了自身赢利,势必同时影响到本国政府及外国政府税收减少,它们自然也会采取措施围追堵截:如果总公司向子公司出售产品定价太高,虽能减少该子公司的所得税,但却要支付更高的关税;若总公司低价向子公司出售产品,又可能被子公司所在国海关指控为倾销而加征反倾销税。这一切使跨国公司的转移定价策略变得更为复杂,但众跨国公司肯定还会对此矢志不移。

三、分销渠道策略

一般来说,国际营销的分销渠道较国内营销要长,企业须从整体的观念看其渠道决策。图 12-2 表明了连接生产企业与国外最终用户的国际营销渠道的三个主要环节,即企业内负责国际营销的部门、各国间的渠道(各国的进出口商)和外国国内的分销渠道。

图 12-2　国际营销渠道

不过,严格地说,图 12-2 只表明了以间接出口方式进入国际市场时的渠道结构,若是直接出口或在国外直接投资设厂,渠道结构则如图 12-3 所示。

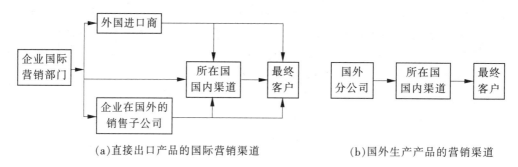

(a)直接出口产品的国际营销渠道　　　　　(b)国外生产产品的营销渠道

图 12-3　不同情况的国际营销渠道结构

归纳三种渠道结构,可见企业在国际营销渠道决策中最重要的是了解并选择进入国的进口商和国内配销渠道,而在这一点上各国的情况千差万别。如大规模连锁店主宰着美国的零售市场,而在众多发展中国家,露天市场上的小商小贩多如牛毛;有的国家渠道层次少,有的国家却多而长;有的国家进口商分工很细,有的国家则由经营范围几乎无所不包的综合商社垄断了进口。因此,制定国际营销渠道策略应从以下几方面着手。

① 了解进入国的营销组织结构及行为方式。如以大型零售商店占主导地位、渠道短而宽为特色的美国企业在进入日本市场时,曾很不习惯后者层次多而复杂的渠道结构;在一些国家,几乎所有批发商都在全国范围经营;而在另一些国家,由于政府法令的限制、市场分散、运输落后,几乎没有全国性的批发商。

② 了解进入国消费者的地理分布和购买行为特点,以便选择适当的中间商。如人们的购买行为受其经济及文化传统影响,超级市场在欧美发达国深受消费者欢迎,体现为降低成本、开架售货、一次购齐,节约了购物时间。但在一些发展中国家却不符合人们的购买习惯,那里的人们收入低,习惯每天出去购物,每次只购少量商品,数量限制在能手提肩挑或能用自行车载回家的重量。此外,他们家中也没有储存和冷藏设备可供大量食品保鲜;为保持商品价格低廉,他们也不欢迎昂贵奢华的包装。

③ 构筑分销渠道系统。企业在构筑渠道系统时,一般总是先考虑使用进入国现成的渠道,成本较低,风险较小,特别是在分销体系已十分发达的国家。选择中间商最重要的条件是看其是否有能力为企业完成分销任务,重点考察其推销能力、服务能力、财务状况和商誉。当现有渠道不足或已被竞争对手占据时,企业不得不创建新渠道,这一般只有在估计该进入国市场潜力确实很大、开发前景很好时才会采用。

④ 渠道评估。分销系统建立后,还要定期对其运行情况进行评估。评估内容主要有:

● 渠道覆盖面是否达到了企业的全部目标市场。

● 渠道费用。包括渠道开发费用和日常经营费用,因这两项费用直接关系到商品在分销阶段的加价和企业赢利水平,故特别受到关注。

● 渠道控制情况。中间商是否认真执行企业营销政策,及时反馈市场变化趋势,并保持长期业务关系。

● 经营效果。考察渠道成员是否实现了预期销售额、市场占有率和利润率等营销目标。

四、促销策略

国际促销策略的基本做法与国内促销并无二致,其基本决策是选择在国际市场上照搬在国内市场证明获得了成功的相同的促销策略,还是加以改变后再运用到不同国家的市场上去。前者我们称之为标准化策略,这种策略撇开各国市场的特殊性,突出基本需求和偏好的一致性。如可口可乐公司的广告基本上采取这种策略,其广告主题,有一段时期甚至广告画面,在世界各地均保持一致。标准化策略的优点一是节省费用、简化管理;二是在各国保持了公司和产品形象的国际统一性。近年,随着大众传播媒介的国际化、企业的国际化和人员交往的国际化,越来越多的国际性企业倾向采用标准化的广告促销策略。

不过,即便是标准化广告,从一国到另一国在表现上也不可能完全一样。一种情况是仅改变语言、颜色(各国对颜色的禁忌不同)和产品品牌名称(防止音译后的误解);另一种情况是使用同一主题,但适当调整画面图像,使之更适合不同地区的文化传统,如百事可乐就鼓励其各国的子公司在遵循总公司制定的广告主题和某些固定画面的前提下,根据当地具体情况做细节上的更改。

如果子公司有权改变的不仅是个别画面而且包括广告主题,企业采取的就是差异化广告策略了。差异化策略的最主要考虑是为更好地适应不同国家消费者购买动机、需求偏好等的不同。如一家经销自行车的公司,在美国选择乐趣作为广告主题,在斯堪的纳维亚各国以安全作为广告主题,在中国则以性能和耐用作主题。

采取差异化策略的另一原因是各国有关媒体的限制和媒体的可获性不同。许多国家对广告的内容、媒体及支出有严格的限制。如在德国,广告中不能使用比较性的术语或宣称自己的产品是最好的,因为这意味着攻击或贬低了其他产品或制造商;在美国、英国和丹麦等许多国家不允许做香烟广告;还有些国家不许为药品做广告;有20多个国家规定对特定的广告必须经过预先批准才可播出。许多国家对广告媒介亦有限制,如北欧一些国家不允许在电视和广播中做商业广告;西欧各国的电视广告时间都非常有限;杂志广告在意大利非常有效,在奥地利的影响却不大;英国的广告可以登在全国发行的报纸上,西班牙却只能在当地报纸上登广告。这些限制因素是推行国际标准化广告的极大障碍。

除内容、媒体的决策外,国际广告决策中的另一重要步骤是选择广告代理。国内广告有时可由企业自己来做,国际广告因其复杂,大都需借助企业外部的广告代理机构。如果企业自己直接将产品销往外国市场,则广告的制作、广告公司的选择和广告费用都要由企业自己承担;如果企业通过外国经销商、代理商为其销售产品,则上述工作可由双方协商解决或委托该外国经销商、代理商办理,因他们一般更了解当地的情况。

在选择广告代理机构时,最主要的决策是选国际性广告公司(在若干国家设有分支机构)还是选当地的广告公司。前者适合广告标准化程度较高的情况,但小的当地广告公司也有优势,当企业追求差异化广告策略时,往往是当地的广告商更能制作出高水平的广告。

除广告外,人员推销、公共关系和营业推广在国际营销中也同样大有可为,并同样需就统一化还是差异化做出决策。

改革开放以来,我国的企业开始更多地走向国际市场,但走向国际市场和真正成为国际性企业这中间还有很长一段路要走。中国加入WTO,一方面有利于外资企业进入中国;另一方面也有利于中国企业进入国外市场。为了进一步成长为国际性企业,我们的企业有必要认真探索国际营销的特殊规律,进而依据这些规律规划企业未来的全球营销战略与策略。

思考题

1. 企业为什么要开拓国际市场?
2. 分析国际市场营销环境应从哪几个方面入手?
3. 企业进入国际市场的方式有哪些?
4. 简述国际市场营销组合决策。
5. 你怎样评价加入WTO后中国企业在国际市场上面临的机会,及进入国际市场时可能面临的困难和问题。

TCL：国际化的荆棘与梦想

国际化是所有中国优秀企业努力的方向，国际化也必然承担着诸多风险。

2004 年 TCL 通过收购法国汤姆逊彩电业务、阿尔卡特手机业务一举进入国际市场，一年后即陷入约 20 亿元人民币的亏损，经历了前所未有的考验。

在 2005 年左右企业最艰难的时期，TCL 审时度势调整战略，从内部文化入手进行了一系列变革，通过企业愿景凝聚员工、形成合力，推动内部管理的精细化、建立完善的人才培养体系、打造全产业链运营模式，顺利地实现了"企业的重生"。

国际化是一场持久战

2005 年是李东生迄今为止面临的最艰难的一道"坎"，之所以称之为"最"，关键在于强烈的反差。2005 年之前，TCL 可谓一路高歌猛进。2000 年之后，TCL 超越长虹成为中国彩电业老大，之后成功改制、TCL 集团成功上市，令同业难以望其项背；2004 年对汤姆逊彩电及阿尔卡特手机业务的收购更是将李东生推上了个人事业的"巅峰"，两度被评为"中国年度经济人物"，风光一时无两。

然而，最大的落差还是来自收购之后出现的巨额亏损。TCL 创业 20 年来一直在赢利，从来没有亏损过，而骤然而降的 20 亿元亏损不仅让 TCL"一夜回到解放前"，更被推到了一个"生死的边缘"。这一切让一向自信满满的李东生几乎乱了步伐——为了提升投资者的信心，李东生公开承诺"18 个月扭亏"。但现实比理论困难得多，TCL 由此陷入了更大的信任危机。至此，李东生只能"背水一战"。

2005 年的 8 月 3 日，李东生在集团内部主持召开了一个有 200 多人参加的经营管理层扩大会议。正是在这个会议上，高管们达成一个共识——"国际化不是一个结果，而是一个过程，不能毕其功于一役，而是一个持久战，一步一步走，不能急于求成"。

TCL 将其国际化战略分成了三步走：扭亏、健康、成长。现在回过头来看，2004—2007 年是扭亏的阶段，主要工作是进行文化变革；2008—2010 年则围绕健康来做文章，在资源有限的条件下，培养自我造血的能力，所以在内部考核当中，不太强调销售收入，而是注重经营利润、现金流等内部的周转速度的指标。同时，强调产业链的垂直整合，向上拓展价值空间，打造自己的核心竞争力；从 2011 年开始，TCL 已进入新的成长阶段。

变革从文化开始

2004—2007 年的扭亏阶段一定是 TCL 发展史上最惊心动魄的一段记忆。2006 年，连续的亏损让上市公司 TCL 集团濒临被摘牌的危机。压力不仅来自外部，还来自内部的"人心浮动"。一批创业元老相继出走，在 TCL 集团内部的 BBS 论坛上，不少员工开始议论 TCL 是否具备国际化的能力，企业内部是否出现了一些问题，这引起了 TCL 高层的重视。

TCL 有一个独创的企业管理模型——"TCL 全景管理钻石模型"，是一套非常有效的判断企业问题出在哪里的工具，是 TCL 集团现任总裁薄连明的研究成果。钻石模型包括政治、经济、文化三个方面，政治方面包括治理结构、利益机制和权利分配；经济方面包括战略、商业模式和企业内部流程；文化方面包括愿景使命、价值观和行为规范。在 2006 年 4 月的一次 TCL 集团高管会上，薄连明凭借"钻石模型"以"剥洋葱"的方式对 TCL 集团的各个层面进行了推演，找到了问题所在。

"问题出在文化上面。TCL 的文化没有随着国际化战略的更新而变化,因此在 TCL 内部没有形成一个统一的愿景",薄连明说,"战略调整属于'拐大弯',当一个企业的企业愿景、价值观不统一时,拐大弯很容易翻车。"找准方向后,TCL 成立了一个由李东生亲任组长的"变革创新推进小组",由薄连明负责具体的执行,做了一个为期 18 个月的变革创新的规划。

第一步,是将 TCL 企业的愿景、核心价值观、企业文化的体系重新做了一个梳理,将企业愿景定位于"成为受人尊敬和最具创新能力的全球领先企业"。2006 年 6 月,李东生写下了著名的《鹰的重生》的系列文章,借用鹰在 40 岁时脱喙、断趾、拔羽以获重生的故事,他号召 TCL 全体员工团结一心应对危机,共同推动组织流程和企业文化的变革,坚定推进国际化企业战略的决心。"为了企业的生存,为了实现我们的发展目标,我们必须经历这场历练!像鹰的蜕变一样,重新开启我们企业新的生命周期",这篇文章为 TCL 企业文化的变革创新做了一次深入的动员。

"梳理之后就要沟通愿景,凝聚共识,需要有一种方式。"薄连明说。那就是第二步,2006年的 7 月 15 日 TCL 组织了 150 位中高层管理人员去延安,进行了一次持续四天三夜的高强度训练。"大家平均每天就睡三四个小时,徒步到南泥湾,根本没有路的,只能慢慢摸索出一条路来;还在延安宝塔山上誓师、宣誓,到壶口瀑布去体验……那次会议对高管的士气凝聚非常的重要。"同年 8 月,又组织了有上万名员工参与的企业文化变革创新的誓师大会,集团士气应运而生。

变革创新最直接的效果就是,2007 年年底集团业务开始赢利,摘掉了 ST 的帽子。

人才培养决定未来

国际化也让 TCL 更清晰地看到了自己的短板,那就是国际化人才的缺乏,这也是中国企业走出去的最大瓶颈。TCL 偏居广东惠州、以彩电业务起家,其高管以四五十岁的中年男性为主,多为本土市场的营销实战派,几乎没有国际化的背景。李东生自己也承认,"TCL 国际化过程中,管理力量严重不足,团队的培养和提高始终是我们的一个很大的困难"。正因如此,2004 年并购完成后,TCL 也"空降"了一些具有外资企业工作背景的职业经理人,与TCL 原有的文化也形成了较大的冲突。痛定思痛之后,TCL 建立了自己的人才培养计划。

2006 年 10 月率先启动了"精鹰工程",在全公司的范围内,甄选了 100 位中层管理者和未来的管理人员,进行为期一年的训练。精鹰工程培训除了理论课程的学习之外,还需要有一个研究的主题,这个主题主要来源于企业存在的实际问题,或者是长期没有解决的,或者对品质、对生产等各个环节的效率、成本等产生重大影响的一些问题。TCL 集团高层每年都会在精鹰工程讲授行动学习的理论、方法、框架和要求,很多导师是公司的管理和决策者,会把研究扩展到解决公司的实际问题,转化为公司的项目。后来,这类培养计划又延伸到针对高层干部培训的"雄鹰工程"、针对基层骨干的"飞鹰工程"、针对应届大学生的"雏鹰工程",形成了一套完整的人才培养体系。为适应集团国际化发展的需要,TCL 还从参与海外公司的收购、整合、运营、管理的人才中,挑选出一些去海外商学院深造。"实际上我们已经形成了全方位立体化的培养计划——雄鹰带精鹰,精鹰带雏鹰,实行导师制,一级带一级来做。即使是在过去 TCL 集团亏损的情况下,TCL 每年还照旧为培训做出相应的预算,并没有减少培训的投入。"薄连明认为,"不能把培训看成一个投入和产出的配比。培训见效见利往往是一个潜移默化的过程。"

2011 年的业绩表明,TCL 一系列的努力得到了应有的回报。其 2011 年上半年财报显示,今年上半年 TCL 集团收入 273.55 亿元,同比增长 18.08%,实现净利润 5.39 亿元,同比增长 241.67%。TCL 多媒体在全球液晶电视市场排名第七,TCL 通信在全球手机市场排名第七。

(改编自《中国经营报》,2011 年 7 月)

案例思考

1. 结合此案例分析李东生为什么说国际化战略要打的是一场持久战。你认为 TCL 国际化进程中面临的巨大挑战是什么?

2. 结合学习过的相关理论,试对 TCL 的国际化营销战略的得与失做出评价。

3. 通过此案例的分析思考,能否为处于国际化进程中的中国企业提出一些具有前瞻性的合理化建议?

第13章
服务营销

世界经济的发展大趋势之一是服务经济的比重迅速增加。在美国,从事服务业的人数占总就业人数的79％,其产值占国民生产总值的74％。与此同时,越来越多的制造业企业开始提供服务,他们或者开展服务类业务,或者提供增值的服务以提升产品整体的竞争力。而像IBM公司一类的传统大型制造业企业甚至宣称,他们提供的就是服务。服务产品同实体产品相比有很大的不同,有其自身的特性,企业为了提供高质量和高效率的服务产品,必须采取适合于服务产品特性的营销策略。服务的特性决定了企业在提供服务产品时必须考虑如何稳定服务的质量,如何更迅速地传递服务,如何同顾客保持更为积极灵活的沟通。

对这些问题的研究不断深化,最终形成了市场营销学科的一个新分支——服务营销。

第一节 服务和服务业

一、服务的定义

服务是一种复杂的现象,其含义可以从产品附加服务一直扩展到完全无形的信息服务。营销学家科特勒曾经说过:"任何业务都可以看成是服务,假如你是一家化学产品公司,你从事的是化学产品的服务业务。"所以,要准确地界定服务的概念并非易事。从20世纪五六十年代开始,市场营销学界从不同的角度对服务作了不同的定义,但是共同点都是从服务区别于有形产品的角度对其进行研究和界定的。

1960年,美国市场营销协会将服务定义为:"用于出售或者同产品一起出售的活动、利益或满足感。"这一定义曾被广泛采用。后来一些营销学家在此基础上又做了一些补充,其中较有代表性的有格鲁诺斯(Gronroos),他提出:"服务一般是以无形的方式,在顾客与服务对象、有形资源、商品或服务系统之间发生的,可以解决顾客问题的一种行为。"菲利普·科特勒(Kotler)则认为:"服务是一方能够向另一方提供的基本上是无形的任何行为和绩效,并且不导致任何所有权的产生。它的生产可能与某种物质产品相联系,也可能毫无联系。"

总结以上三种定义,它们都强调了服务作为一种无形产品,有以下三个要点:

① 服务是一方向另一方提供的一种或一系列的行为。

② 这种行为必须对购买者有用,即它可满足购买者的欲望、为他带来利益。

③ 服务不一定需要有形产品的介入,如果需要有形产品的参与,有形产品的所有权在服务的提供过程中也不发生转移。比如,旅馆为旅客提供住宿服务,床铺这一有形产品将参与服务过程,但在服务的过程中床铺始终是属于旅馆的,所有权不会转移给旅客。

综合以上三个要点,从把握服务的本质出发,我们将服务定义为:服务是指一方向另一方提供的可以满足某种欲望、需求而不涉及所有权转移的行为。

二、服务的分类

服务的含义很广,各种服务之间也存在很大的差异。对服务进行分类,将有助于企业管理人员了解消费者的需求,有利于采取有效的服务营销策略。

① 按顾客在服务过程中参与程度高低,可将服务划分为三大类,即高接触性服务、中接触性服务和低接触性服务。所谓高接触性服务是指顾客参与全部或大部分服务过程,如电影院、公共交通和学校中提供的服务;中接触性服务则如银行、律师事务所中提供的服务,顾客只是在一段时间里参与服务过程;低接触性服务则指顾客与服务的提供者不直接接触,仅通过仪器设备传递服务的类型,如信息中心、邮电通信行业提供的服务。一般来说,顾客的参与程度越高,对服务的需求差异程度越大,对企业服务水平的要求也越高。

② 根据提供服务的工具不同,将服务分为以机器设备为主和以人员为主两类。以机器设备为主的服务,比如自动售货机提供的服务。以人员为主的服务则指服务人员在服务过程中起主导作用。这类服务又可分为三种:非技术性服务,如看护小孩、修剪草坪;技术性服务,如修理电器;专业性服务,如法律咨询。

③ 根据顾客选择服务自由度的大小划分为标准化服务和非标准化服务。在标准化服务中顾客选择余地很小,需求可能得不到完全满足。如公共交通提供的服务是按一定路线,乘客只能在固定的地点下车。非标准化服务顾客选择的余地很大,需求可以被完全满足,如理发服务中顾客可以根据各自的要求任意选择发型。越是非标准的服务,顾客满意程度越高,相应的企业营销管理的难度也越大。

表 13-1　服务的分类

服务的划分标准	服务的分类方案
按顾客在服务过程中参与程度高低	1. 高接触性服务 2. 中接触性服务 3. 低接触性服务
根据提供服务的工具不同	1. 以机器设备为主的服务 2. 以人员为主的服务 (1) 非技术性服务 (2) 技术性服务 (3) 专业性服务
根据顾客选择服务自由度的大小	1. 标准化服务 2. 非标准化服务

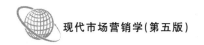

有关服务分类的方法还很多,这反映出服务行为非常复杂。企业必须认真分析特定服务的特点,才有可能最大程度地满足顾客需求,同时降低经营费用。

三、服务业

服务业指以生产和销售服务产品为主的部门与企业。服务业有广义和狭义之分。狭义的服务业仅指传统的生活服务业,如商业、饮食业、个人和家庭服务业以及修理业;广义的服务业则指整个第三产业,还包括金融、信息、通信业等。在这里我们讨论的是广义的服务业。必须强调指出的一点是,服务业提供的产品并非只是服务,也可能包含有形产品,比如航空公司既提供运输服务,也提供食品。但服务业和制造业的区别在于,服务业以提供服务为主。下面介绍服务业的主要类型。

(1) 交通运输业。通过公路、铁路、水运及航空,运送乘客或货物。

(2) 通信业。邮政及电话服务,随着计算机技术的发展,还出现了网络服务。

(3) 商业。货物的批发和零售。

(4) 金融业。银行、非银行金融机构和保险业。

(5) 工商服务和专业性服务。主要指市场中介部门和信息服务部门,如会计、审计、法律、广告、顾问咨询、教育、医疗和科学研究。

(6) 娱乐和休闲业。电影、剧院、运动和娱乐、旅店和餐厅等。

(7) 杂项服务业。修理、理发、家政服务、干洗业等。

随着科学技术的发展、社会分工程度的提高,新的服务部门和企业不断涌现,可以预计未来服务业的类型会更多、更复杂。

第二节　服务的基本特征和服务营销组合

在第一节中已经提到,服务在生产、销售环节有别于有形产品,有着自己的特点。这些特点使服务营销人员面临新的问题和挑战。只有认识并掌握服务的基本特征,开发相应的服务营销组合,才能最大限度地调动起企业的内部资源和能力,为顾客提供高质量和高效率的服务产品。

一、服务的基本特征

服务的基本特征概括起来有四点,即服务的无形性、不可分离性、差异性和不可储存性。

1. 无形性

服务是无形的,是一种或一系列的行为过程,它看不见、摸不着。对服务的无形性可以从三个层次来理解。第一,服务的很多元素是无形无质的,很难对服务的过程和最终结果进行准确的描述和展示。第二,顾客在购买服务前,往往不能确定他将得到什么样的服务。也就是说,服务产品很难事先准确界定。这导致顾客在购买服务产品时面临比较大的风险,即购买的服务产品质量达不到预先的期望的风险。顾客为了降低购买的风险,会更加重视服务的口碑、服务品牌以及服务的外显部分的质量。第三,服务产品的质量完全取决于顾客自我的心理感受和主观评价,不同的顾客消费(使用)同一种服务时感受到的满足程度可能有很大的不同。例如,一场音乐会可能使一部分听众如痴如醉,而另一些听众则是昏昏欲睡。服务很难找到一个客观的质量评价标准,而不像有形产品那样,可以根据一些外在的技术标准来衡量。

服务的无形性增加了企业营销沟通工作的难度。企业很难向顾客完整地展示服务,以刺激购买。沟通工作的重点是要"化无形为有形",借助各种方法、手段、实物甚至人员来展示服务。

2. 不可分离性

不可分离性是指服务的生产和消费过程不可分离,通常是同时进行的。有形产品制造出来以后,先储存,通过分销,最后消费。生产和消费在时间、空间上可以分离。服务产品则不同,服务的提供者和购买者都要参与服务过程,两者相互作用、相互影响,共同决定服务的最终质量。

服务的不可分离性对营销工作的影响集中体现在三个方面:

首先,顾客的参与将影响服务过程。比如,在法律咨询服务中,只有顾客正确地描述自己的问题,律师才能给出相应的解答。在教育过程中,学生必须主动参与教学活动,教学的目的才可能实现。服务产品的营销工作必须研究顾客的参与程度,以及如何参与服务的问题,在此基础上引导和激发顾客参与服务过程,提升服务质量。

其次,服务的具体提供者将直接影响服务水平。企业中直接同顾客接触、提供服务的人员称为一线人员。他们的服务态度和技术水平决定服务质量与企业声誉。所以,企业的服务营销工作不仅涉及外部营销,还有内部营销的工作,即培养和训练一线人员并最大限度地激发他们的工作热情。通过培训并激励一线人员来促进服务的质量提升。

最后,提供服务的地点很重要。生产和消费必须同时进行,要求服务必须尽可能地接近顾客。比如,零售商店应设立在商业中心、居民小区或其他人口稠密、交通便利的地方。服务类企业在服务场所上的投资比较大,这在一定程度上限制了企业的发展。近年来,随着互联网的发展,越来越多的企业开始利用网络提供随时随地的服务,以克服地域上的限制。

3. 差异性

服务产品质量往往缺乏稳定性,难以像有形产品那样实行标准化的生产。服务质量是多个因素综合作用的结果。环境(时间、地点、物质条件)、服务的提供者和顾客的变化都可能引起服务质量的变化。比如,同一家律师事务所,不同的律师提供的咨询结论可能不同,不同的顾客对同一位厨师烹制的菜肴味道有不同的反应等。引起服务质量差异的主要因素可以归为三大类:一是服务人员方面的因素。即使经过严格培训的服务人员,也是存在能力和个性差异的,在不同的环境中提供的服务可能不同。二是顾客方面的因素。同一种服务对于不同的顾客而言,其质量和效果是不一样的。顾客的知识、经验、动机、个性以及参与程度的不同都影响着他对服务感知,影响服务的质量。三是环境因素。在服务的提供过程中,服务人员和顾客是在一定的环境中相互作用的,设备、场所、周围人员,甚至灯光、色彩等都会使服务产生差异。

服务的差异性有碍企业树立持续、稳定的企业形象。如何控制服务质量是服务营销必须解决的问题。

4. 不可储存性

服务一般是即时生产、即时消费,不能储存的。如果生产量大于需求量,多余的服务将会消失,而不能转换为下一个阶段的供给。比如航空公司不能将运输淡季飞机上空余的座位储存起来,用于满足高峰期的需求。

服务的不可储存性使服务产品的供求矛盾显得格外突出:在需求不足的情况下,设备、人员会被闲置;而在需求高峰时又可能无法满足全部的需求。如何使波动的需求同企业持续的生产能力相匹配,成为服务营销管理的又一个难题。

从上面服务的四个基本特征可以看出,服务的"无形性"是最根本的特征,其他特征都是由此派生出来的。服务同有形产品的差异决定了服务营销有自己特殊的策略和方法。

二、服务营销组合

市场营销组合是市场营销管理中最基本的概念之一。它是指企业为了更好地满足目标顾客群的需求而加以组合的可控制的变量。传统的市场营销组合包括产品、价格、分销和沟通。企业根据顾客的需求和企业自身能力的特点,安排相应的市场营销组合。

产品、价格、分销和沟通在服务营销活动中同样十分重要。然而,传统的市场营销组合主要是针对有形产品的营销活动提出的,它不足以满足服务营销的全部要求。从事服务营销的人员发现,必须根据服务本身的特性扩充营销组合,以更好地满足顾客对服务产品的需求。

经过扩充的服务营销组合包括七个要素。

① 产品。服务产品必须考虑的是服务的范围、服务质量、服务水平、服务品牌、服务保证等。

② 价格。价格方面,服务营销要考虑的是服务的基本价格水平、价格折让、付款方式和消费信贷。在区别一项服务和另一项服务时,价格往往成为一种识别标志,顾客可以从一项服务的价值感知到它的质量高低。所以,服务产品的价格弹性一般比有形产品低。

③ 分销。服务不可能采取像有形产品那样的长渠道;相反,服务的分销必须要尽可能地贴近顾客。服务的可到达性和便利性是衡量服务水平的重要因素。

④ 沟通。服务的沟通包括广告、人员推销、销售促进和公关宣传等方式。

⑤ 人员。服务企业中的一线人员本身就是服务的一部分。大多数服务企业中一线人员既是服务的提供者同时又是服务的销售者,担任着双重的任务。因此,市场营销人员必须同一线人员密切配合,共同认识和开发顾客的需求,通过系统的人员甄选、培训、激励和控制工作保证服务的质量,满足顾客需求并发展同顾客的长期关系。

⑥ 有形展示。有形展示是指将服务产品和质量通过一定的手段表现出来,使顾客能够感受到。有形展示会影响顾客对服务和服务企业的评价。有形展示包括的要素有环境因素(服务场所的装潢、陈设、色调、音乐)、服务设备(如汽车租赁服务使用的汽车)、其他有形的线索(服务标识等)。

⑦ 过程。服务的过程同服务人员一样重要。工作人员在服务过程中如果表现出热情、愉悦、专注和关切就能在很大程度上满足顾客的需求,而顾客的正面反馈又会进一步激发工作人员的积极性。这就是服务过程的双向互动。服务的过程要素要考虑建立并保持服务人员和顾客之间的良性互动,包括整个服务系统的流程设计、服务过程中的机械化程度、服务人员的决策权大小、顾客的参与程度等。

第三节　服务企业的营销策略

服务产品不同于有形产品,它的特点对服务企业的营销管理提出了更新、更高的要求。需要运用一些新的策略来处理企业的营销问题。

一、服务质量管理

服务的无形性使得服务企业的质量控制过程十分复杂。稳定、高质量的服务是企业成功的关键因素。服务产品的质量是顾客的主观判断,他们总是把自己实际感受到的服务与事先的期望值进行比较,然后得出结论。如果实际感受超过了他们的预期,则认为这是优质的服务,否则会产生不满、失望的情绪。所以企业服务质量管理的目的就是使服务达到或超过顾客的预期。

为实现这一目标,服务企业要研究目标顾客的需求,将需求分解成各个质量控制环节,以便采取相应的方法控制服务质量。主要的方法有:

① 建立服务标准和规范。为了克服服务中因环境、人员不同带来的质量差异,企业应尽可能地详细制定标准化的工作程序和规范,对服务过程中各环节逐一提出明确具体的要求。同时制定相应的奖惩制度激励一线人员达到或超过一般的服务标准。

② 重视人员的选拔和培训。服务是由一线人员传递给顾客的,他们的素质、技术水平在很大程度上决定了服务质量。企业必须通过严格的选拔和培训,使员工正确理解服务标准的含义,掌握相应的服务技能,有效地进行服务。服务部门是劳动密集型行业,优秀的员工是服务企业最重要的经营资源。

③ 加强与顾客的沟通。服务质量高低取决于顾客的主观判断,加强与顾客的沟通可以使企业及时取得反馈意见,有助于提高服务质量。另外,与顾客加强沟通可以使顾客获得"被重视"、"受尊重"的感觉,这种认识有利于提高顾客的满意度。

④ 及时处理顾客的投诉。服务质量的不稳定使企业难免遇到顾客的不满和抱怨。企业应该设立专门机构及时处理顾客的意见和抱怨,积极寻求补救办法。这样可以缓解顾客的不满情绪,增强其对企业的信任感。

二、平衡供求

服务的不可储存性使企业在需求出现较大波动时可能面临供给不足或过剩的情况。供给过剩对经营资源是浪费;供给不足则使企业丧失了赢利机会,同时还招致需求未得到满足的顾客的抱怨。只有有效解决服务供给和需求的平衡问题,企业才能提高生产效率,获得较好的经济效益。平衡供求的策略包括调节需求和调节供给两方面的内容。

1. 调节需求的主要方法

① 实行差别定价。在需求高峰期价格定得高一些,而在非高峰期价格可低些。这样可以引导一部分需求从高峰期转移到非高峰期,促进需求的平稳。比如,长途电话部门为缓解通话高峰期线路不足的矛盾,规定夜间通话五折收费。

② 开发非高峰期的需求。可以在非高峰期加设新的服务项目或种类,刺激需求。如旅

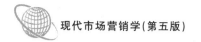
游点在淡季开展文化活动以吸引游客。

③ 可在高峰期开展补充性服务,供等候接待的顾客选择。如理发店、美容店准备饮料和杂志,供顾客消磨时间。

④ 实行预订制度。通过预先约定服务时间,服务企业可以及时了解需求情况,采取相应措施平衡需求。比如火车票的预售、旅店的预订等。

2. 调节供给的主要方法

① 雇用一部分非全日制员工。企业平时维持一定数目的基本职工,在服务高峰期雇用临时员工,增加服务的供给量。比如,大多数的快餐店都在就餐时间雇用临时工。

② 提高顾客的参与程度。发展自助式的服务方式,鼓励顾客去做一些本来由服务人员完成的工作。如银行设立自动取款机,顾客可以自己提取现金,而不必通过银行的营业员。

③ 采用高效的服务程序。在服务高峰期,企业只提供主要的服务项目,把次要的服务内容省去,以提高服务的供给速度。

④ 向其他企业临时租用服务设施。在服务的高峰期临时向本行业的其他企业租用其多余的设施。比如亚运会期间泰国航空公司向其他航空公司租用飞机。

三、化"无形为有形"的促销策略

服务产品的无形性令企业很难向顾客展示产品,进而刺激购买。服务企业在促销方面总的原则是"化无形为有形",借助各种方法传达服务信息,帮助顾客了解服务产品。主要的方法有:

① 进行形象化的宣传。把服务同有形物体联系起来,用有形物体来表现、象征服务。如澳大利亚航空公司在广告中使用一只可爱的考拉熊来象征其热情友好的服务。

② 利用服务场所进行宣传。服务是无形的,服务场所却是有形的,顾客在服务地点可以直观地感受到服务。如百货商店用豪华的店堂烘托其高质量的服务;麦当劳用整洁的就餐环境验证其"卫生"的承诺。

③ 利用服务人员进行宣传。服务人员是服务的提供者,他们的一言一行都代表着服务的水平和质量。优秀的服务企业把人员作为吸引顾客的最佳手段。美国著名的百货商店西尔斯公司十分强调员工培训,要求售货员和顾客更多地接触,建立密切联系。他们的员工热情、友好、有丰富的专业技术经验,是顾客选购商品的向导和参谋。优秀的员工为西尔斯创造了一大批忠实的顾客,保证了公司的发展。

④ 重视企业形象的塑造。企业形象是社会大众对企业整体的较固定的认识。企业形象一旦形成,就具有较强的稳定性。服务企业的形象是对它所提供的服务的综合性评价,良好的企业形象本身就具有很强的宣传性和说服能力。它还是服务企业将自己的产品与竞争对手相区别的强有力的竞争手段。

⑤ 对服务效果进行宣传。如果让顾客清晰直观地看到服务效果,他就能判断服务质量。服务企业可以通过展示服务效果来宣传产品、促进销售。如理发店里展示发型照片,美容店出示美容前后的对比照片等。

四、灵活的价格策略

影响服务产品定价的主要因素是成本、需求和竞争。成本是服务产品价值的基础,它决定价格的最低界限。市场需求影响顾客对产品价格的认识,进而决定价格的上限。市场竞争状况影响价格在一定幅度内波动。

服务的无形性导致服务产品的质量取决于顾客的主观判断,这使服务企业可以使用更加灵活的定价策略销售商品。常用的定价技巧有:

① 差别定价。根据顾客的不同需求强度制定不同的价格。如在需求高峰期收取更高费用,剧院里不同的座位售价不同等。

② 折扣定价。对服务收费给予一定的价格折让,鼓励早付款、大量购买和高峰期以外的消费。

③ 偏向定价。对一部分成本较低的服务制定低价,以吸引顾客。如餐厅提供低价的套餐以吸引顾客,但大多数客人一旦进入餐厅,还是会吃较高价的菜肴。

④ 保证定价。保证服务结果产生后再付款的定价法。如房屋中介机构等当事人得到满意的房屋后才收取费用。

⑤ 高价位维持定价。即以较高的价格来体现服务的质量,吸引顾客。只有知名度高、形象好的企业能采用这种方法。

⑥ 牺牲定价。它指第一次购买时要价很低,希望借此获得更多生意,后来再提价。如理发店在开业头一个月所有服务项目打折。

⑦ 阶段定价。服务项目基本报价很低,各种额外事项的定价则较高。

⑧ 系列定价。价格固定,但服务企业的服务质量、服务水平则随成本的变化而变化。

五、"可接近"的分销策略

服务的不可分离性决定了服务企业必须与顾客直接接触。到达服务地点的方便程度是顾客购买服务时考虑的因素之一。因此,服务企业必须选择适当的渠道,保证顾客可以快捷、便利地"接近"服务。服务企业的分销策略主要有:

① 直销。服务由生产者直接传递给消费者,没有中间环节。这种短渠道策略可以使企业更有效地控制服务质量,提供满足顾客个别需要的特色化服务;还有利于及时收集反馈信息。但直销的缺点是对服务地点的选择要求很高,如果没有找到合适的服务地点,将在很大程度上影响销售业绩。

② 经过中介机构销售。服务业的中介机构常见的有以下五种类型:

● 代理。一般在观光旅游、运输、保险等行业中出现。

● 代销。以特许权的方式销售服务。

● 经纪。在某些市场,服务必定要经由中介机构提供,如股票市场和广告服务。

● 批发商。

● 零售商。如一些零售店也提供干洗服务。

第四节　生产厂商的服务策略

除了服务企业可能涉及服务营销问题外,生产有形商品的厂商也越来越频繁地使用服务手段。生产厂商在有形产品销售过程中也向顾客提供服务。

一、生产厂商提供服务的意义

20 世纪 80 年代以来,质量和服务成为企业非价格竞争的主要内容,许多企业特别是生产各种设备和耐用消费品的企业都纷纷建立强大的服务队伍与服务网点。生产厂商提供服务的意义在于:

① 有利于提高顾客满意度。产品整体概念意味着附加服务是产品整体的有机组成部分。顾客对需求的认识逐步深化,对产品的消费是整体的消费,在购买时总希望商品能带来整体的满足。提供优质的服务可以提高顾客的满足程度。

② 有利于增强竞争优势。随着生产技术水平的提高,各企业在产品实体方面的差距不断缩小。企业在技术方面的优势很难长期保持。但是服务是无形的,它具有很强的个性特征,不易被模仿。企业如果能提供优于其他竞争对手的服务就可以赢得竞争优势,并且这种优势可以维持相当长的一段时间。

③ 有利于树立企业形象。消费者往往更青睐于注重服务的企业。因为这样的企业表现出关心顾客、重视顾客要求的积极态度,这种态度将赢得顾客对企业的好感和忠诚。

二、产品服务要素和水平决策

生产厂商制定服务策略首先必须考虑服务的要素和水平。服务要素指企业提供的服务项目种类,服务水平则是企业在某种服务项目上的努力程度。

企业可能提供的产品服务主要有:设备安装调试、人员培训、保养和维修、信贷安排等。企业应在市场调查的基础上分析顾客对各服务项目的重视程度,并结合企业实力的分析制定相应的服务要素决策。

一般情况下,企业提供的产品服务水平越高,消费者满足程度越高。但是服务水平与销售量之间并不是完全的线性关系。很可能存在一个拐点,即在一定范围内服务水平的提高对销售刺激很大,而超过一定点后这种刺激作用就变得不那么明显了。企业要根据客观情况决定最佳的服务水平。一般情况下,顾客越重视一项服务,相应的服务水平也会越高,在这方面企业形成竞争优势可能性也越大。

三、产品服务分销决策

生产厂商必须决定通过各种途径向顾客提供服务。下面列出了三种服务渠道。

① 建立专门的服务部门提供服务。这种方案简洁、快速,可以增强企业和顾客的信息沟通,有利于树立企业形象。但是它的费用较高,庞大的服务网络还可能分散经营人员的精力。

② 委托经销商负责提供服务。经销商了解顾客的需求和当地市场状况,提供服务的效率高。但是经营多个品牌的经销商难以提供专业的服务,他们重销售,轻服务。企业需要对经销商提供技术、资金和人员等方面的支持,帮助他们更好地提供服务。

③ 委托独立的专业服务公司提供服务。专业服务公司可以提供高质量的服务,但是费用较高,另外企业对服务的质量难以控制。

企业可以根据环境特点、服务成本和企业自身实力选择适当的渠道。在渠道决策中,除服务方式选择外,还应包括服务网点数量和位置的选择。总的原则是建立一条高效、快捷、低成本的渠道,将服务迅速传递到消费者手中。

思考题

1. 什么是服务? 服务同有形产品相比,有哪些特点?
2. 为什么要进行服务质量管理? 应如何控制服务的质量?
3. 平衡顾客需求的方法有哪些?
4. 怎样给服务产品定价?
5. 生产厂商为什么越来越多地向消费者提供配套服务?

招商银行:转型从服务客户出发

招商银行一份刚刚发布的私人财富报告再次将我国私人银行业务推上了令人瞩目的位置:2010 年,中国个人总体持有的可投资资产规模达到 62 万亿元人民币,较 2009 年年末同比增长约 19%;可投资资产 1 000 万元人民币以上的中国高净值人士数量达 50 万人,共持有可投资资产 15 万亿元人民币。

报告数据化了私人银行业务的巨大潜力,但发展私人银行是否必要? 私人银行业务与银行转型战略又有哪些深层次的联系? 面临非银机构高端理财的崛起,私人银行又将如何应对? 招商银行给出了答案:从服务转型出发,提升精细化管理水平。

客户分级,提供个性化服务

招商银行发展私人银行起源于最早的客户分层尝试中发现的问题。招商银行的零售业务一直领先同业,早在 2004 年就开始做客户分层的尝试,为 50 万元资产以上的客户在营业网点中划分出一个专门区域,享受优先和专门的服务,称为"金葵花"客户。但随着与客户的联系逐渐深入,招行发现这种分层还需要细化。因为,在对"金葵花"客户的服务调查中发现,资产越高的客户满意度反而越低。这很明确地说明,大众化的服务体系不能满足高端客户的需要。拥有 1 000 万元财富的客户,与一般客户的需求完全不同。因此,从服务出发,招行转型走出发展私人银行这一步,为他们提供一对一的服务,就是为了提升这类客户的满意度,充分发挥财富理论中的"二八定论"。

从 2005 年 3 月开始,开始主动迎战"个性化"的服务需求,开始尝试根据客服部掌握的客户喜好,比如喜欢某名牌的衣服和化妆品,给客户量身定做一些产品等。以招商银行白金信用卡为例,它为了给成功人士打造超凡白金生活,精心汇聚了包括新加坡航空、美国联合航空、维珍航空、国际 SOS 组织、HYATT 君悦大酒店、洲际大酒店、LaneCrowford 连卡佛等众多世界级服务名牌,以及全年国内 24 场一流高尔夫球场全免费打球,全国 200 多个城市及其半径 100 千米范围内、24 小时私家车道路紧急救援服务……

此外,招行还与单一企业联盟推出联名信用卡。如招商银行携程旅行信用卡不仅具有招商银行信用卡和携程商旅贵宾卡的双重功能,还具备商旅查询、预订功能,可以享受全国近 3 000 家携程特惠商户的打折优惠等。

变革思路,倡导"1+n"服务模式

私人银行业务是以财富管理业务为核心,而财富管理业务本身又不消耗资本,因而成为应对资本约束的重要业务之一。招行两次转型以私人银行为切入点,是因为其所对应的客户是一个"富矿"。与国外不同,我国高端客户多为第一代企业家,一般更相信自己的经验和能力,自主投资意愿很强。用私人银行部常务副总经理王菁的话说,在提供私人银行服务之前,高端客户只是把银行当做资金停留的"账户行",而支行掌握客户资源,却又无法提供高端客户需要的专业服务,银行在他们身上实现赢利可能性很低。这就要求银行管理体系的变革和管理能力的提升。招行的做法是采用"1+n"的服务方式,在中心城市成立私人银行中心,由招行培养的资深投资顾问进行服务,在总分行建立专门团队做市场产品的分析和研究,再由投资顾问对每个客户做投资方案,指导产品配置。管理水平的变革,使得客户满意度不断提升,越来越多的客户选择信赖招商银行私人银行。客户从"大进大出"到稳定,客户经理对客户的了解度不断加深,贡献度倍增。管理水平的加深实实在在地为招行带来了收益。此前3年,招行共建立了20个私人银行中心,招募了几百位客户经理。但仅用不到3年时间,已经于去年4月实现赢利,1 000万元资金以上的客户已达14 000人,500万元以上客户数已超过40 000人,根源就是管理能力的提升。

优化管理,实现内涵式转型

高端客户的特点决定只有全方位提升管理水平,才能形成一套成熟的制度,从而保证全国各地的客户经理提供的服务有一套固化的、统一的标准。转型的核心应该是提升内涵性的管理水平,从这个意义上说,私人银行业务是最能反映管理水平的银行业务。这就需要一套先进的后台系统支持。目前,招行私人银行已经领先国内同业,率先建立了一套享有自主权的、符合我国本土客户需求的全球资产配置模型体系,先期投入了核心城市,运行效果良好。在先进后台系统的支持下,客户经理有了一套统一和专业的"工作语言"。这集中体现了招行的管理精细化战略,也标志着招行私人银行真正摆脱了"高端俱乐部"形象,真正提供了国外成熟私人银行的服务。

"每家银行对转型的理解不同,而招行转型的核心就是怎样从外延的增长方式转向内涵的精细化管理水平。"王菁说。目前招行的私人银行并没有采用事业部制,而是依然内嵌于零售业务,这其中的原因,也是主要考虑到我国银行业的客观实际。目前,我国的银行依然是分行主导的业务模式。在这种情况下,如果采用事业部制反而不利于发挥分行的联动作用,无法发挥中资银行的网络优势。然而,采用内嵌式模式发展私人银行业务,又面临如何保证业务模式在各地分行的统一性的问题,管理力度面临挑战。如何应对?马蔚华认为,还是要加强垂直管理。在现有模式下,私人银行采用的是利润仍然归属分行,但业务管理属于总行私人银行的双线考核方式,从而保证全国服务的统一性,在业务扩展速度和服务水平上取得统一。

整合资源,提升专业服务品质

随着利率市场化和贷款收紧的政策环境变化,很多银行都更加重视中间业务的考核,财富管理业务也越加受到银行重视。但从长远角度讲,只有真正地提升专业能力才能保证在政策变化的环境下依然保持赢利。从一步实施利率市场化的中国台湾市场经验来看,最先从利率市场化带来的息差降低的整体亏损中,走出困境的是财富管理能力最强的银行。从客户角度讲,私人银行的客户大多是中小企业主,私人银行业务也不能与发展中小企业金融

服务分割开来。这就对银行整体管理水平提出了更高的要求。现代银行业一直有"One Bank"的理念,即要重视发挥各业务之间的联动作用。私人银行客户的企业的融资、供应链、上市甚至子女的教育,都可以从私人银行平台得到满足。招商银行已经从 2010 年开始整合金融服务资源。这一点,看似与财富管理主业没有直接联系,但银行平台最具有整合各方资源的能力将成为未来与各类非银机构高端理财竞争的核心竞争力之一。

随着招商银行私人银行管理水平的不断提升,客户也在一起成长。凭借领先同业的管理水平和能够实现连续的稳健资产增长的全球资产配置模型,招商银行私人银行正得到越来越多客户的认可。从转型整体战略的角度看,正是管理水平的提升形成了招行私人银行的核心竞争力。同时,随着高端客户对私人银行服务的认可,又带来了更多的联动业务收入。而且,高端理财能力的提升带动银行整体零售服务提升,多层面推动了银行发展。不是为了私人银行而私人银行,而是从服务客户的角度出发,看到高端客户的需求必须要私人银行才能满足,再以提升管理水平为切入点,提升私人银行客户的满意度,从这一点来看,招商私人银行找到了正确提升服务管理水平的可持续发展之路。

(改编自《金融时报》,2011 年 5 月)

1. 结合此案例分析,你认为招商成功的关键到底是什么?

2. 结合金融理财类产品客户的特点,谈谈你对招商银行采取"客户分级,重在大客户"私人银行服务策略的看法。

3. 通过此案例的分析思考,试比较分析我国不同类型的商业银行在未来的行业发展应该如何制定其独特的客户服务策略?

第**14**章
网络营销

国际互联网(Internet)是一种集通信技术、信息技术、计算机技术为一体的网络系统方式。Internet 诞生于 20 世纪 60 年代,到 90 年代随着 WWW 技术的应用,互联网开始商业化,利用 Internet 进行营销活动在近年来取得爆炸性增长。

第一节　网络营销概述

近年来,随着信息技术的迅猛发展,互联网络日益在全球得到普及和应用。据研究咨询公司 eTForecasts 公布的最新数据显示,截至 2005 年年底,全球互联网用户人数达到 10.8 亿,比 2004 年增长了 1.5 亿人。eTForecasts 预计,未来五年全球互联网用户人数将再增长一倍,达到 20 亿人。中国已经成为全球互联网用户人数第二多的国家,为 1.2 亿人,在全球仅次于美国的 1.978 亿人。互联网络所连接的用户数日益增多,其中蕴涵着巨大商机。网络营销作为信息技术和营销方式相结合的产物,越来越受到企业营销人员的重视。

一、网络营销的定义

互联网是一种功能强大的营销工具,同时兼具渠道、电子交易、广告、互动顾客服务、市场信息收集等多种功能。网络营销(cyber marketing)是利用计算机网络、现代通信技术以及数字交互式多媒体技术来实现营销的现代营销方式。网络营销概念的同义词包括:网上营销、互联网营销、在线营销、网络行销等。这些词汇说的都是同一个意思。笼统地说,网络营销就是以互联网为主要手段开展的营销活动。

网络营销是以现代营销理论为基础,贯穿于企业经营的整个过程中,包括市场调查、客户分析、产品开发、生产流程、销售策略、售后服务等多个环节。所以,不能简单狭隘地将网络营销理解为在网上销售产品,它实际上是以网络技术为基础的包括营销活动全过程的营销形式。

二、网络营销的特点

相对于传统的营销方式而言,网络营销具备以下特点。

1. 虚拟性

网络营销本身依附于虚拟空间,营销活动的全过程是在一种"虚拟"的网络环境中进行。网络营销活动不受空间的限制,节约大量的开店成本,可以在短时间内很快地扩大销售规模。美国的亚马逊网上商店利用网上虚拟市场空间迅速壮大,连传统零售市场的巨头沃尔玛也不敢小看它。

2. 互动性

营销过程中具备信息交流的互动性、产品交易的互动性以及服务的互动性。顾客可以主动参与到产品的设计、生产和销售过程中。例如,一个公司在网络上开展定制牛仔裤的业务,顾客可以通过网络自行设计(修改)牛仔裤的式样、颜色、材料、尺寸、装饰品等,还可以绣上自己的名字。这样,顾客就可以得到一件由自己设计的独一无二的牛仔裤了。这项业务开展后,非常受客户的欢迎。再比如,很多网上书店都提供缺书登记业务,顾客如果需要的图书在网站上没有销售,可以通过网络告知网上书店,书店根据顾客需求进货后再用电子邮件的方式通知顾客。而这种信息的相互交流和互动,对网上书店来说,都是在网络技术的支持下自动进行的。网络营销帮助企业能够以很低的成本和代价直接获得有关顾客需求的第一手的资料与信息。互联网还提供了让买家和卖家自由竞价的条件,在拍卖网站上顾客能够清楚地看到其他人对同一件商品的出价,从而得到更多的参考信息。

3. 便利性

网络延伸到哪里,网络营销就可以延伸到哪里,没有地域的限制,没有时间的延迟。顾客可以非常方便地查找到他所需要的产品,还可以很容易进行价格比较。根据美国在线公司(AOL)的一项调查表明,有 85% 的接受调查的客户表示通过网络购物比传统购物方式更便利,有 94% 的客户表示将继续进行网上购物。越来越多的消费者开始选择在类似淘宝网这样的网络平台购物,主要原因就是在这里汇集了全国各地上万家的虚拟网络商店,很多在当地商店里找不到的商品都可以在这里找到。再加上网络购物平台在物流和货款支付上越来越方便,通过网络销售或者购买产品越来越方便,其高效率的一面正逐渐被开发出来。

4. 服务性

企业通过网络营销可以为顾客提供全方位、全过程和全天候的服务。同时,异地服务成为可能,企业的服务人员可以向顾客提供远程服务,在很大程度上克服了地域上的限制。比如,微软公司为购买 Windows 软件的客户提供网络支持服务,住在偏远山区的用户也可以从网上随时得到微软工程师的帮助和指导。利用网络,企业可以同时向大量顾客提供服务,大大提高了服务的效率。

5. 低成本性

网络营销无店面租金成本,减少了流通环节,节省了流通成本。网络还是一种低成本的媒体,在网络上发布公司的广告成本比使用传统的大众媒体(如电视、广播、报纸等)要低得多。越来越多的企业开始利用网络开展营销活动,它们或者开设自己的网站,或者在公共网站上发布企业信息和产品信息。我国大别山老区的农民利用互联网,将他们的布鞋市场扩

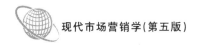

展到全国和海外,营销费用从原来的每年 4 000 多元降低到 900 多元。

三、网络营销相对于传统营销的优势

网络营销作为一种全新的营销方式,相对于传统营销而言,具有明显的优势,具体表现在以下几个方面。

1. 能够更好地满足顾客个性化的需求

在 21 世纪,消费者的需求更加多样化,呈现出个性化的趋势。网络营销就是一种以消费者为导向,强调个性化的营销方式。具有个性化需求的顾客需要的是独特的产品。传统营销在满足个性化需求方面存在两个弱点:一是顾客信息收集困难,没有办法即时获得顾客个性化的需求信息;二是个性化营销成本太高。网络营销的出现克服了这两个弱点。在网络上,顾客可以很方便地表达自己的需求信息,同时通过网络提供个性化产品的费用也大大降低了。网络营销中消费者将拥有比过去更大的选择自由,他们可根据自己的个性特点和需求在全球范围内找寻满足品,不受地域限制。通过进入感兴趣的企业网址或虚拟商店,消费者可获取产品的更多的相关信息,使购物更显个性。

2. 能够更好地实现企业和顾客的信息沟通

网络营销具有极强的互动性,是实现全程营销的理想工具。传统营销强调 4P 营销组合(产品、价格、渠道和促销),现代营销则追求 4C 组合(顾客、成本、方便和沟通),然而无论是 4P 还是 4C,都必须基于这样一个前提:充分地了解顾客的需求,从产品的设计阶段就开始充分考虑消费者的需求和意愿。但是传统营销在企业同顾客的信息交流方面存在障碍:一是企业同顾客之间缺乏合适的信息沟通渠道;二是信息沟通的成本非常高。网络营销提供了一种企业同顾客间充分沟通信息的渠道,而且这种信息沟通成本非常低。企业可以通过电子布告栏、线上讨论广场(disscusion areas)和电子邮件等方式,以很低成本在营销的全过程中对消费者进行即时的信息收集,消费者则有机会对产品从设计到定价(对采用理解价值定价法的企业尤具意义)和服务等一系列问题发表意见。这种双向互动的沟通方式提高了消费者的参与性和积极性,更重要的是它能使企业的营销决策有的放矢,从根本上提高消费者的满意度。

3. 能够满足价格敏感型顾客对低价格的要求

网络营销由于其虚拟性,企业节省了开店的费用、促销费用,能够以比传统营销更低的价格提供产品和服务。另外,顾客利用互联网可以在全球范围内通过企业和企业间产品的价格比较买到最低价的产品。而且,询价的费用非常低。以网络图书销售为例。一般来讲,网络书店中图书的成本要比传统商店低 10% 左右,顾客能够对不同网络书店的产品价格进行比较,为了应对竞争压力网络书店必然将售价压到很低的水平,以低价格作为吸引顾客的主要卖点。

4. 能够使顾客的购物过程更有效率

"顾客让渡价值"概念告诉我们,影响顾客购买决策的不仅是产品的价值大小,而且还取决于顾客购买产品的成本大小,包括时间成本、精力成本等。现代化的生活节奏越来越快,消费者用于购物的时间越来越短。在传统的购物方式中,从商品买卖过程来看,一般需要经过看样—选择商品—确定所需购买的商品—付款结算—包装商品—取货(或送货)等一系列

过程。再加上购买者购买商品往返购物场所所花费的在途时间,使消费者为购买商品而必须在时间和精力上成本很高。网络营销在售前、售中和售后环节都大大降低了顾客的时间成本和精力成本。售前,网络营销可以为顾客提供非常丰富的产品信息,便于顾客做出购买决策;售中,购买行为是在虚拟空间发生的,顾客坐在家里就可以购物,在货款支付时也不需要排队等候;售后,可以享受网络售后服务,通过网络得到企业的技术支持和服务。

四、网络营销面临的障碍

现阶段企业开展网络营销仍然面临不少的障碍,这些障碍有技术层面的,也有管理层面的;有企业自身的能力问题,也有宏观社会环境的问题。

1. 信息基础设施即网络建设还不健全,尚不能完全适应网络营销的需要

主要存在以下问题:网络带宽低,网络传输速度低,响应速度慢,服务器同 PC 机配比低。美国服务器同 PC 机的比例大约是 1∶25,而中国只有 1∶50。

2. 企业的网络营销意识不强

目前中国大多数企业还是习惯于传统的营销方式和渠道,对网络营销不了解,不清楚网络这个媒介进入营销活动的视野后能发挥什么样的作用。有的企业虽然也建立了企业网站,但是对网络营销不重视,认为那只是一个面子工程,涉及形象问题,企业网站上的内容非常陈旧,很少更新。对网络销售是说得多、做得少,网络销售量只占总销售量中微乎其微的份额。

3. 消费者尚未改变消费习惯

消费者的采购行为习惯也影响网上商品的卖出。在传统商业中,消费者通过看、闻、摸等多种感觉来判断与选择商品。而在网上购物,只提供了一种可能——看。另外,消费者对上网购物所持的态度也会因人而异。有些人认为上网购物是积极的活动,有些人则视为休闲,而仍有相当一部分人对网上购物兴趣不大,觉得在网上购物失去了上街闲逛购物的乐趣。如何减少网上购物的不足,势必是网上售货成功与否的重要因素。

4. 网络安全问题还很突出

从技术上讲,网络营销发展的核心和关键问题是交易的安全性。由于互联网本身的开放性,使网上交易面临了种种危险。尽管 ARPAnet 创造出一种不怕核攻击的网络系统,它的设计者们却没有考虑到网上交易的产生、发展。网上交易安全吗? 企业与消费者同样担心。消费者害怕自己的信用卡号码被盗,而企业害怕拿到的信用卡号码是盗用的而收款出问题。如果没有妥善的安全体系,网上营销的发展终究会受到限制。

5. 缺少有关的法律、法规

网上营销涉及很多法律方面的问题,如网上交易如何纳税、网上知识产权如何保护等问题都是全新的课题。在这方面缺少相关的法律、法规的约束和引导,导致某些活动处在无序的状况下,制约着企业的健康成长。

6. 物流配送体系滞后

中国的地域面积辽阔,城市化程度低,交通运输运力有限。目前物流领域的现状是:配送范围小,运输费用高,配送时间长。低效率高成本的物流体系直接制约着网络营销活动,特别是网络销售的发展。

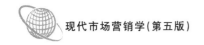

第二节　网络营销的方式

网络营销可以渗透到企业发现需求信息、产品设计、确定价格、信息沟通、产品销售和售后服务等各个营销环节中,企业开展网络营销的方式也有很多。

一、发布电子广告,传递产品信息

同传统的媒体广告相比,网络广告的费用更低,为中小型的企业提供了平等竞争的机会。

在互联网上,有许多网站为企业发布供求信息提供平台,可以免费发布信息。阿里巴巴(http://www.alibaba.com)是国际贸易领域最大的网站之一,网站包括两部分。一是阿里巴巴国际站,它是全球贸易领域内领先的 B2B(企业间电子商务)网上交易市场。该网站的日访问人数超过 500 000 人,其中大多数人是寻找中国及其他主要制造国卖家并与之进行交易的全球买家和进口商。阿里巴巴国际站有超过 300 万名注册用户,他们来自 200 余个国家和地区。二是阿里巴巴中国站(www.china.alibaba.com),是中国国内贸易领域领先的 B2B(企业间电子商务)中文网上交易市场。阿里巴巴拥有超过 1 600 万名注册用户,是深受中小企业信任的在线和离线社区,它们在这里定期会面、交谈、搜索产品和做生意。

网络广告的"互动式"运作方式使其完全有别于报纸、电视、杂志等传统媒体,真正实现了双向互动的信息交流。企业将商品的特点、性能、功能、规格、技术指标、价格、售后服务等信息经过精心组织以吸引人的方式放在网络上,顾客可以自由地根据自己的意愿和需求随时查询。经过网络多媒体技术处理的信息可以实现图文并茂,有声有色。设计新颖的电子广告可以获得很好的传播效果。比如,中国香港旅游协会于 1998 年推出的"香港——动感之都"互联网广告,因其内容翔实、灵活多变、互动性强,平均每月浏览次数达到 1 200 万人次,为香港的旅游开发做出突出贡献。

追本溯源,网络广告发轫于 1994 年的美国。当年 10 月 14 日,美国著名的 Wired 杂志推出了网络版的 Hotwired(www.hotwired.com),其主页上开始有 AT&T 等 14 个客户的广告 Banner。这是广告史上里程碑式的一个标志,同时也让网络开发商与服务商看到了一条光明的道路。自此之后,网络广告逐渐成为网上的热点,无论网络媒体或企业均对其充满冀望。于是各网络媒体的经营者纷纷改进经营方向,向多元化发展,意在尽量地吸引多的浏览人群及广告客户。

网络广告除具有传统广告的特点外,还具有传统媒体无法比拟的优势。

1. 覆盖范围广泛

网络联结着世界范围内的计算机,它是由遍及世界各地大大小小的各种网络按照统一的通信协议组成的一个全球性的信息传输网络。因此,通过互联网络发布广告信息范围广,不受时间和地域的限制。从广告角度看,作为广告媒体,其传播信息的范围越广,接触的人越多,广告效应越大。从广告用户市场看,用户市场遍及世界各个角落,即使是一家小企业上网,都有可能一夜成为国际性公司。

2. 信息容量大

在互联网上企业提供的信息容量是不受限制的。企业可以在网上发布相当于数千页计的广告信息和说明,而不必顾虑传统媒体上每分每秒增加的昂贵的广告费用。网络上一个小小的广告条后面,企业可以把自己的公司以及公司的所有产品和服务,包括产品的性能、价格、型号、外观形态等看来有必要向自己的受众说明的一切详尽的信息在内制作成网页放在自己的网站中。可以说,费用一定的情况下,企业能够不加限制地增加广告信息。这在传统媒体上是无法想象的。

3. 强烈的交互性与感官性

网络广告的载体基本上是多媒体、超文本格式文件,只要受众对某种产品感兴趣,仅需轻按鼠标就能进一步了解更多、更详细、更生动的信息,从而使消费者能亲身"体验"产品、服务与品牌。如能将虚拟现实等新技术应用到网络广告,让顾客如身临其境般地感受商品或服务,并能在网上预订、交易与结算,将大大增强网络广告的实效。

4. 实时性与持久性的统一

网络媒体具有随时更改信息的功能,企业可以根据需要随时进行广告信息的改动,包括调整产品价格、商品信息,可以即时将最新的产品信息传播给消费者。与此同时,网络媒体也可以长久保存广告信息,只要广告页面不删除,广告信息就会永久地保留在互联网上,不会消失,随时等待消费者查询。

5. 投放目标准确,有针对性

网络广告的准确性包括两个方面。一方面是企业投放广告的目标市场的准确性。网络实际是由一个一个的团体组成的,这些组织成员往往具有共同爱好和兴趣,无形中形成了市场细分后的目标顾客群。企业可以将特定的商品广告投放到有相应消费者的站点上去,目标市场明确,从而做到有的放矢。而信息受众也会因广告信息与自己专业相关而更加关注此类信息。另一方面体现在广告受众的准确性上。上网是需要付费的,消费者浏览站点的时候只会选择真正感兴趣的广告信息,所以网络广告信息到达受众方的准确性高。

6. 非强迫性传送资讯

众所周知,报纸广告、杂志广告、电视广告、广播广告、户外广告等都具有强迫性,都是要千方百计吸引受众的视觉和听觉,强行灌输到他们的脑中。而网络广告给予了消费者自由选择的权利,一般在网络广告的首页只有较少的信息,如果消费者对广告内容感兴趣可以点击图标,进一步查看更详细的内容;如果不感兴趣,可以忽略广告内容。

二、开展电子商务

企业在网上实现产品销售、交易和电子支付。企业的电子商务应用可以分为两大类:一类是企业对消费者的电子商务,即 B to C,是电子零售业;另一类是企业对企业的电子商务,即 B to B,是企业同供应商或者渠道企业通过网络交易和支付。目前,这两种电子商务形式都发展得非常快速。美国戴尔公司开展网上销售,每天通过网络实现的销售额达到3 000 万美元,占公司总销售收入的 60% 以上。Cisco 公司是一家全球联网设备供应商。2001年,美国《商业周刊》公布的 100 强企业名单中,Cisco 名列第 3 位。这家只有 15 年历史的公司快速成长的主要原因就是开展电子商务。公司每天在网上处理其 80% 的销售业务,企业将近 50% 的网络订单由客户通过网络直接传送给与公司签订有长期供货合同的制造商。公司总部通过内部网络监控客户订单的执行情况,制造商则在规定的时间内将设备直接发给客

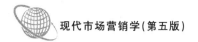

户。这样,Cisco通过电子商务吸引到大批的客户,再把制造业务外包给若干个设备制造商,实现了无须建立生产厂就可以扩大生产能力的虚拟经营。

三、开展网络服务

互联网提供了更加方便的在线顾客服务手段,从形式最简单的FAQ(常见问题解答),到电子邮件、邮件列表、在线论坛和各种即时信息服务等。在线顾客服务具有成本低、效率高的优点,在提高顾客服务水平方面具有重要作用,同时也直接影响到网络营销的效果,因此在线顾客服务成为网络营销的重要组成形式。

1. 网上售前服务

从交易双方的需求可以看出,企业网络营销售前服务主要是提供信息服务。企业提供售前服务的方式主要有两种。一种是通过自己网站宣传和介绍产品信息,这种方式要求企业的网站必须有一定的知名度,否则很难吸引顾客注意;另一种方式通过网上虚拟市场提供商品信息。企业可以免费在上面发布产品信息广告,提供产品样品。除了提供产品信息外,还应该提供产品相关信息,包括产品性能介绍和同类产品的比较信息。为方便顾客准备购买,还应该介绍产品如何购买的信息,产品包含哪些服务、产品使用说明等。总之,提供的信息要让准备购买的顾客"胸有成竹",顾客在购买后可以放心使用。

2. 网上售中服务

网上售中服务是企业通过网络为顾客购买产品的过程中提供服务,包括网上订单提交、网上支付、订单查询、货物运输状况查询等内容。通过网络顾客可以实现自助式的购买,在网络上根据自己的需求订购产品,下订单。在货物尚未发出的情况下,顾客可以随时更改订单内容,将两个或两个以上的订单合并,也可以取消订单。下订单后,顾客可以在网上查询订单的处理情况,包括企业是否受理订单、企业备货情况如何、货物什么时候发出等信息在网上一目了然。在货物实体运输过程中,顾客还可以通过网络了解运输状况,如由哪一家运输公司承运、货物预期到达时间等。

3. 网上售后服务

网上售后服务就是借助互联网的直接沟通的优势,以便捷方式满足顾客对产品安装、技术支持和使用指导以及使用维护需求的客户服务方式。网上售后服务有两类:一类是基本的网上产品支持和技术服务;另一类是企业为满足顾客的附加需求提供的增值服务。

网络服务的核心理念是通过好的服务,最大限度地提高顾客满意度和顾客忠诚度,通过取得顾客的满意和忠诚来促进相互有利的交换,最终实现营销绩效的改进和企业的可持续发展。

四、塑造网络品牌

网络营销的重要形式之一就是在互联网上建立并推广企业的品牌,以及让企业的网下品牌在网上得以延伸和拓展。网络营销为企业利用互联网建立品牌形象提供了有利的条件,无论是大型企业还是中小企业都可以用适合自己企业的方式展现品牌形象。网络品牌建设是以企业网站建设为基础,通过一系列的推广措施,达到顾客和公众对企业的认知和认可。网络品牌价值是网络营销效果的表现形式之一,通过网络品牌的价值转化实现持久的顾客关系和更多的直接收益。

五、网络调研

我们把基于互联网系统地进行营销信息的收集、整理、分析和研究的过程称为网络市场调研。网上调研具有调查周期短、成本低的特点，为制定网络营销战略和营销组合提供支持，是企业整体市场研究活动的重要组成部分。合理利用网上市场调研手段对于市场营销策略具有重要价值。企业的营销人员通过互联网能够更方便地收集到顾客和潜在顾客的信息。这些信息有助于更好地理解并服务于顾客。现在，国际上许多企业都利用互联网和其他一些在线服务进行市场调研，并且取得了满意的效果。青岛海尔集团非常重视网络调研，他们在自己的企业网站上专门设计了顾客留言板和网络讨论区，收集顾客对海尔产品的反馈信息。企业对顾客的反馈信息进行即时的分析和整理，为营销活动提供信息支持。海尔在新产品开发中有不少创意都来自网络调研的信息反馈。一次，海尔的调研人员在网上看到一位美国的顾客抱怨丈夫用洗碗机来洗孩子的奶瓶，没有洗干净。这位调研人员马上分析出两条信息：一是顾客有洗奶瓶的需求；二是目前海尔的洗碗机无法满足这种需求。当时她就把这两条信息传递给相关的研发部门，研发人员调整了洗碗机的内部结构和洗碗程序设计，三天后能够洗奶瓶的洗碗机诞生了。这款产品一经推出迅速受到顾客的欢迎。

网络调研包括在网络上搜索二手资料和在网络上的直接调查法。相对于传统的市场调研，网络营销调研具有如下优势：①网络信息的及时性和共享性。网络上的信息传输速率非常快，而且能及时地传送到连接上网的网络用户上。这保证了网络信息的准确性和及时性。②网络调研结果的客观性。因为企业站点的访问者一般都对企业产品有一定的兴趣，所以这种基于顾客和潜在顾客的市场调研结果是客观与真实的，反映了消费者的消费心态和市场发展的趋向。③网络调研的便捷和低成本耗费。在网络上进行调研，只需拥有一台计算机、一个调制解调器、一根电话线就可以了，网络调研无疑是极为方便的。你只需在企业站点上发出电子调查问卷，提供相关的信息，然后利用计算机对访问者反馈回来的信息进行整理和分析。这无疑会大大减少企业的人力和物力耗费。④交互性和充分性。网络的最大优势是交互性。在网上市场调研中，被访问者可以及时就问卷相关的问题提出自己的看法和建议，可减少因问卷设计不合理而导致调查结论出现偏差等问题。被访问者还可以自由地在网上发表自己的看法，同时没有时间的限制。

企业要在网上收集有关产品、消费者、竞争对手的二手信息，可通过选择合适的搜索引擎的方法进行。搜索引擎是帮助网络使用者及时发现其所需信息内容的电子指针。目前在互联网上可供选择的专业搜索引擎有许多，像 Google、百度、雅虎等。任何人登录这些搜索引擎，只要输入关键词，就可以获得数以万计的信息内容。

企业也可以在网上直接对顾客进行调查。与传统调研不同，网络市场调研没有空间和地域的范围，一切都是随机的，调研人员既无法预期谁是企业站点的访问者，也无法确定调研对象样本，即使是对于在网上购买企业产品的消费者，确知其真实的身份、职业、性别、年龄等也是一个很复杂的问题。因此，网络市场调研的关键之一是如何鉴别并吸引更多的访问者，使他们有兴趣在企业站点上进行双向的网上交流。

第三节　网络营销策略组合

一、网络营销策略组合的基本原则

1. 系统性原则

网络营销是以网络为工具的系统性的企业经营销活动,企业在网络营销策略组合方面要综合全面地考虑产品、价格、渠道和促销等各个营销要素,实现系统整体优化。

2. 创新性原则

网络为顾客对不同企业的产品与服务所带来的效用和价值进行比较带来了极大的便利。在个性化消费需求日益明显的网络营销环境中,通过创新、创造和顾客的个性化需求相适应的产品特色与服务特色,是提高效用和价值的关键。特别的奉献才能换来特别的回报。创新带来特色,特色不仅意味着与众不同,而且意味着额外的价值。在网络营销方案的策划过程中,必须在深入了解网络营销环境尤其是顾客需求和竞争者动向的基础上,努力营造旨在增加顾客价值和效用、为顾客所欢迎的产品特色与服务特色。

3. 操作性原则

网络营销策划的第一个结果是形成网络营销方案。网络营销方案必须具有可操作性,否则毫无价值可言。这种可操作性表现为在网络营销方案中策划者根据企业网络营销的目标和环境条件,就企业在未来的网络营销活动中做什么、何时做、何地做、何人做、如何做的问题进行了周密的部署、详细的阐述和具体的安排。也就是说,网络营销方案是一系列具体的、明确的、直接的、相互联系的行动计划的指令,一旦付诸实施,企业的每一个部门、每一个员工都能明确自己的目标、任务、责任以及完成任务的途径和方法,并懂得如何与其他部门或员工相互协作。

4. 经济性原则

网络营销策划必须以经济效益为核心。网络营销策划不仅本身消耗一定的资源,而且通过网络营销方案的实施,改变企业经营资源的配置状态和利用效率。网络营销策划的经济效益是策划所带来的经济收益与策划和方案实施成本之间的比率。成功的网络营销策划应当是在策划和方案实施成本既定的情况下取得最大的经济收益,或花费最小的策划和方案实施成本取得目标经济收益。

二、网络营销策略组合要解决的问题

1. 产品

首先,在网络营销中企业将更致力于提供个性化的产品,而如何利用网络资源去更有效地满足个性化的需求,是每个企业在网络营销中所要面临的挑战。其次,适应品牌全球化管理。互联网跨时空的特点对企业的品牌管理提出了挑战,如何在互联网上传播并推广企业品牌形象是企业必须面临的又一挑战。

2. 价格

在互联网环境下,顾客可以非常方便地获取产品信息,顾客购买心理趋于理智,顾客具备在更大范围内搜寻产品、比较价格的自由。如何通过提高生产经营效率、有效降低成本、

以合理的定价吸引消费者是一个难题。

3. 渠道

在网络营销中,企业可以通过互联网实现与消费者的直接沟通、不经过中间商直接销售产品给顾客。建立新的营销渠道管理模式、物流管理模式,对企业是新的课题。

4. 促销

网络营销主要可采用电子邮件、网页、网络广告等促销方式。它改变了传统广告中信息发送和反馈单向流动、相互隔离、有时差的缺点,使发送者和接收者在沟通中能实现即时双向沟通。如何根据顾客的需求变化调整发送信息,实现企业与顾客间一对一的沟通是企业面临的挑战。

三、网络营销策略组合

网络营销策略组合包括网络产品策略、网络价格策略、网络渠道策略和网络促销策略。

1. 网络产品策略

在基于互联网的网络营销中,企业的产品和服务要有针对性,其产品形态、产品定位和产品开发要体现互联网的特点。企业在网络产品策略中还必须对如何建立网络品牌做出安排。

(1)产品类型

在互联网上,无形产品和有形产品的销售是不一样的。无形产品直接在网上展示产品,而且一般可以试用,比如软件,顾客可以在网上看到产品的性能,还可以有一段时间的免费试用期。而有形的产品在网络展示方面有其固有的缺陷,比如服装,消费者无法在网络上试穿,只能通过图片间接感受服装的效果。因此,网络营销在产品类型上应尽量选择服务产品、标准化产品(比如图书、音像制品等)、无须试用的成熟产品,才能有利于在网上销售。

(2)产品定位

接受网络营销的顾客首先必须是上网者。目前互联网还处在一个逐步普及的阶段,调查显示网络用户主要是城市里的年轻人。企业要将网络产品策略定位于服务这部分顾客群的产品。网络产品往往是年轻人消费量比较大的产品,如生活用品、计算机软件、图书、音像制品等。

(3)产品开发

在网络产品开发方面应该尽可能地充分收集用户信息,让未来的顾客直接参与到产品开发中来。由于互联网体现的信息对称性,企业和顾客可以随时随地进行信息交换。在产品开发中,企业可以迅速向顾客提供新产品的结构、性能等各方面的资料,并进行市场调查,顾客可以及时将意见反馈给企业,从而大大地提高企业开发新产品的速度,也降低了开发新产品的成本。

(4)网络品牌

网络品牌是企业品牌在互联网上的延伸,包括企业的域名、网站、电子邮箱等。研究表明,网络品牌同企业的整体品牌发展程度并不完全一致,有的企业整体品牌很有名,但网络品牌很少被顾客认知。也就是说,网络品牌的形成有其自身的规律性,并不一定随企业品牌

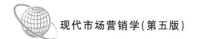

的建立自然而然地生成。在网络品牌推广上,企业首先要考虑的是网络品牌的定位,即网络品牌带给顾客什么样的价值,这种价值同其他企业的网络品牌相比有什么特色和优势。其次要选择适当的网络品牌推广手段。可以采用互联网的信息传播手段,如搜索引擎、E-mail、网络广告等,也可以选择传统媒体,如电视广告、路牌广告等。

2. 价格与支付策略

网络营销中产品和服务的定价要考虑以下因素。

(1) 全球化

由于互联网营造的全球市场环境,企业在制定产品和服务的价格时要以更大的市场范围来考虑定价。在传统营销中,企业在定价上主要的参照群体是本地区其他同类企业的产品售价。而在网络营销中,顾客可以在全球范围内寻找最高性价比的产品。企业要考虑的是在顾客可查询的范围内竞争对手的产品价格。

(2) 弹性化

由于网络营销的互动性,顾客可以一对一地就企业产品价格进行协商,也就是可以议价。另外,企业也可以根据每个顾客对产品和服务提出的不同要求来制定相应的价格。

(3) 价格解释体系

企业通过互联网向顾客提供有关产品定价的资料,如产品的生产成本、销售成本等,建立价格解释体系,为产品定价提供理由,并答复消费者的询问,使消费者认同产品价格。

此外,网络营销中提供产品和服务的价格依然要根据产品和服务的需求弹性来制定,同时又要考虑网络营销的特点。企业在网上可以向顾客提供价格更低的产品和服务,但向顾客提供更多的方便和闲暇时间是不可忽视的重要因素。

3. 渠道策略

网络营销有别于传统营销的一个重要方面,就是产品的分销渠道更具变化。可供选择的渠道主要有以下几种。

(1) 会员网络

网络营销中一个最重要的渠道就是会员网络。会员网络是在企业建立虚拟组织的基础上形成的网络团体,通过会员制,促进顾客相互间的联系和交流,以及顾客与企业的联系和交流,培养顾客对企业的忠诚,并把顾客融入企业的整个营销过程中,使会员网络的每一个成员都能互惠互利,共同发展。

(2) 分销网络

根据企业提供的产品和服务的不同,分销渠道不一样。如果企业提供的是信息产品,企业就可以直接在网上进行销售,需要较少的分销商,甚至不需要分销商。如果企业提供的是有形产品,企业就需要分销商。企业要想达到较大规模的营销,就要有较大规模的分销渠道,建立大范围的分销网络。

(3) 快递网络

对于提供有形产品的企业,要把产品及时送到顾客手中,就需要通过快递公司的送货网络来实现。规模大、效率高的快递企业建立的全国甚至全球范围的快递网络,是企业开展网络营销的重要条件。

(4) 服务网络

如果企业提供的是无形服务,企业可以直接通过互联网实现服务功能。如果企业提供的是有形服务,需要对顾客进行现场服务,企业就需要建立服务网络,为不同区域的顾客提供及时的服务。企业可以自己建立服务网络,也可以通过专业性服务企业的网络实现顾客服务目的。

（5）生产网络

为了实现及时供货,以及降低生产、运输等成本,企业要在一些目标市场区域建立生产中心或配送中心,形成企业的生产网络,并同供应商的供货网络及快递企业的送货网络相结合。企业在进行网络营销中,根据顾客的订货情况,通过互联网和企业内部网对生产网络、供货网络和送货网络进行最优组合调度,可以把低成本、高速度的网络营销方式发挥到极限。

4. 促销策略

网络促销的目的是使促销更合理,消费者可以通过互联网主动搜索信息,企业可以把注意力更集中于目标顾客。

企业要为顾客提供满意的支持服务。随着市场的发展和竞争的加剧,消费者变得越来越挑剔,企业间的竞争也从产品延伸至服务。无论是售前还是售后服务都变得日益重要,能否为顾客提供满意的支持服务往往成为企业胜负的关键。网络营销在提供支持方面具有优越性。通过互联网,全球的消费者也能与企业联系和交流,顾客可直接向企业咨询有关产品和服务的问题,同时企业应用文字、图片与图像等技术向顾客展示产品和服务的内容,解释、答复顾客的咨询,使整个售前和售后服务及时、清晰。

企业要为每个消费者提供不同的产品和服务。通过网络营销,企业可以较低的成本让消费者提出自己的要求,然后根据不同的要求提供不同的产品和服务。虽然每个消费者的需求都存在差异,但企业能分别予以满足,必然能提高顾客的满意程度,从而增加了产品和服务的销售。

企业要与顾客和上下游企业建立伙伴关系。合作是相互的,企业要想从顾客那里获得信息,也应该为顾客提供帮助,不仅为顾客提供产品和服务,还要帮助顾客实现这些产品和服务的价值。同上下游企业建立伙伴关系,其目的也是促进企业间的合作,开展更大规模的市场营销活动,进而为顾客提供更完善、更便利的服务,也给合作的企业带来竞争优势。

网络促销的方式有拉销、推销和链销。

（1）拉销

网络营销中,拉销就是企业吸引消费者访问自己的 Web 站点,让消费者浏览产品网页,做出购买决策,进而实现产品销售。网络拉销中,最重要的是企业要推广自己的 Web 站点,吸引大量的访问者,才有可能把潜在的顾客变为真正的顾客。因而企业的 Web 站点除了要提供顾客所需要的产品和服务,还要生动、形象和个性化,要体现企业文化和品牌特色。

（2）推销

网络营销中,推销就是企业主动向消费者提供产品信息,让消费者了解、认识企业的产品,促进消费者购买产品。有别于传统营销中的推销,网络推销有两种方法:一种方法是利用互联网服务商或广告商提供的经过选择的互联网用户名单,向用户发送电子邮件,在邮件中介绍产品信息;另一种方法是应用推送技术,直接将企业的网页推送到互联网用户的终端上,让互联网用户了解企业的 Web 站点或产品信息。

（3）链销

网络营销中,互动的信息交流可以强化企业与顾客的关系,使顾客的满意程度增大。这

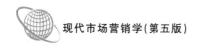
是企业开展网络链销的前提。企业使顾客充分满意,满意的顾客成为企业的种子顾客,会以自己的消费经历为企业做宣传,向其他顾客推荐企业的产品,使潜在顾客成为企业的现实顾客,从而形成口碑效益,最终形成顾客链,实现链销。企业以种子顾客带动潜在顾客,扩大企业的销售。

第四节 网络营销时代的新媒体

伴随着经济社会的转型,当前整体媒介环境出现了根本性的转变。网络媒体的高速发展,带动以移动数字技术为基础的其他形态的新兴媒体快速发展。新媒体的出现不仅改变了我们的生活,改变了我们的媒体接触习惯,也改变了企业的营销理念和方式。

一、什么是新媒体

"新媒体"概念包括两层含义:一是基于技术进步引起的媒体形态的变革,尤其是基于数字技术、互联网技术以及移动通信技术等新技术基础上出现的媒体形态。如数字电视、IPTV(网络电视)、手机、博客、电子杂志、网络媒体等;二是随着人们生活方式的转变,一些一直存在但长期未被社会发现有传播价值的渠道、载体,因为营销理念的变革和广泛的商业化的运用,成为信息传播的新载体,从而被赋予了媒体的意义。如大量新兴的户外媒体,包括楼宇电视、车载移动电视等。

因此,"新媒体"并不是一个绝对化的概念。它只是由于技术的变革或营销理念变革而出现的,相对于传统媒体而言的"全新媒体",具有典型的时间性。

二、新媒体的分类

20世纪80年代以来,随着数字技术、通信技术及计算机、网络应用技术的蓬勃发展,各种新媒体形式层出不穷,按照传播媒介的不同,可以将其划分为以下几种类型。

1. 网络新媒体

网络新媒体并不是某一新媒体形态的确切定义,它既包括依赖计算机网络技术而出现的一类新媒体类型,还包括另外一些依托特殊应用网络而存在的新媒体,如门户网站、电子商务网站、虚拟社区、搜索引擎、博客、微博、即时通信工具等。

2. 数字新媒体

数字新媒体是指主要依托数字技术而产生的新媒体类型,包括图像、文字以及音频、视频等各种形式,如数字电影、数字广播、卫星电视、网络电视(IPTV)等。

3. 移动新媒体

移动新媒体既可以指依托移动通信技术而出现的新媒体形式,如手机媒体;也可以指在信息传播的过程中,始终处于移动状态的新媒体形态,比如公交类、地铁类、航空类、列车类移动媒体等。

4. 环境新媒体

环境新媒体更多的是依赖媒体的创新应用,而不是新技术,如楼宇电视、车体广告、霓虹灯广告等。

三、新媒体的传播特性

正如造纸术和印刷术的发明出现了报刊、书籍等纸质媒体,无线电技术的产生出现了广播、电视等电子媒体一样,基于不同技术而出现的媒体类型,都有其不同于其他媒体的传播特性。同样地,电子化、信息化、网络化环境下依托于不同的新兴技术而出现的不同类型新媒体,也有其自身的传播特性。

1. 互动性

新媒体时代,人们不再满足于被动地接受安排好的信息内容,而希望可以自主地选择,而媒体传载的内容必须要根据受众的反馈不断地进行调整、修改,不断向前推进。这种变化也促使媒体形式不断发展,以便更好地满足人们的需求。手机新媒体、移动新媒体以及很多网络新媒体等,都在某种程度上实现了传播者与接受者之间的实时互动,受众也可以积极主动地参与到传播过程中来。可以对传播者的信息加以反馈,甚至能够左右传播内容,在一定程度上充当了传播者的角色。正是因为新媒体的互动性,导致了传播者和接受者之间界限的模糊。我们已无法像过去那样在传播的整个过程中清晰地区分传播者与接受者。

2. 实时性

新媒体所依托的数字技术使得它突破了时间的限制,极大地缩短了加工、制作和传播的过程。受众通过新媒体手段而获得的信息,可以在第一时间得到,又可以随时调看。新媒体的出现改变了以往传统电视、广播等传统媒体信息一闪而过、受众无法保存的弊端。相对于报纸等纸质媒介而言,它极大地缩短了信息制作传播的过程,省略了实体产品的分派运输过程,以全新的数字技术使得信息传播变得无比便捷和迅速。越来越多的突发事件传播首先出现在网络中或者手机报当中,新媒体技术优势在时效性方面将传统媒体远远地甩在后面。

3. 个性化

由于技术的局限,以往所有的媒体都是大众化的。但是新媒体不一样,可以做到面向特定的受众、面向个人定制他需要的信息,可以根据用户的操作习惯,通过新技术,给予不同的内容呈现,这是新媒体的一个本质的特征。现代新媒体发展的方向就是在不断适应人们生活形态变迁需求的基础上,改变以往传统媒体的大众化,实现小众化、分众化,甚至能够实现个人定制化,并在此基础上满足受众的个性化需求。

四、新媒体时代的企业应对

在当今各种新媒体技术和概念蓬勃发展的时代,传播主体数目增多,传播的信息容量及种类增多,传播速度提升较快,覆盖面更广,互动性更强,新媒体在带给企业各种机遇的同时也给企业带来了更多的挑战。

1. 正确认识新媒体的作用

现代企业如果在经营管理过程中合理运用各种新媒体技术和工具,相比企业按照传统的方式经营和管理,将会在多个方面产生较大的优势。

（1）提高企业的管理及工作效率

通过运用各种即时通信软件、博客、论坛等新媒体工具,企业可以节省大量员工在信息沟通、数据交流、会议商讨等过程中花费的时间,提高员工的有效工作时间,进而提高企业的

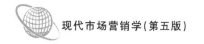

管理及工作效率。

（2）降低企业的营销推广费用

网络营销成本低廉、网络覆盖范围广、互动性强、可以充分满足用户个性化需求,包括网站、博客、论坛等在内的新媒体工具为企业实现低成本的网络营销提供了很好的平台,在企业实现精准营销的过程中起到了重要的作用和影响,这与动辄百万元千万元的传统媒体广告费用相比,极大地降低了企业的促销费用。

（3）促进企业的内外部沟通效果

现代管理讲究执行力,而执行力的保证建立在企业员工对各种政策、命令、规定的充分理解和接受的基础上。传统企业在运营过程中由于沟通手段单一,"信息孤岛"现象普遍存在,而新媒体时代企业可以提供多种平台方便公司员工交流,便于员工对公司政策、规定、战略计划等进行充分讨论、理解,使公司政策、制度等得以充分顺利实施。

（4）提高企业经营的灵活性和应变能力

各种新媒体工具的运用将丰富企业的竞争、赢利手段,提高企业的经营灵活性及对意外事件的应对能力。比如在信息收集及传播方面,各种新媒体工具的有效利用会使企业更快、更全面地获取各种有用信息,也便于企业传达的各种信息迅速到达目标客户;另外在产品销售推广方面,各种新媒体工具的综合应用将使企业营销手段多样化、精准化,从而增强企业应对市场变化的动态适应能力。

2. 主动迎接新媒体时代的到来

网络媒体和新技术的普及应用,极大地改变了传统营销所依赖的信息环境。一个全新的信息传播平台使得现代企业的信息交流形式越来越多,然而只有那些善于学习、主动应对的企业才能抓住新媒体时代所出现的各种新机会、充分利用各种新资源,在竞争中领先一步。

（1）大力推进企业的信息化建设

新媒体对于企业的重要性不言而喻,但是新媒体的运用是建立在一个较为完善的网络的基础上的,只有在信息化程度达到一定水平的企业中才能真正发挥出它的作用。目前企业的竞争环境日趋复杂,经济全球化程度不断地深入,电子商务也在不断地推进,企业面对的竞争压力越来越大,大力推进企业信息化建设是使其在新媒体时代搭上数字化、信息化、网络化快车的基础性工作。

（2）提高企业的学习能力

企业的学习能力是指企业进取以及吸取新知识和新思维的能力,关系到企业的长期发展。新媒体时代的变化性和快捷性要求企业必须具备良好的学习能力,通过学习不断提高企业的执行力、生命力和接受新事物的能力。通过主动地学习了解和掌握新媒体时代消费者的信息接受习惯、新媒体的传播特征及其全新的竞争态势,从而制定动态的符合未来发展的企业应对策略。

（3）选择合适的新媒体形式

企业选择使用新媒体工具一定要结合企业自身情况和实际需要,"为了追新而求新",片面使用"大而全"的媒体形式,对于很多企业特别是中小企业不仅会造成无谓的浪费,甚至还会起到相反的作用。企业选择使用新媒体工具必须要对各种新媒体工具的特点、使用条件及效果等方面进行深入了解,结合企业自身情况、行业特点、客户特征等诸多因素综合考虑,从众多的工具中挑选出最适合自己的形式。

（4）持续关注新媒体的发展趋势

新媒体对于企业经营管理的重要性和影响力已经不言而喻,而在现代信息技术不断发展和用户需求不断变化的情况下,新媒体将保持持续发展的动力,更多的创新和应用会层出不穷,新媒体的推广和普及速度会更快。所以现代企业不但要熟悉和学会使用目前市场上主流的新媒体形式,还需要不断关注和了解在新技术和需求推动下涌现出来的其他的新媒体,通过不断地学习,使企业始终掌握最先进的新媒体工具和营销管理手段,建立企业在网络经济全球化背景下的竞争优势。

新媒体时代,一场浩瀚的多产业革命由此掀起。它的出现不仅刺激了传统媒体,也刺激了广大受众,并且在不断改变着企业的思维方式和经营方式。显然,新媒体的出现也为企业的营销活动提供了日渐广阔的平台,并且使营销方式日益多样化。企业要做的唯有迎头赶上。

1. 如何理解网络营销与传统营销的区别与联系?
2. 网络营销的常见方式有哪些?
3. 简述网络营销的策略组合。
4. 新媒体时代为企业的网络营销带来了哪些机遇与挑战?

凡客诚品:B2C 的营销革命

VANCL,于 2007 年 10 月成立,选择自有服装品牌网上销售的商业模式,由原卓越网创始人陈年先生创立,VANCL 运营所属的凡客诚品(北京)科技有限公司,主体运作者均系原卓越网骨干班底。由欧美著名设计师领衔企划,集结顶级男装品牌经典款式的精华,同时参考亚洲男士体型特点,精选高支面料贴身制作,让用户以中等价位享受奢侈品质,提倡简约、纵深、自在、环保。

VANCL 目前已拓展涵盖至男装、女装、童装、鞋、家纺五大类。2009 年 VANCL 已跻身中国网上 B2C 领域,收入规模居前四位,在服装自有品牌 B2C 网站当中,2009 年以 28.4% 的市场份额排名第一。成立至今不过三年,以网上售卖服饰为主的凡客,在 2009 年实现了 5 亿元的收入,2010 年更是达到近 20 亿元,增长率每年高达 400%。

互联网快时尚品牌凡客诚品(VANCL)从来不忌讳承认,它的模式始于模仿国内曾经名噪一时的男装 B2C 网站 PPG。今天,PPG 已销声匿迹,成为互联网江湖中折戟沉沙的一大反面教材。而凡客却晋升为互联网新贵,集万千风投与忠实用户的宠爱于一身。

究竟是什么铸就了凡客诚品非凡的成长速度?

B2C 自主品牌的立体营销

与时下电子商务网站淘宝、卓越、京东等截然不同的是,凡客所卖的衣服、鞋子、床上用品等产品全是凡客品牌的。其他电子商务公司销售他人品牌产品,俨然是百货商场式的线上平台商。凡客作为一个新的商业模式在摸索,它介入平台上售卖的所有产品的规划、设计、生产之中去,做自有品牌,并将产品定位于平民化的快时尚,瞄准普通大众群体。

作为一个自有品牌的 B2C 公司,凡客第一个要思考的是如何让用户找到自己,其次是如何建立一个让人信任的品牌形象。前车之鉴的 PPG 大肆砸钱电视广告和平面媒体的做法,最终导致了资金链的断裂和公司破产。作为后来者的凡客,做了自己独特的创新,并大获成功。

创立之初,陈年放弃与传统媒体的合作,将凡客的营销战场定位在互联网。而即便是互联网,各大门户网站的广告投入依然是刚成立的凡客所无法承担的。凡客开始大规模采取和网络媒体分账的模式,即凡客不支付任何广告费用,将广告悬挂在国内大大小小的网站上,通过网络技术追踪订单来源,当发生实际交易时,凡客再按照约定的比例和网站分账。据了解,凡客的分账比例在业内是比较高的,在 15%～18% 之间。

对于新浪等强势门户网站(它们一般不与广告商分账),凡客采取打包合作的方式。在门户的重要位置(例如首页)投放广告,在其他频道则采取分账方式。如今,凡客合作的网站已达到了 20 000 多家,凡客的网站广告成为互联网一道强大的气旋,席卷了众多网络用户。这种营销模式,为成长之初羸弱的凡客立下了汗马功劳。

当然,这并非是一成不变的,凡客的广告投放和营销策略一直在不断地创新及调整之中,在不同媒介、不同传播手段中的营销呈现出因时而异的特点。

2010 年 6 月,凡客高调邀请韩寒、王珞丹出任品牌代言,在北京、上海等一线城市的公交、地铁投入巨量的平面广告。"人气王"韩寒作为"80 后"的标签,号召了大批年轻拥趸;青春清新、健康自我的新星王珞丹,也让凡客快时尚的品牌形象迸发活力。

最为亮丽的一笔,是它具有浓重的草根基调且易于复制、模仿的广告文案,"爱××,爱××,也爱××,我不是××,我是××",这种被称为"凡客体"的文案迅速像病毒一样风靡网上网下,网民套用其文案对热点人物和事件进行再创作,极尽调侃和娱乐之能事。"凡客体"的传播让许多曾经一无所知的用户,因此认识了凡客。

严格的费用控制、成功的营销创新,作为互联网企业的凡客,线上线下精准发力,在公众头脑中建立了全面立体的形象,加深了品牌认知,也让人们愿意行动起来。

独树一帜的极致客户体验

凡客对客户体验的推崇是极致的,它一层层地剥掉用户在网购中存在的各种顾忌。除了推出货到付款、满 59 元免运费、30 天无条件退换货等,凡客更是创造性地推出了当面验货、当面试穿的体验式服务。当收到凡客的产品时,可以在快递员面前验货和试穿,满意才收货。

陈年说:"这些网购体验、售后服务提升的措施,凡客视为一种对企业品牌的投入,体验式服务做得越好,用户越容易信任你。"凡客的二次购买率高达 50% 以上,这比电子商务企业平均的二次购买率高出 2 倍多。

客户良好的购物体验,当然还来自于凡客的低价策略。9 元的丝袜、29 元的 T 恤、59 元的帆布鞋,这种接近成本甚至亏损的价格让业界为之震惊。因此也引来了大片"赔本赚吆喝"的质疑声,但陈年说,"丝袜、T 恤、帆布鞋是凡客的主打单品,低价策略的目的在于培养潜在用户、提升知名度。当前 10 万多件的日销量中,主打单品的销售占到 30%～40% 左右,而更多的销售是因此被大大带动起来的其他产品。长期来看,凡客当然不会赔钱!"

凡客承认,这些创造式的体验服务为当前公司的运营带来了几乎 20% 成本的提升,但凡客的市场份额却在急速扩大。市场份额重于利润,这或许是世界上任何一个互联网公司都意识到的问题。凡客无疑是认识更深刻并付诸创造性行动的企业之一。

无处不在的创新探索

无论是开发设计平台、推出 POS 机刷卡服务,还是和第三方代工厂的合作管理、自建物流仓储系统,凡客始终在快时尚的路上不断摸索和创新。陈年说,作为一个全新的 B2C 企业,凡客没有可以参考的对象,只能应对客户的需求做不断的摸索。

这种探索体现在凡客的方方面面。

凡客深谙互联网用户的特征,他们的网站设计非常注重细节,利用设计精巧、界面友善的销售网页来提升下单率。VANCL 的网页是典型的 2 次点击:产品展示在第一层,将所有产品及折扣套餐都展示在消费者面前,第二层点下去就是购物车了。VANCL 的页面还讲究全面性。在购物车页面,VANCL 尽量把相关产品的礼包优惠装展示出来,这个做法也让VANCL 的用户经常会从单买一件转而选择优惠套装,这在其他网站也并不多见。

凡客也明白质量过关是竞争制胜的根本。对于凡客诚品这样的 B2C 企业来说,重复购买率的重要性是毋庸置疑的,质量过硬才会重复购买,通过已购买者也可影响其他消费者的决策。凡客目前具有完备的质量管控体系,推行全员、全面、全过程的质量管控“三刃戟”。第一刃是指全员,即凡客诚品内部的设计、生产、营销、推广等各部门,每个部门的每个人都将质量作为头等大事。第二刃是指全面,凡客诚品的北京、上海、广州三地品控架构中都有品检中心。凡客对供应商的选择也有一定的标准,对每一家供应商都会进行品控验厂流程,在供应商的生产过程中凡客诚品还会派出专业人员进行产前辅导、产中检测,以确保质量。第三刃是指全过程,凡客诚品自第一道工序就开始质量管控,一直持续至成衣生产出来,生产过程中可以随时解决可能出现的质量问题,避免事后出现难以弥补的错误和损失。

凡客独特的品牌文化顺应了互联网潮流。凡客通过签约韩寒及王珞丹为其代言,是一次针对目标消费者的精准投放,一把攫取了“80 后”网民的心。而凡客体的一炮走红,让凡客诚品在不知不觉中的新一代网民狂欢中成就了自己的品牌形象,以低价格做了一次高效果的品牌营销。同时,微博营销的独特魅力也让人们再一次见识了凡客的营销功力。一段黄晓明代言的凡客广告出现在新浪微博。3 个小时后,转发 5 万条,当天下午 6 点,转发超过12 万条,刷新新浪微博转发的新记录。“微博粉丝超过 10 万名,就是一份都市报。”这是网络上对微博影响力的非官方解读。粉丝超过 21 万名的“VANCL 粉丝团”,正在显现这份“都市报”的威力。凡客(VANCL)在广告投放上再一次进行了颠覆。和高昂的电视广告费相比,微博转发的成本几乎为零,在这一裂变效应下,微博首发成为商家新媒体营销的新趋势。而这也是凡客诚品继“凡客体”爆红之后的又一营销神话。

如今凡客的发展可谓是蒸蒸日上,就其所处的细分服装行业来看,在中国的发展前景更不可小觑。凡客的成功提醒我们:网商的成功与否并不完全取决于广告投入的多少,而是体现在每一个步骤和环节,尤为重要的是搭建一个具有良好客户体验的商城平台。同时,进行网络营销需要更多新的想法、新的创意、新鲜的事物来迎合网民的喜好,互联网时代的机遇更属于有预见者。

虽然凡客直至今天依然是不挣钱的,但不妨碍它被业界估值为是一个超过 10 亿美元价值的互联网企业,并获得了启明投资、老虎基金等风投共四轮超过 1 亿美元的热捧。

(改编自《中国企业家》,2010 年 10 月)

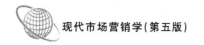

1. 结合此案例,分析说明凡客诚品的营销创新为什么能赢得广大网民(尤其是年轻消费者)的认可和追捧?

2. 结合学习过的相关理论,比较分析网络营销策略与传统营销策略的异同点?

3. 通过此案例的分析思考,你认为中国服装行业的 B2C 自主品牌未来的发展可能会面临哪些挑战?

第15章
面向未来的营销趋势

知识经济时代,伴随着互联网经济的迅猛发展,企业营销的营销理念、营销模式及营销责任也将随之发生诸多变化。严峻的现实表明,企业要想在新的全球经济竞争中取得胜利,就必须顺应市场营销发展的新趋势,转变营销观念,探索全新的营销模式,用更先进的营销思想和责任意识指导企业的营销实践。

第一节 营销模式的发展

一、精准营销

全球化、知识化、信息化、数字化和网络化使世界经济逐步迈向"无国界"的新经济时代。在全球信息技术不断发展和广泛应用的推动下,以网络技术为支撑的电子商务已成为企业与企业之间、企业与消费者之间进行信息沟通和贸易活动的重要形式。以网络和信息技术为核心的精准营销体系在这种营销新趋势下逐步成为现代企业的一种模式选择。

1. 精准营销的含义

精准营销(precision marketing)是在精准定位的基础上,建立个性化的顾客沟通服务体系,继而实现企业可度量的低成本扩张之路的一种营销新模式。它强调借助先进的数据库技术、网络通信技术及现代高度分散物流等手段保障与顾客的长期个性化的沟通,使营销达到可度量、可调控等精准要求,继而摆脱传统营销沟通的高成本束缚,从而使企业低成本的快速增长成为可能。精准营销常见的方式有搜索营销、博客(微博)营销、分众营销、新媒体营销等。

2. 精准营销的体系

精准营销是通过现代信息技术手段实现的个性化营销活动,通过市场定量分析的手段,个性化沟通技术(数据库、CRM、现代物流)等实现企业对效益最大化的追求。总体而言,完整的精准营销体系应该由下列子系统构成。

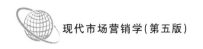

（1）精准的市场定位体系

市场的有效区分和准确定位是现代营销活动中关键的一环。精准营销通过对消费者行为的精准衡量和分析,并建立相应的数据体系,然后通过数据分析进行客户优选和市场测试,继而选择最合适的目标客户群。

（2）个性的沟通传播体系

精准营销的传播路径不是大众化,而是精准化。其传播思想的核心在于尽可能让感兴趣的人参与能给其留下深刻印象的活动,其传播策略的要点在于活动诱因的独特性设计,其传播原则是要让精准定位的人群对传播内容感兴趣,尽可能地参与其中,最终实现点对点的双向沟通。

（3）高效的集成销售组织

传统营销关心的是市场份额,而精准营销关心的是客户价值和增值。所以在组织架构上,精准营销颠覆了传统的框架式营销组织架构和渠道限制,摆脱了传统营销体系对渠道及营销层级框架组织的过分依赖,通过全面可靠的物流配送及结算系统和能与顾客进行个性沟通的呼叫中心来处理客户订单、解答客户问题、给予客户关怀,维系客户关系。

（4）独特的产品定制理念

通过精准定位、精准沟通找到并"唤醒"大量的、差异化的需求后,针对不同的消费者、不同的消费需求,设计、制造并提供个性化的产品和服务,实施定制营销,才能最大限度地满足有效需求,获得理想的经济效益。精准营销最后一环就是售后客户保留和增值服务。对于任何一个企业来说,完美的质量和服务只有在售后阶段才能实现。只有通过精准的顾客服务体系,才能留住老顾客,吸引新顾客,达到顾客的链式反应。

3. 精准营销的特点

精准营销,作为新经济环境下催生的 21 世纪前沿营销理论,与传统营销模式相比,在理念、技术、方式、价值、管理和渠道等层面上实现了较大的创新与突破。

（1）理念创新:关心客户的长久利益和终身价值

营销大师菲利普·科特勒认为:精准营销"具体来说,就是公司需要更精准、可衡量和高投资回报的营销沟通,需要更注重结果和行动的营销传播计划,还有越来越注重对直接销售沟通的投资"。精准营销真正贯彻了以消费者为导向的基本原则,通过个性化的沟通技术实现顾客的个性沟通、个性服务、个性关怀。这些个性化的服务能比较准确地了解和掌握顾客的需求与欲望,实现与消费者的长期沟通,挖掘客户的长久价值及终身价值。

（2）技术创新:实现定性营销转变为定量营销

以前的营销理论和实践更多的是一种定性的科学,从 4P 到 4C,都是一种定性理论,通过它们实现服务的细分。精准营销通过现代数据库技术和现代沟通技术实现了对目标人群的精准定位,实现了对营销过程的定量跟踪,实现了对营销结果的定量预测。所以精准营销的一大贡献就是使营销理论从定性跃升到一个定量的高峰。

（3）方式创新:个性沟通实现互动交流

两点之间最短的距离是直线。精准营销借助现代网络和通信技术,采取一对一直接沟通的模式,在与客户的沟通联系上实现了最短的直线距离传播方式,同时实现了双向的互动交流过程,强化了沟通的效果。

（4）价值创新：双管齐下，获取价值增值

精准营销实现了全方位的顾客让渡价值最大化。

首先，精准营销从各个环节努力提高顾客总价值。其产品设计充分考虑了消费者需求的个性特征，增强了产品价值的适应性，从而为顾客创造了更大的产品价值。在提供优质产品的同时，精准营销更注重服务价值的创造，努力向消费者提供周密完善的销售服务，方便顾客购买。另外，精准营销通过一系列的营销活动，努力提升自身形象，培养消费者对企业的偏好与忠诚。

其次，精准营销降低了顾客总成本。精准营销方式一方面既缩短了营销渠道，既不占用繁华的商业地段，也不需要庞大的零售商业职工队伍，降低了商品的销售成本价格，也就降低了顾客购买的货币成本；另一方面，精准营销通过直接媒体和直接手段及时向消费者传递商品信息，降低了消费者搜寻信息的时间成本与精力成本。因而减少了交易费用，扩大了商品销售，成为众多企业乐意采用的营销方式。

（5）管理创新：重视资源，提升客户忠诚

精准营销的 CRM 体系强调企业对与客户之间的"关系"的管理，而不是客户基础信息的管理，非常关心客户"关系"存在的生命周期。精准营销客户理论的重点在于客户保留，客户保留最有效的方式是提高客户对企业的忠诚度。客户忠诚来源于企业满足并超越客户期望的能力，这种能力使客户对企业产生持续的客户满意。精准营销客户保留价值更重要的是客户增值管理，其形成链式反应的条件是对客户关系的维护达到形成链式反应的临界点。这种不断进行的裂变反应使企业低成本扩张成为可能。精准营销的思想和体系使顾客增值这种"链式反应"会不断地进行下去，并且规模越来越大，反应越来越剧烈。

（6）渠道创新：降低营销成本，提升营销效率

渠道是传统营销理论研究的一个核心，但精准营销考虑顾客便利原则及社会分工，把渠道缩到最短，借助社会第三方物流实现无缝渠道。由于减少了流转环节，节省了昂贵的店铺租金，使营销成本大为降低，又由于其完善的订货、配送服务系统，使购买的其他成本也相应减少，因而相较于传统营销模式，精准营销极大地降低了顾客的满足成本，提升了营销的效率。

毫无疑问，精准营销已经成为当今管理领域的一个热点，特别是互联网界以及营销界精英对精准营销的积极推进，使精准营销在营销实践的应用中逐步深入。

二、深度营销

传统工业文明时代的营销，以标准化、模式化和层次化为其特点，而以互联网为代表的新经济则是建立在信息技术基础之上，追求的是个性化、网络化和速度化。所以，我们需要一种全新的营销观念来应对瞬息万变的市场，来关注顾客的内心，从而在供需双方之间搭起一座互动的桥梁。深度营销应运而生。

1. 深度营销的含义

深度营销，是建立在互联网基础上，以企业和顾客之间的深度沟通、认同为目标，从关心人的显性需求转向关心人的隐性需求的一种新型的、互动的、更加人性化的营销新模式。深度营销提倡让顾客参与企业的营销管理，给顾客提供无限的关怀，与顾客建立长期的合作性

伙伴关系,通过大量的人性化的沟通工作,使自己的产品品牌产生润物细无声的效果,保持顾客长久的品牌忠诚。深度营销是对营销 4P 的结构化演绎,即以渠道为核心,塑造差异化的核心竞争力,产品、价格、促销均围绕渠道而变化,其核心思想是打造管理型的营销价值链,从而实现营销价值链各环节之间的有效协同。其本质在于谋求基于企业营销价值链系统协同效率之上的竞争优势,强调企业在各区域市场与核心经销商、优秀终端、用户及其他物流、服务等相关者构建整体营销价值链。

2. 深度营销模式的要素

深度营销在具体操作实施的意义上称为"区域滚动销售"(area roller sales,ARS),是指通过有组织的努力,提升客户关系价值以掌控终端,滚动式培育与开发市场,取得市场综合竞争优势,冲击区域市场第一的有效市场策略与方法。深度营销注重区域市场、核心经销商、终端网络和企业客户顾问等四大相互作用的核心市场要素的协调与平衡。

(1) 区域市场

通过对目标区域市场的宏观情况、主要竞争对手、主要经销商、终端网络和消费者等的信息及数据的充分调查,建立营销数据库。在市场分析的基础上,制定以构建营销价值链为核心目的的市场策略,同时合理规划营销资源,建立目标管理责任体系和营销系统的支持平台;对区域市场精耕细作,强调市场份额的数量和质量。

(2) 核心客户

核心客户是在区域市场上掌握着一定的销售网络,具有一定的经营能力,与企业优势互补,并对市场销售具有现实和未来意义的客户。寻找、达成并巩固与核心客户的结盟与合作,是构建区域营销价值链、掌控终端网络并实现区域市场的关键所在。围绕核心客户的经营管理和利益提供全面的服务支持,深化客户关系,包括对核心客户的培育、维护、支持与服务,提高其分销效能和与企业以及终端网络的系统协同能力。同时引导其功能转换,按照客户服务和具体竞争的要求,进行企业与核心客户的分工合作,提高营销链的整体效能和争夺市场的能力。

(3) 零售网络

根据区域市场特点,与核心客户共建贴近目标顾客、相对稳定的零售终端网络是保证营销价值链稳固有效的基础。企业应合理规划网络的结构和分布,持续地提供增值服务与销售支持,以巩固和掌控终端网络,保证畅流分销和区域有效覆盖,形成对付竞争对手的渠道壁垒。

(4) 客户顾问

客户顾问队伍是深度营销模式的核心动力。通过对业务员的选拔、培养和激励,促进营销队伍完成从机会型的"猎手"向精耕细作的"农夫"的职业化转化,成为能为客户提供增值服务和有效沟通的客户顾问;同时建立学习型营销团队,实行内部信息与知识、经验的共享,不断提高业务素质和服务能力。

3. 深度营销的关键环节

深度营销价值链的分销效能表现在实现有效出货、减少各环节存货和降低整体运营费用等三个关键要点上。

(1) 整理分销渠道,实施绩效考核和目标管理

首先,在市场调查的基础上合理规划与设计渠道,使各成员所覆盖市场容量与其出货能

力保持动态平衡。按照"二八"法则,选择与有潜质的经销商结成功能互补、共赢合作的关系,使之成为核心分销商;并帮助其建立下家网络,展开深度营销,对区域市场进行滚动式或地毯式覆盖。

其次,确定市场责任区域,分解业绩指标。根据各区域竞争状态、市场容量、市场潜力以及过去的销售业绩,决定区域的目标销售任务;把目标任务分解到各区域经销商、区域主管及客户顾问,并转化为"业绩考核指标"和目标管理过程。

再次,在明确目标任务的基础上,制订相应的工作计划。客户顾问要在工作计划的约束下,督促下属促销员,不断提高访问客户的数量与质量,为客户提供营销管理的综合支持与服务。

最后,建立具体的业务管理规范以及相应的考核制度,加强对各级营销人员进行过程管理和考核激励,同时加强指导和支持,帮助客户顾问寻求解决问题的办法或对策,不断提高队伍综合能力。

（2）规避市场风险,提升营销价值链整体运行效率

首先,减少各环节存货风险。存货风险主要指变现风险与断货风险。存货积压意味着资金占用,意味着储运费用以及降价促销费用的增加;供货不足意味着断货风险,意味着丧失销售机会以及市场地位的削弱。减少存货风险是维护客户关系,提高其经营效益,强化营销价值链功能的关键因素。

其次,建立客户信息管理系统。定期对各环节的"进、销、存"数据进行采集、整理、传递、分析和监控,把握数据的规律及商品的流量、流向与流速,以指导各级客户控制库存结构与总量以及改变计划订货方式,并滚动式地调整品种结构,改善供货期量标准,加快商品和资金周转。

最后,加强价格决策和存货处理。企业与核心客户的结合点是利益,它是商品的流量与流速以及毛利水平的综合,要引导各级客户薄利多销,共同提高渠道价格和存货协同处理能力,同时加强渠道促销功能。通过接近各级客户、终端和消费者,把握市场实际需求,有的放矢地展开促销活动,提高分销能力,减少环节存货。

（3）发挥营销链的协同效能

努力降低营销链各环节的运营费用,提高营销队伍的能力素质和工作效率;优化平台管理,改善营销队伍结构,提高营销费用的配置效率,从而发挥营销链的协同效能(联合促销、服务分担、配送分工等),从而提高整体分销效率。另外,作为深度营销价值链的组织者和管理者的企业,要通过改善自身的营销系统管理,提高企业内部响应协同效能,提高经营效益和综合竞争力,从而从根本上提高营销链的分销效能。

第二节　营销组织的发展

传统工业文明时代的营销规则已无法适应新经济的发展,游戏规则也随之改变。从长远发展的角度来看,企业对营销组织的概念认知正逐步从以前的线性思维到现在的网状思维;从以前的结构化到现今的无边界化,从以往的层级化、规范化到以后的扁平化、柔性化;从过去的实体化、单一化到未来的虚拟化、网络化等。

一、市场营销组织的演变

营销组织是指企业内部涉及营销活动的各个职位及其结构,其组织形式主要受宏观营销环境、企业营销管理哲学,以及企业自身所处的发展阶段、经营范围、业务特点等因素的影响。企业的营销部门是随着营销管理哲学的不断发展演变而来的。大致经历了单纯的销售部门、兼有附属职能的销售部门、独立的营销部门、现代营销部门和现代营销企业五个阶段。

1. 单纯的销售部门

20 世纪 30 年代以前,西方企业以生产观念作为指导思想,大部分都采用这种形式。一般来说,所有企业都是从财务、生产、销售和会计这四个基本职能部门开始发展的。财务部门负责融资,生产部门负责制造,销售部门通常由一位副总经理负责管理销售人员,并兼管若干营销调研和广告宣传工作。在这个阶段,销售部门的职能仅仅是推销生产部门生产出来的产品,生产什么,销售什么;生产多少,销售多少。产品生产、库存管理等完全由生产部门决定,销售部门对产品的种类、规格、数量等问题,几乎没有任何发言权。

2. 兼有附属职能的销售部门

20 世纪 30 年代经济大萧条以后,市场竞争日趋激烈,大多数企业以推销观念作为指导思想:需要进行经常性的营销调研、广告宣传以及其他促销活动,这些工作逐渐变成专门的职能,当工作量达到一定程度时,便会设立一名营销主任,负责这方面的工作。

3. 独立的营销部门

随着企业规模和业务范围的进一步扩大,营销调研、新产品开发、广告促销和客户服务等营销职能的重要性日益增强。于是,营销部门成为一个相对独立的职能部门,作为营销部门负责人的营销副总经理同销售副总经理一样直接受总经理的领导,销售和营销成为平行的职能部门。但在具体工作中,这两个部门是需要密切配合的。这种安排常常被许多企业采用,它向企业总经理提供了一个全面地、从各角度分析企业面临的机遇与挑战的机会。

4. 现代营销部门

尽管销售副总经理和营销副总经理需要配合默契与互相协调,但是他们之间实际形成的关系往往是一种彼此敌对、互相猜疑的关系。销售副总经理趋向于短期行为,侧重于取得眼前的销售量;而营销副总经理则多着眼于长期效果,侧重于制订适当的产品计划和营销战略,以满足市场的长期需要。销售部门和营销部门之间矛盾冲突的解决过程,形成了现代营销部门的基础,即由营销副总经理全面负责,下辖所有营销职能部门和销售部门。随着公司组织的发展,现代营销部门的功能已从单一的销售演变成为一个复杂的功能群体。随着市场营销在现代企业经营中的作用日趋重要和显著,以及随着市场的不断变化,营销组织及其功能也将不断地应变和发展。

5. 现代营销企业

一个企业仅仅有了上述现代营销部门,还不等于是现代营销企业。现代营销企业取决于企业内部各种管理人员对待营销职能的态度,只有当所有的管理人员都认识到企业一切部门的工作都是"为顾客服务","营销"不仅是一个部门的名称而且是整个企业的经营哲学时,这个企业才能算是一个"以顾客为中心"的现代营销企业。

二、现代营销组织的形式

公司所制订的营销战略的营销计划最后必须被忠实有效地执行,这是营销管理的核心职能所在。它要求公司要建立一个能够成功执行计划的组织,制订对计划实施起支持作用的政策和运作程序。从这个意义上讲,营销组织形式的好坏在很大程度上会决定营销战略和计划能否被有效执行,在现在这个"赢在执行"的年代,为了实现企业目标,营销经理必须学会选择合适的营销组织形式。营销组织大体可分为专业化组织和结构性组织两种。

1. 专业化组织

专业化组织包括三种类型。

职能型组织是最古老也最常见的营销组织形式。它强调营销各种职能如销售、广告和调研等的重要性。该组织把销售职能当成营销的重点,而广告、产品管理和调研职能则处于次要地位。当企业只有一种或很少几种产品,或者企业产品的营销方式大体相同时,按照营销职能设置组织结构则比较有效。但是,随着产品品种的增多和市场的扩大,这种组织形式就暴露出发展不平衡和难以协调的问题。

产品型组织是指在企业内部建立产品经理组织制度,以协调职能型组织中的部门冲突。在企业所生产的各产品差异很大、产品品种太多,以致在按职能设置的营销组织无法处理的情况下,建立产品经理组织制度是适宜的。其基本做法是,由一名产品营销经理负责,下设几个产品大类经理,产品大类经理之下再设几个具体产品经理去负责各具体的产品。

市场型组织是指一名市场主管经理管理几名市场经理。市场经理开展工作所需要的职能性服务由其他职能性组织提供并保证。其职责是负责制订所辖市场的长期计划和年度计划,分析市场动向及企业应该为市场提供什么新产品等。他们的工作成绩常用市场占有率的增加来判断,而不是看其市场现有赢利水平。市场型组织的优点在于营销活动可以按照满足各类不同顾客的需求来组织和安排,这有利于企业加强销售和开拓市场。其缺点是权责不清和多头领导,这与产品型组织类似。

2. 结构性组织

专业化组织只是从不同角度确立了营销组织中各个职位的形态,至于如何安排这些职位,还要分析组织结构与职位之间的相互关系。企业设计组织结构不是最终目的,而只是实现营销目标的一种手段。既然各个企业有着不同的目标、战略、目标市场、竞争环境和资源条件,那么就可以建立起不同类型的组织结构。

金字塔形是一种较为常见的组织结构形式。它由经理至一般员工自上而下地建立垂直的领导关系,管理幅度逐步加宽,下级只向自己的上级直接负责。按职能专业化设置的组织结构大都是金字塔形。其特点是上下级权责明确,沟通迅速,管理效率较高。不过,由于每个员工尤其是下层员工权责范围有限,往往缺乏对总体营销状况的了解,因而不利于他们的晋升。

矩阵形组织是职能型组织与产品型组织相结合的产物,它以原有按直线指挥系统为职能部门组成的垂直领导系统为基础,又建立了一种横向的领导系统,两者结合组成一个矩阵,在营销管理实践中,矩阵形组织的产生大体有两种情形。

第一,企业为完成某个跨部门的一次性任务(如产品开发),从各部门抽调人员组成由经

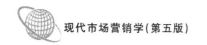

理领导的工作组来执行该项任务,小组的有关人员一般受本部门和小组负责人的共同领导。任务完成后,小组撤销,其成员回到各自的岗位。这种临时性的矩阵形组织又称为小组制。

第二,企业要求个人对于维持某个产品或品牌的利润负责,把产品经理的位置从职能部门中分离出来并加以固定,同时,由于经济和技术因素的影响,产品经理还要借助于各职能部门实施管理,这就构成了矩阵。

矩阵形组织能加强企业内部门间的协作,能集中各种专业人员的知识技能又不增加编制,组建方便,适应性强,有利于提高工作效率。但是,由于双重领导,过于分权,稳定性差和管理成本较高的缺陷会抵消其一部分效率。

三、网络经济下企业营销组织结构的新变化

随着网络经济下企业营销的特点以及营销组织的环境、战略、职能等权变因素的变化,企业营销组织在结构上必然有与之相适应的变化。企业组织结构的变化主要体现在管理层次与幅度、分工形式、关键职能、集分权程度、规范化程度、制度化程度、工业化程度以及人员结构等特征因素上,总地来看有以下特点。

1. 企业营销管理信息化、网络化

随着信息技术的飞跃发展,信息的传递不必再遵循自上而下或自下而上的等级阶层,就可实现部门与部门、人与人之间直接的信息交流。企业内部的这种无差别、无层次的复杂的信息交流方式,极大地刺激了企业中信息的载体和运用主体组织的网络化发展。

组织结构网络化主要表现为企业内部结构网络化和企业间结构网络化。企业内部结构的网络化是指在企业内部打破部门界限,各部门及成员以网络形式相互连接,使信息和知识在企业内快速传播,实现最大限度的资源共享。企业间结构网络化包括纵向网络和横向网络,纵向网络即由行业中处于价值链不同环节的企业共同组成的网络型组织,例如供应商、生产商、经销商等上下游企业之间组成的网络,这种网络关系打破了传统企业间明确的组织界限,大大提高了资源的利用效率及对市场的响应速度。横向网络指由处于不同行业的企业所组成的网络。这些企业之间发生着业务往来,在一定程度上相互依存。

营销组织的网络化使传统的层次性组织和灵活机动的计划小组并存,使各种资源的流向更趋于合理化,通过网络凝缩时间和空间,加速企业全方位运转,提高企业组织的效率和绩效。同时,营销组织也借此与客户方便地实现双向沟通。

2. 管理层级减少,企业营销结构扁平化

营销组织结构的扁平化,就是通过减少管理层次、裁减冗余人员来建立一种紧凑的扁平组织结构,使组织变得灵活、敏捷,提高组织效率和效能。

扁平化组织结构的优势主要体现在以下几个方面。

第一,信息流通畅,使决策周期缩短。组织结构的扁平化,可以减少信息的失真,增加上下级的直接联系,信息沟通与决策的方式和效率均可得到改变。

第二,创造性、灵活性加强,致使士气和生产效率提高,员工工作积极性增强。

第三,可以降低成本。管理层次和职工人数的减少、工作效率的提高,必然会带来产品成本的降低,从而使公司的整体运营成本降低,市场竞争优势增强。

第四,有助于增强组织的反应能力和协调能力。企业的所有部门及人员可更直接地面

对市场,减少了决策与行动之间的时滞,增强了对市场和竞争动态变化的反应能力,从而使组织能力变得更柔性、更灵敏。

3. 组织结构无边界化

无边界化是指企业各部门间的界限模糊化,目的在于使各种边界更易于渗透,打破部门之间的沟通障碍,有利于信息的传送。在具体的模式上,现在比较有代表性的无边界模式是团队组织。团队指的是职工打破原有的部门边界,绕开中间各管理层,组合起来直接面对顾客和对公司总体目标负责的以群体和协作优势赢得竞争优势的企业组织形式。团队一般可以分为两类:一类是"专案团队"。成员主要来自公司各单位的专业人员,其使命是为解决某一特定问题而组织起来,问题解决后即宣告解散;另一类是"工作团队"。可以进一步把它分为高效团队和自我管理团队,工作团队一般是长期性的,常从事日常性的公司业务工作。

由此可见,无边界思想是一种非常具有新意的企业组织结构创新思想,它完全是超国界、超制度、超阶级、超阶层的。

4. 企业营销组织虚拟化

组织结构的虚拟化是指用技术把人、资金、知识或构想网络在一个无形(指实物形态的统一的办公大厦、固定资产和固定的人员等)的组织内,以实现一定的组织目标的过程。虚拟化的企业组织通过网络技术把实现企业目标所需要的知识、信息、人才等要素联系在一起,组成一个动态的资源利用综合体。虚拟组织的典型应用是创造虚拟化的办公空间和虚拟化的研究机构。前者是指同一企业的员工可以置身于不同的地点,但通过信息和网络技术连接起来,如同在同一办公大厦内,同步共享和交流信息和知识;后者是指企业借助于通信网络技术,建立一个将世界各地的属于或不属于本企业的研究开发人员、专家或其他协作人员联系在一起,跨越时空的合作联盟,实现一定的目标。

5. 企业营销结构柔性化

组织结构的柔性化是指在组织结构上,根据环境的变化,调整组织结构,建立临时的以任务为导向的团队式组织。组织柔性的本质是保持变化与稳定之间的平衡,它需要管理者具有很强的管理控制力。柔性化组织最显著的优点是灵活便捷,富有弹性,因为这种结构可以充分利用企业的内外部资源,增强组织对市场变化与竞争的反应能力,有利于组织较好地实现集权与分权、稳定性与变革性的统一。除此之外,还可以大大降低成本,促进企业人力资源的开发,并推动企业组织结构向扁平化发展。很显然,柔性化的组织结构强化了部门间的交流合作,让不同方面的知识共享后形成合力,有利于知识技术的创新。

第三节　营销责任的发展

随着经济全球化的不断加深,经济增长,产业升级,交流加深,文化融合,企业传统的价值观正在发生变化,企业开始关注自然资源、生态环境、劳动者权益和商业伦理,更多地承担对利益相关者和社会的责任。

一、社会责任的内涵

1. 企业社会责任的概念

企业社会责任(corporate social responsibility,CSR)是企业对社会的一种承诺,是企业为了实现可持续发展的目标,将社会基本价值与企业日常经营政策、运作与实践整合起来,在维护企业与关键利益相关者的良好关系、有效保护环境以及履行社会公益义务等方面所做出的行为方式的总和。

2. 企业社会责任的层次

根据著名学者卡诺的观点,一个企业的社会责任呈现出四个层次的内容,可用金字塔图形表示,第一个层次的企业社会责任是经济责任,它是指企业的赢利,是其他更高层次社会责任实现的基础;第二个层次的企业社会责任是法律责任,它是指企业的一切活动都必须遵守法律的条款,依法经营;第三个层次的企业社会责任是伦理责任,它是指企业的各项工作必须符合公平、公正的社会基本伦理道德,不能做违反社会公德的事;第四个层次的企业社会责任是慈善责任,它是指企业作为社会的组成成员,必须为社会的繁荣、进步和人类生活水平的提高做出自己应有的贡献。

二、社会责任营销

当前,企业界对社会责任这个概念的理解正趋向成熟和深化,大多数企业认为担当社会责任不仅是一个不可阻挡的大趋势,而且,一个共识日渐清晰:企业的社会责任承担是一个长远的战略层面的解决方案,社会责任营销的概念由此而生。

1. 社会责任营销的内涵

与营利性市场营销不同,社会责任营销是指企业在承担一定的社会责任的同时,借助新闻舆论影响和广告宣传,来改善企业的名声、提高企业形象的层次,提升其品牌知名度、增加客户忠诚度,最终增加销售额的营销形式。因此社会责任营销的核心就是信任营销,其本质在于与客户建立信任的纽带,取得客户的信赖,最终得到"基业长青"的回报,达到企业和社会的"双赢"目的。

2. 社会责任营销的要求

首先,责任营销需要企业能够做到遵纪守法,能够按照国家的相关法律、法规给社会和消费者提供优质的产品和服务,向顾客传递优质的顾客价值。通过消费者需求的满足,来建立企业与顾客之间的共赢平台,发现需求并满足需求,这是企业做好责任营销的前提条件,背离这个前提的所谓的"责任营销",只是一个"哗众取宠"的噱头而已。

其次,责任营销要求企业能够按照市场的游戏规则来做事,具备契约精神,善待自己的合作伙伴和员工,这是企业做好"责任营销"的必要条件。改善自己员工的生活和工作条件。对社会负责,首先要对自己的员工负责。善待自己的员工既是一种激励机制,也是一种社会责任。

最后,企业应该明白,责任营销是一项长期和系统的工程,只有通过长时间的积累才能在社会上和消费者心目中树立良好的企业形象和品牌形象。它需要企业把这种责任意识长期贯穿于企业员工的思想和行为中去,它需要企业的文化来支撑。

对企业来讲,"责任营销"不单纯是一种概念,更是一种理念和行为,是企业一种成形的发展战略。在众多的公司战略中,企业"责任营销"战略就像一个支点,可以撬动企业的竞争、管理等优势,产生乘数效应。

3. 社会责任营销的作用

采用互利的方式把企业的产品、服务和与之相吻合的社会责任结合起来,能起到一种显性的效果,刺激利润的增长,但社会责任活动更是一种长期投资,它对企业积极的影响要较长时间后方可见效,然而一经形成就会成为企业长期而稳定的利润源泉。从这个层面来讲,通过社会责任营销可以为企业带来以下好处。

(1) 有利于提升企业软竞争力

进行社会责任营销是企业健康发展的需要。对企业来说,传统的成本、质量、服务是衡量竞争力的最基本标准,而道德标准、社会责任标准正在成为保持企业竞争优势的重要因素。只有积极履行社会责任,塑造和展现有益于公众、有益于环境、有益于社会发展的良好形象,取得社会公信,企业才能更被市场青睐,具有更强的竞争力。越来越多的企业实践和研究成果证明,企业利润与社会责任之间并非对立关系。相反,在社会责任和企业绩效之间存在正向关联度,优秀的企业完全可以将社会责任转化为实实在在的竞争力。

(2) 有利于企业获得差异化优势

差异化竞争优势的一个重要表现是企业拥有良好的"信号标准"。信号标准反映的是影响买方对企业满足其使用标准看法的价值信号。在"信号标准"的内容中"信誉或形象"是最典型、重要的因素。企业良好的"信号标准",有助于考虑选择一位特别的供应商;或者在买方采购决策中起重要作用;当买方在衡量一个企业的绩效存在困难时,信号标准是最重要的标准;买方描述企业对其贡献、满意度、保证等方面的交流经常对经营差异化产生重要影响,而信号标准是这些描述的核心内容。信誉、形象等"信号标准"引起的壁垒具有持久性,企业承担适当的社会责任所获得的信誉和形象可以转化为差异化优势,继而有助于发现促进企业自身发展和履行社会责任完美结合的切入点。

(3) 有利于企业开拓国际市场

强化企业社会责任是中国企业走向世界的必要环节,是实现自身可持续发展的有效途径。面对全球化的浪潮,中国企业在积极参与全球生产体系的同时,也必须遵守国际准则和全球协定,这是我们在进入国际市场中无法回避的。企业社会责任问题已经同国际贸易问题紧密地交织在一起,成为中国企业进入世界市场的必要环节。强化"企业社会责任"事实上是无法回避的生存环境,中国企业国际化的诉求越高,就越有认同并遵循这套游戏规则的必要。

(4) 有利于企业从社会问题中发现商机

企业社会责任的履行主要表现在对社会问题的关注及采取相应的措施。社会问题本身对于企业来说蕴涵了巨大的商机,因而与其说社会责任是企业需要付出的成本,不如说是潜在的发展机遇。丰田在汽车公司中率先认识到了节能环保的趋势所带来的商机,它及时开发了 Prius 混合燃料汽车,这款环保型汽车抢先于所有竞争对手获得了赢利,同时又因积极寻求环境问题的解决方案而获得了巨大的社会效应。2006 年,迈克尔·波特在《哈佛商业评论》上撰文指出:"如果公司能够用它们选择核心业务那样的方法和框架来分析企业社会责任的机会,它们就会发现,企业社会责任其实并不简单意味着成本、约束或者说是慈善活动的需要,而是企业实现创新和提高竞争优势的潜在机会……这样的思维在未来的竞争中将是决定成败的因素。"

所以,从某种意义上而言,"责任营销"要成为企业的一种战略。

思考题

1. 如何理解精准营销与深度营销的内涵,它们与传统营销模式相比有哪些不同?
2. 简要说明市场营销组织的演进过程,并预测未来营销组织的发展趋势。
3. 你如何理解企业社会责任营销的完整内涵?

腾讯 VS 淘宝:虚拟商业地产的模式对决

一个占据中国网上零售半壁江山,一个拥有中国数量最多的注册用户,淘宝与腾讯这两家互联网巨头不约而同地选择了平台作为电子商务的新切入口。

2011 年 9 月 19 日,被马云喻为"千里跃进大别山的刘邓大军"的淘宝商城,率先与 38 家 B2C 企业"抱团"打出"正面战场"的第一枪。在淘宝商城"独立"后的首场发布会上,麦考林、新蛋、走秀网、库巴、红孩子以及曾获腾讯投资的好乐买、易讯等众多大型 B2C 企业高管身影一同出现。淘宝称,短期内很可能看到国内 TOP100 的垂直 B2C 企业绝大部分都与淘宝商城合作。

一天之隔,淘宝的竞争对手腾讯 B2B2C(business to business to customer,一种商业模式)平台被曝光定名为 QQ 网购,将采取类目特许的经营方式,在 3C、运动鞋包、化妆品、服装等类目分别与一家核心 B2C 独家合作搭建平台。业内人士预计,未来中国电子商务平台级的竞争,将主要集中在淘宝系和腾讯系之间展开。

淘宝商城与腾讯的暗战已然开始。

开放的逻辑

占据 B2C 领域半壁江山的淘宝商城为什么要对其他 B2C 企业开放?

在很多业内人士看来,这源于淘宝的"危机意识"。淘宝的主要竞争对手京东商城近几年一直保持 300% 的增长速度狂奔,还有易讯网、1 号店、好乐买等 B2C 企业同样在以高速度奔跑,似乎终有一天会瓦解淘宝建立起来的巨无霸体系。阿里巴巴集团参谋长曾鸣认为,电子商务的未来不是 B2C,而是以消费者为核心的 C2B(customer-to-business,顾客对商家)模式。以往的网购市场,商家分散在互联网各个角落,各自争夺用户,而外部 B2C 企业的引入则意味着能够在淘宝商城统一的平台上提供给消费者更多样化的产品和更差异化的服务。这也是淘宝主动求变的内在逻辑。

与京东商城、当当网、卓越亚马逊等大型 B2C 陆续由垂直 B2C 转向开放平台不同,淘宝商城再次强调了自己只做裁判员而非运动员的身份。"淘宝商城不会把所有环节大包大揽,一家独做,那是做违背基本经济学原理的事。"淘宝商城总裁张勇认为淘宝商城的战略是要打造开放的 B2C 平台,不会自己成为零售商,与垂直 B2C 企业本质上不存在竞争关系,而是竞合关系。

平台之争

先行一步的淘宝让腾讯加快了步伐。相比阿里巴巴,腾讯还是电子商务行业里的小字辈,但其老辣的布局和激进的进入方式让行业为之侧目,这是一个强劲的对手。

为了布局电子商务,腾讯从 2010 年就开始对组织架构进行调整。2011 年,开始以投资的方式进军电商,2011 年 5 月,腾讯投资鞋类 B2C"好乐买"5 000 万美元。6 月,又向"珂兰钻石"投资 1 000 万美元,此前,还投资数码类 B2C"易讯网"。2011 年 10 月,腾讯全力打造的超级电商平台——"QQ 网购"正式启动,其重心将偏向 B2C 体验,目标客户群将定位于关注商品品质和服务质量的中高收入白领人群。该平台的运营将独立于 QQ 商城、拍拍等腾讯已有电商平台,分别针对独立 B2C、商城 B 类商家和 C 类卖家三类商户。

对于腾讯来说,强大的用户基数是其最大的优势。此次 QQ 网购除了将为购物提供入口之外,腾讯还将为其合作伙伴提供共享服务,即腾讯用户可以通过 QQ 号一键登录合作伙伴的网站。省去注册激活等步骤的麻烦。除此之外,还将在 QQ、QQ 邮箱、QQ 空间、腾讯微博、腾讯朋友等产品和社区平台,为合作伙伴提供包括品牌展示、购物分享、SNS(social networking services,社会性网络服务)店铺、微博店铺等在内的全方位营销渠道。

正因为此,淘宝商城视腾讯为最大的竞争对手。

分拆御敌

近两年,外部竞争显然更加激烈,京东商城、凡客诚品等 B2C 企业迅速崛起,对淘宝的领袖地位带来了现实和潜在的巨大挑战。

除了外患,淘宝还困于内忧,假货、知识产权保护一直是困扰马云的难题。另外,淘宝网公司规模越来越大,官僚化的问题也慢慢显现出来,"创新机制没有到位,跟不上电子商务的发展"。曾鸣指出,"淘宝再这么走下去反应速度会越来越慢,淘宝本身蕴涵了三个商业模式,淘宝、淘宝商城和一淘网,它们本身是不同的商业模式,这也是拆分的主要动因"。

当前,阿里巴巴集团正在建设一个从最底层的云计算平台,到相配套的支付平台,再到核心的淘宝平台的立体网络平台,而平台建设又需要一个个垂直业务的支持。淘宝商城就是一个大的垂直业务。淘宝商城在快速发展的过程中,负责打造物流平台,同时会对其他平台提出非常高的要求,逼着这些平台快速成形。淘宝商城每个平台都为其他公司提供服务,同时也跟外部形成竞争。分拆以后,淘宝商城得以 B2C 的身份正式迎战其他的竞争对手,其收益模式的核心是收取商户佣金,这一点与以京东商城为代表的赚取零售差价的零售商模式完全不同。

供应链挑战

就本质来讲,腾讯 B2C 战略最终的路线实际上也是"虚拟商业地产"模式。这种模式对于运营商来说,可以有无限的扩展空间,并且佣金的收益模式会比赚取零售利润更轻松。但这种模式也面临着致命的弱点。而对于淘宝商城来讲,其拥有近 5 万多家商家,这些商家的数量还在不停地增加,而且这些商家的货源是分散的,仓储物流也是分散的,很难给用户提供统一的服务,因此统一供应链几乎是不可能的,而随着淘宝商户的不断增长,这种分散的供应链管理就可能形成巨大的风险与挑战。

"虚拟商业地产模式"的 B2C 未来成功的关键在于供应链。淘宝商城解决这一问题的基本战略还是借用平台化的方式和互联网的手段。张勇认为京东的零售商模式在发展中一定会遇到规模的瓶颈,而平台化的方式可以突破规模的瓶颈。

对于此,业内人士指出,无论是腾讯还是淘宝,它们擅长的是基于互联网的技术和信息做平台,而供应链恰恰是互联网以外的课题,订单生成以后,从仓储,到干线运输、配送,再到最后反向物流。这是一个很长的价值链,对于"虚拟商业地产商"来讲,这条价值链怎么参与,参与到什么程度,将是摆在他们面前的大难题。

(改编自《中国经营报》,2011 年 8 月)

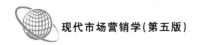

案例思考

1. 你如何评价淘宝商城与腾讯在 B2C 市场的"虚拟商业地产"的战略定位,二者的市场地位角色有何不同?

2. 通过审视淘宝商城和腾讯的竞争战略,你认为有哪些可取之处,存在什么样的战略风险?

3. 通过此案例的分析思考,你如何看待中国电子商务市场,尤其是 B2C 市场未来的竞争格局?

参 考 文 献

1. Richard J. Varey（2002），Marketing communication：principles and practice. London，New York：Routledge，2002.

2. Harper W. Boyd，Jr. ，Orville C. Walker，Jr. ，Jean-Claude Larrh(1998). Marketing management：a strategic approach with a global orientation，Dalian：Northeast Financial Economic University Press.

3. 菲利普·科特勒. 营销管理[M]. 北京：中国人民大学出版社，2001.

4. 昆奇,等. 市场营销管理教程和案例[M]. 北京：北京大学出版社,2000.

5. 纪宝成. 市场营销学教程[M].3 版. 北京：中国人民大学出版社,2002.

6. 吕一林. 营销渠道决策与管理[M]. 北京：首都经济贸易大学出版社,2002.

7. 杨明刚. 市场营销 100 个案与点析[M]. 上海：华东理工大学出版社,2001.

8. 吴晓波. 大败局[M]. 杭州：浙江人民出版社,2001.

9. 韩光军. 品牌设计与发展手册[M]. 北京：经济管理出版社,2002.

10. 王璞. 营销管理咨询实务[M]. 北京：中信出版社,2003.

11. 小查尔斯·W. 兰姆,等. 营销学精要[M].3 版. 北京：电子工业出版社,2003.

12. 小威廉·D. 佩罗特,等. 基础营销学(学生版)[M]. 上海：上海人民出版社,2001.

教学支持说明

▶▶ 课件申请

尊敬的老师：

您好！感谢您选用清华大学出版社的教材！为更好地服务教学，我们为采用本书作为教材的老师提供教学辅助资源。鉴于部分资源仅提供给授课教师使用，请您直接手机扫描下方二维码实时申请教学资源。

任课教师扫描二维码
可获取教学辅助资源

▶▶ 样书申请

为方便教师选用教材，我们为您提供免费赠送样书服务。授课教师扫描下方二维码即可获取清华大学出版社教材电子书目。在线填写个人信息，经审核认证后即可获取所选教材。我们会第一时间为您寄送样书。

任课教师扫描二维码
可获取教材电子书目

 清华大学出版社

E-mail: tupfuwu@163.com	网址: http://www.tup.com.cn/
电话: 8610-62770175-4506/4340	传真: 8610-62775511
地址: 北京市海淀区双清路学研大厦B座509室	邮编: 100084